寺岡　寛
Teraoka Hiroshi

恐慌型経済の時代

成熟経済体制への条件

信山社
SHINZANSHA

はしがき

今日、国家によっては、みずからの赤字国債で財政赤字を補うことができず、ギリシャのように他国にその購入支援を依頼せざるをえない国もでてきた。こうした財政的国家破綻が取り上げられたのは、ギリシャが初めてではない。かつては中南米諸国でも財政破綻問題があった。国家の財政破綻の場合、国家は自らの借金返済を保障しえなくなり、市場での新たな国債発行は他の国家などの保証を前提に、初めて可能になる。国家間信用があって、国債の国際市場は成立しているのである。

こうした経済運営は「資本主義のアメリカ化」と言い換えてもよい。もともと、それはドルという実質上の国際的基準通貨をもち、経済力と軍事力の両輪の覇権というパワーを行使しえた米国だけに許されてきた、きわめて特殊なかたちであった。それがグローバル化というかたちで全世界に波及した。恒常的な国債発行がさまざまな国で行われ、野放図な国債の発行にもっとも弱い「先進国」であったギリシャで破綻することになった。

従来は資本主義と呼ばれ、いまは市場経済といわれる経済体制は国家信用の下でしか成立しなくなった。元来、資本主義とは自己の労働力以外に売るものを持たない大多数と生産手段を保有する少数の人たちの間で成立してきた歴史的概念である。そこには、当然ながら歴史という時間が刻印されている。

資本は資本家という主体に担われてはじめてその機能を発揮するが、いまでは資本の所有と経営の一致は一部の同族企業には見られても、多くの法人化された企業では、資本家という存在そのものが機能化した。

資本家が特権階級ではなく広く大衆化して、株主資本主義を成立させた。底辺に多くの零細資本家をもち、上部に多国籍化した強大な大企業がそびえたつような構造は、マルクスの古典的資本主義観のなかでは実態としては存在しなかった。今日の経営者は、かつての資本と経営の一致の上に成立していた個人資本家とは比べものにならないほど大規模な組織をもち、巨大化した資本を動かしている。経営者は一九世紀的な資本家像とは一致しなくなり、資本所有から分離され、資本所有層により一層の支配を受けることになる。機能化した経営者がより大きな投入資本を求めて金融市場へアクセスし、広汎に資本を導入するようになったことで、資本主義は企業、産業、地域、国家の間の連動性を高め、ますます強い相互依存性をもつようになってきた。

資本は、マルクスが『資本論』の執筆計画の際にも強く意識していたように、越境的であり、本質的にも根本的にもグローバル化を求めてやまない。資本には国境という意識や制約はない。資本は企業の壁、産業分野の壁、地域の壁、国家の壁をこえてより高い利潤を求めて動き、また、動くことで資本として再生される。

資本の機能化は制約なき市場を要求し、さまざまな市場を資本が自由に移動することを欲する。市場経済というメカニズムそのものは、異なる経済主体間——企業や家計など——の市場での交換行為がきわめて技術的——テクニカル——に示された概念である。現在の経済体制を資本主義といおうと、市場経済といおうと、グローバルな展開を遂げ巨大組織となった企業——かつては「多国籍」巨大企業とよばれた——は以前とは比べようもないほどに国境の壁をはるかに超えて経済活動を繰り広げている。そのような多国籍企業の複雑な取引実態は、従来の国家ベースでの統計数字だけで把握することは必ずしも容易ではない。

かつて、日本などでも資本主義対社会主義の構図が米ソ対立という軸で描かれた。社会主義国家と並存したいわゆる西側諸国の戦後経済体制が「国家独占資本主義」という概念で論じられた。そうした議論の根幹にはそのような経済体制がなぜ広範に成立したのかという問いがあった。だが、東西冷戦の雪解けと旧ソビエト連邦の崩壊で、「資本主義論」や「国家独占資本主義論」の行方は論じられなくなった。大学では、マルクス経済学講座はいつのまにか自然消滅した感がある。マルクス経済学などは「経済システム論」へと看板が掛け替えられ、国家独占資本主義論などは、いまや京都の古道具屋に眠る古伊万里のような存在に思える。

そうしたなかで、皮肉にも理論ではなく、国家あるいは国家間の全面的介入によってしか金融など経済システムを維持できない実態が眼前に現れている。皮肉といえば皮肉である。物理学の世界で理論的に論証された事象が、その後の実験で具体的な自然現象として実証されたような感じを受けているのは、はたしてわたしだけなのであろうか。

ドイツという土地柄と精神風土のなかで育ったカール・マルクスは、資本主義の本質を「労働力の商品化」という根本矛盾に求め、その制約性がもたらす資本主義制度の理論的崩壊を予想した。いうまでもなく、人間は単に労働力を保有する社会的存在ではない。わたしたちは家庭、地域などの構成者としての社会的存在でもある。そうした多様な社会存在としての人間を単に労働市場における労働力へと還元する制度は、やがてあらゆるもの——生命、エネルギー、資源、景観などの自然、貨幣や通貨、そして企業など——の商品化と市場化を極端にまで押し進めることになる。

米国などの資本主義は働く人たちの思いなどとは関係なく、企業でさえ商品のように売買する。しかしながら、他方、欧州や日本などでは企業を商品の一種ととらえているわけではない。そこでは企業とは、ある種のコミュニティーやアソシエーションであり、自分たちの経済活動の場だけではなく、生活する場としてより多様な価値をもつものとして存在してきた。移民で始まり、人工的で中世的時空をもたなかった米国社会とは異なる社会構成原理が、個別歴史性として形成されてきた。

しかし、資本主義とは、国家や地域とは関係なく、すべての商品化を進めて止まない存在であり、自由競争を通じて独占体制や寡占体制が形成され、さらに新たなる未開拓の市場、商品化の対象を求めて激しい競争が展開される体制であるとされてきた。

「サブプライム・ローン」などは、米国社会において中間所得層の比重が低下しつづけ、富裕層の住宅層開拓が限界にきたため、マス・ゾーン——大衆消費市場——としての低所得層を商品化したのであり、結果、その崩壊が世界を金融危機に引きずり込んだ。レーニンはこうした資本主義体制のもつ強欲さについて、それを国家を巻き込み、やがて世界市場での衝突をもたらす体制とみて「帝国主義」と名付けた。これはさまざまな「国家独占資本主義」論に引き継がれることになる。

資本主義は基本的には資本の利潤率で動く。資本は貨幣の蓄積とその拡大を求める自己運動をとり、あらゆる格差を求めて止まない存在である。自国といえども利潤率が低下すれば、資本はより高い利潤率を求めて越境する。資本とはローカルではなく、元来、グローバルな運動形態なのである。昨今においては、資本は中国、インドやかつての中東欧諸国へと流れ込んできた。資本はさまざまな社会的存在物を商品化——市場化——させるが、そうした蓄積のさらなる先には明らかに循環性と限界があるとみておいてよい。

一九世紀後半から周期的な「恐慌」を繰り返した資本主義経済は、遅かれ早かれ行き詰まると予想されてきた。だが、かつて社会主義がその代替制度であるとされたことをいまではだれも信じない。社会主義は全体主義と親和性が強く、社会主義と民主主義が同時に成立するとは思えない。

いまや世界の隅々にまで資本主義という市場原理主義が行き渡ろうとしている。では、この先に何が待っているのか。脱資本主義の経済体制とは何であるのか。

まるで原子炉で制御棒を引き抜かれたような、ルールなき資本主義は、本質的かつ潜在的に保有する暴走性を二重の意味と範囲で発揮する。一つは内的暴走性、二つめは外的暴走性である。前者はそれぞれの国民経済において窮乏と飽和、過小と過剰をもたらす。後者は、内部縮小性と外部拡張性と言い換えられる。後者はレーニンたちによって「帝国主義」と呼ばれ、二度にわたる世界戦争を引き起こし、現在にいたるまで地域紛争を引き起こしてきたとされる。いま、そうした資本主義のもつ外的暴走性の制御システムのあり方がますます大きな問題となりつつある。

本書では、そのようなことを念頭におきつつ、いまでは骨董品のようになった、かつての資本主義論や国家論としての「国家独占資本主義論」を、そのほこりを吹き払って引っ張り出し、その理論体系が一体何を対象にし、何を問題にし、何を明らかにしようとしたのかを振り返っておきたい。と同時に、なぜ、その種の議論が消滅していったのかを取り上げたい。いうまでもないことだが、すべての学問は対象によって規定される。かつて恐慌の到来を強く意識した国家独占資本主義論は、経済事象という対象によって規定されてきた。その議論が消滅したのは対象とする経済が変化したゆえである。恐慌とは常に回避しうる、あるいは、それを先延ばしし得るとされてきた。わたしたちの意識はそのように定着したのである。

だが、いま、恐慌が強く意識されるようになっているのではないだろうか。恐慌を回避するには巨額の国家資金が必要であり、それを調達できない国家は、その公債発行を支えることのできる他の国家を必要とする。そうした世界体制について、論議されるようになっている。市場経済体制や資本主義体制といっても、ルールのないゲームがないように、ルールなき体制はありえない。私利だけを解き放てば、それはやがてなんらかのかたちで混乱を呼び起こす。

わたしたちは社会性をもった、新たな「再生」＝「成熟」システムを必要としている。もちろん、世界共通の万能的制度などありえない。グローバルな展開を遂げ自壊したローマ帝国のあとにローカルな世界が出現したように、それぞれの国や地域のもつ社会性が経済システムなどに投影されるのに違いない。

当初、本書のタイトルは「国家独占資本主義論の現代的意義」というようなものを考えていたが、国家独占資本主義論が強く意識していた「恐慌型経済の時代」へと変えた。米国の経済学者のポール・クルーグマンも『世界大不況からの脱出』で、わたしたちの経済は「恐慌型経済の領域」に入っていることを論じている。だが、わたし自身はクルーグマンの物言いからこの表現を借りたわけではない。若い時代に、国家独占資本主義論にふれたわたしのような世代には、もともと馴染みのある表現でもある。

副題には「金融・政治・経済」を入れたかった。それは、現在のわたしたちの経済体制を象徴する鍵用語において、金融がトップにくるからである。金融優位の政治が、とりわけ米国経済の骨格を形成し、世界経済に大きな影響を与えるようになった時代にわたしたちが生きているからである。しかし、最終的には、この三つが調和する「成熟経済体制」に落ち着いた。

本書は多くの論者にインタビューを行い、それを編集したドキュメンタリー・フィルムのようなものかもしれない。もしも、わたしがプロデューサーで監督なら、レーニン、マルクス、ヒルファーディング、大内力などをカメラの前に立たせ、「あなた方の主張した国家独占資本主義論なるものは何であったのでしょうか」と問い、彼らの理論的立脚点から自由に語ってもらったであろう。そこで分からない点があれば、さらに質問を繰り返し、あとで統計を加え、批判され非難された国家指導者、経済官僚、経営者、学者などを呼び寄せ、彼らのインタビュー映像を加えて一つの作品としたであろう。だが、わたしにとって可能なのは、文章で表現することぐらいである。

もちろん、映像にせよ文章にせよ、歴史の彼方に存在するそうした論者たちを現在に呼び寄せることなどはできない。できるのは、彼らの論理展開と現実とがいま現在どのような関係にあるのかを問い、未熟であってもみずからの見方を彼らに代わって提示することであろう。あるいは、ルドルフ・ヒルファーディング(一八七七～一九四一)あたりと、ミルトン・フリードマン(一九一二～二〇〇六)などの考え方などを代弁する人たちやグループを架空に対談させ、双方の相違点や類似点を明らかにして、これからの展望をわたしなりにすこしでも描くことぐらいであろうか。

寺岡　寛

二〇一四年七月

目次

目　次

序章　資本主義論と国家論

現在、われわれはまだ恐慌に陥ってはない。すべてのことを考慮しても、われわれが恐慌に向っているとは思われない（私は望むほど確信はもてないが）。しかしながら、われわれが恐慌型経済の領域に入っていることは確かなのである。

（ポール・クルーグマン（三上義一訳）『世界大不況からの脱出』）

概念・背景・方向性

わたしの世代にとって、「国家独占資本主義」という言葉は慣れ親しんだ経済学用語であった。生まれ育った時代の偶然性であるが、わたしが経済学を学び始めた時期には、その言葉は普通の経済学上の学術用語として飛び跳ねていたのである。そこにはそれなりの背景があったことはいうまでもない。この点は後で論じることになる。

さて、いま、経済学を学ぶ世代にとって、「国家独占資本主義」といった言葉は死語に近いだろう。だが、いまの世界経済や各国経済をみると、国家独占資本主義という経済用語が指し示した状況が復活しつつあるともいえる。死火山だと思われていた火山が実は休火山であり、その活動が再び活発化して噴火を始めたのかもしれない。火山活動の活発化は現在、津波や海底プレートなどさまざまな動きにつながっているような感じかもしれない。

たしかに米国経済、欧州経済、アジア経済、さらには日本経済の現状をみると、国家の関与が大きく、とりわけ、通貨危機や赤字財政にともなって国債が乱発されてきた。膨大な国債発行額とその償還額の巨大さは、国家の信用なくしてここまでの規模には達しなかったし、また、国家間の信用なくして世界各国の債券市場は維持できなかったはずである。信用機構への国家介入なくしては、市場経済体制と呼び変えられてきた資本主義体制や自由主義体制は維持しえていない。

企業などが経済主体として市場で自由な活動をするのを認める自由主義体制は、いまや不自由主義体制となっている。自由主義体制＝市場経済体制については、市場万能論者は忌み嫌うものの、市場への国家介入なくしては成り立たない。国家が独占的に資本主義体制を支えざるをえないのである。実質上の国家独占資本主義の姿がそこにある。この背景には、国家と独占資本、国家と資本主義との関係が明らかに変化を遂げてきた現実がある。

一九八〇年代初頭のレーガン政権以降、米国の国是のように主張されてきた自由主義経済体制――英語感覚では自由企業体制（free enterprise system）とジョージ・ソロス（一九三〇～）たちが好んで使った市場原理主義（market principle fundamentalism）の合成語のようなものである――は、なるほど、企業の自由な活動を拡大させたが、同時に、国家の後ろ盾なしにはそのような自由な活動は困難となっている。国家の信用機構への関与のみならず、超巨大民間企業から超巨大投資銀行の救済まで、国家の独占的関与は強まっている。

このことは必然的に、超巨大企業を象徴してきた「企業は株主のもの」論――コーポーレート・ガバナンズ論など――とともに、そのような特定企業を救済する国家とは「誰のもの」論であるところの国家論のあり方を浮上させる。この二つの間には「助ける自由」論と「助けない自由」論が横たわる。

レーガン政権以降、米国政府の財政・金融政策のかじ取りの最大人材供給元は、現在にいたるまでほとんどウォール街の主人公たちである。ウォール街の論理が米国政府の経済政策にそのままもちこまれ、金融・財政制度はここ四半世紀にわたって規制緩和され、きわめて皮肉なことだが、金融機関などが破綻する都度、国家保障が決定・実行されてきた。これは金融・財政危機の自作自演のマッチポンプといえなくもない。

では、だれが国家の財政的破綻を最終的に救済するのか。いうまでもなく各国の納税者たちである。最初はだれも気づかず――アイルランドの破綻でその予感はあったかもしれないが――、初期には小さな火種にすぎないと感じていたギリシャ問題がこのことを象徴している。欧州連合（ＥＵ）による救済といっても、それを構成している他の国が連鎖的に財政破綻を余儀なくされれば、だれが最終的に救済に向うのか。少数の国の国益を反映した政治の渦のなかにある国際通貨基金（ＩＭＦ）などを超えて、あらたな世界経済機構の枠組みが模索されねばならない時期がすでに到来しているのである。

さて、「国家独占資本主義」の意味をまず手近にある経済学辞典から探っておこう。『岩波現代経済学事典』（二〇〇四年刊）は「国家独占資本主義」を「国家が自由放任主義を捨て、経済の管理に広く関与することになった資本主義」と定義し、その提案者については、レーニンが挙げられている。要するに、それ以前に国家資本主義という言葉はあったものの、レーニンが生きた第一次世界大戦前後の時代には、それまでの「国家資本主義」という視点ではとらえることのできない状況が登場してきて、レーニンはこれを「国家独占資本主義の時代」ととらえたというのである。岩波事典はこの点をつぎのように指摘する。

「その背景には、国家が直接の軍事目的を離れて様々な形で経済の運営に広くかかわるようになったという事情がある。国家と独占的企業との緊密な関係の進展、公営企業・国営企業の役割の増大、〝財政〟・金融政策による景気対策・雇用対策の整備などによって、資本主義はレーニンが『帝国主義』（一九一七）で描いた古典的な独占主義とも異なる性格のものに変わったと考えられる。」

要するに、レーニンは、当時の資本主義が、国家の市場への関与がない、それまでの古典的な独占主義とは異なる段階へ変化しつつあることに気づき、それが国家ときわめて親和性の高い体制であるととらえていたというのである。そして、軍事とは異なる国家機能とは一体全体何であったかといえば、つまり、それは国の財政・金融政策などを通じた独占的企業の優遇、景気拡大策などとされたのである。

一八七〇年生まれのレーニン――ウラジミール・イリイチ・ウリヤノフ――はソビエト連邦成立のほぼ一年後の一九二四年に亡くなったので、その後の大恐慌を経験し、彼自身の国家独占資本主義観を完成させることはなかった。国家の経済への関与ということでは、米国や英国などが、社会主義経済圏の拡大と自国での社会主義運動の広がり――これにはさまざまな運動があった――を意識して、のちに混合経済体制――社会主義国家ではなく福祉国家――とよばれるようになった雇用促進を目的として、公共投資の拡大や失業対策を含む福祉政策を充実させることになる。

こうした方向性はフランクリン・デラノ・ルーズベルト大統領（一八八二〜一九四五）によって、ニューディール政策＝国家の市場介入政策と呼ばれることになる。しかしながら、米国経済の回復を意図したルーズベルトの経済政策は当時の大企業経営者などの猛烈な大反発を受けた。前掲事典にある「〝財政〟・金融政策による景気対策・雇用対策の整備などによって……」ということが単純かつ直線的におこなわれたわけではなかった。この意味では、同事典の「国家の経済的機能の何を重視するかには見解があるが、自律性の弱まった経済の管理に国家が広く介入する資本主義を国家独占資本主義と呼ぶようになった」という指摘の背景には、さまざまな政治対立があったのである。

同事典は最後に、一九八〇年代の「国家が経済への介入から手を引く傾向が強まった」レーガニズムやサッチャリズムを例に引いて、「国家独占資本主義を表わす概念として今なお有効であるかが問われている」と問題提起を行って、その説明を終えている。要するに、国家独占資本主義の内実については、各国資本主義のその後の動向をみて読者がそれぞれに判断することを求めたのである。

この問題提起に関して言えば、かつての「古き良き時代」の家族観や宗教的信条とともに古典的資本主義への復帰を訴えたレーガニズム政権下の負の遺産が、時間をおいて顕在化してくるのはその二〇年後といえなくもない。数々の多国籍巨大企業の行き詰まり、サブプライム・ローン問題によるリーマン・ショックの沈静化については、米国政府——財政当局やＦＲＢ——が市場、とりわけ、金融・証券市場に大きく介入せざるをえなかった。より正確には、巨大組織化した金融機関への公的資金投入というかたちでの救済である。再び、国家の全面的関与が不可欠となってきたのである。むろん、これは米国政府の内外、連邦議会などでの利害をめぐるさまざまな激しい政治的対立の結果であった。

ここらあたりで、レーニンの『帝国主義論』を読み解いておこう。レーニンの『帝国主義論』は純粋な経済理論書でもなければ、実用書でもない。それは当時の革命をめぐる政治路線の経済的表現であり、当時のドイツ社会民主党の理論的指導者カール・カウツキー（一八五四〜一九三八）への強烈でときに辟易とさせられるような批判的言動に満ちた政治文書であって、レーニンの主張する政治路線の正当性を経済学論理で示したような内容となっている。最終のフランス語・ドイツ語版での構成はつぎのようになっていた。

第一章　生産の集中化と独占の出現
第二章　銀行とその新しい役割
第三章　金融資本と金融寡占制
第四章　資本輸出
第五章　世界の分割――独占団体相互間で
第六章　世界の分割――列強の間で
第七章　資本主義の特殊な段階としての帝国主義
第八章　資本主義に見られる寄生と腐敗
第九章　帝国主義批判
第十章　帝国主義の歴史的位置

この目次の流れだけをみても、レーニンの主張した帝国主義の概念構成がわかるだろう。レーニンがもっぱら注視していたのは、英米独経済において生産の集中化が進展し独占的企業が出現していたことであった。大企業と大銀行が深く結び付き、その結合が国民経済の集中・独占を一層進展させつつあると認識された。国民経済での独占を達成した大企業はやがて国外へと資本を輸出し、世界市場での独占競争を激化させるとみていたのである。レーニンはこの当時の「最新の資本主義」の特徴をつぎのように指摘した。

「旧来の資本主義が過去のものになろうとしているということである。旧来の資本主義とは、自由競争の資本主義である。そこには、資本主義にとって絶対に不可欠な調整器、すなわち証券取引所が備わっていた。その旧来の資本主義に代わって、新型の資本主義がやって来た。そこには、何か過渡的なもの、すなわち自由競争と独占と足して二で割ったものの特徴が、色濃くにじんでいる。この最新の資本主義がどの方向に向かっているのかという問題は、頭に浮かんで当然である。」（角田安正訳）

レーニン自身は、この「最新の資本主義」の先に「資本一般に代わって金融資本が支配的な立場を占める」資本主義を想定していた。同書の第三章でルドルフ・ヒルファーディング（一八七七〜一九四一）の『金融資本論』にふれたのはこのためであった。レーニンは「資本の運用が分化する。すなわち、資本を所有することと、生産のために資本投入することが別個の事柄になる、また、金融資本が産業資本（ないし生産的資本）から分離する」時代が到来してきたとみたうえで、そうした金融資本が支配的となった「最新の資本主義」段階を「帝国主義」と名付けたのである。ここでの鍵用語は「独占」と「金融」であった。

レーニンはヒルファーディングの『金融資本論』――後述――を意識しつつも、「銀行管理下にあって、企業経営者が運用する資本である」とするヒルファーディンクのきわめてテクニカルな金融資本の定義にはまったく満足していない。彼がこだわったのは、そのような金融資本を生み出したのは何かという点であり、あくまでも「最新の資本主義」の本質を「生産と資本の集中化の進展」がもたらした「独占」の強まりに求めたのである。そして、レーニンは独占がやがて国内経済における資本の過剰を生み出す傾向を読み取ろうとした。資本は国内に投資されず、「後進国」へと流れていく。レーニンはその理由を「土地が値ごろで、賃金が低く、原材料が低く、原材料価格が安いからである」と説明し、その先には資本輸出国間での競争と闘争があるとみた。ここでの鍵用語は「資本」、「輸出」、「競争」であった。

国民経済における私的独占の成立は国家独占と容易に一体化するというのがレーニンの見方である。それぞれの国旗を背にした独占資本間の世界市場での戦いはその分割をめぐる競争、具体的には資源と市場をめぐる競争――戦争も含み――を激化させ、国家の介入を招く。レーニンの指摘を待つまでもないが、実際そのようになった。そこには鍵用語として「国家」がつけ加わった。レーニンはこの独占段階の資本主義を「高度の段階」とみて、より高度な社会経済体制＝社会主義への移行期がやがて来るとみた。実際には、早熟の資本主義国のロシアが実験の場となったが、もちろん、その後の進展を彼は知らない。

資本主義の独占段階＝帝国主義について、レーニンはつぎの五つの定義を掲げている。

（一）「生産と資本の集中化が非常に高度な発展段階に到達し、その結果として独占が成立していること。そして、そのような独占が経済活動において決定的な役割を果たしていること」。

（二）「銀行資本と産業資本が融合し、その『金融資本』を基盤として金融寡占制が成立していること」。

（三）「商品輸出ではなくて資本輸出が格段に重要な意義を帯びていること」。

（四）「資本家の国際独占団体が形成され、世界を分割していること」。

（五）「資本主義列強が領土の分割を完了していること」。

レーニンはこれらの特徴をもつ帝国主義は、やがて国際トラストによって世界市場を分割していくと予想した。これが当時のレーニンの現状認識でもあった。その際、彼の念頭にあった先頭の帝国主義国家とは英国であった。活発な資本輸出は英国内において金利生活者の収入を支えることにより、英国を「金利生活国家」（＝寄生）にしているとみた。これはのちにケインズによっても指摘されることになる。

なお、『帝国主義論』で、日本は新しい帝国主義国家として少しだけ登場している。レーニンは日本について詳述していないが、未成熟な帝国主義国家であったとみなしている。重工業を背景にした英国などと比べて、日本は軽工業が主流であって、例えば司馬遼太郎は当時の日本を「雑貨屋の帝国主義国家」と表現した。

では、米国はどうであったのか。レーニンは「寄生」という面からしても、米国は英国に迫っているとみていた。たしかに、米国における大企業体制の成立は顕著であった。

そうした寄生を内部に孕んだ帝国主義において、「私的経営や私的所有の外殻は、その内実にそぐわないものとなっている。それは、人為的に除去するのを遅らせば、どうしても腐敗せずにはいられない」とレーニンはみた。おそらく、彼は眼前に成立したばかりのソビエト連邦内の日々の権力闘争とは別に、歴史の法則という面からより長期的に資本主義経済の行く末を見ていたに違いない。ただし、レーニンは自分が生きていた時代の経済変化を強く意識して、『帝国主義』を書いた。

各国経済と世界経済の統計が整備され、すぐに利用できる現在と全く異なり、新聞記事などから伝えられる経済ニュースに大きな刺激を受けながら、レーニンは当時の資本主義の変化をとらえようとした。当時の経済ニュースを振り返っておくことはレーニンの念頭にあった当時の経済情勢を知ることでもある。すこしみておこう。

レーニンが、父も学んだカザン大学でラテン語やギリシャ語を専攻していたころに、世界経済に大きな関心をもっていたとは思えないが、マルクスの著作にはふれている。やがてレーニンは学生運動にのめりこんでいった。背景には兄や姉がロシア皇帝暗殺に関わったとされ処刑・追放されたことがあった。このことはその後のレーニンの人生に決定的な影響を与えたといってよい。

レーニンは大学から退学処分を受け、以降、自学自習の世界——のちにサンクトペテルブルク大学で学ぶ——に入る。彼が『ロシアにおける資本主義の発展』を出版したのが一八九九年であったから、世界経済に本格的関心を抱いたのはおそらく二〇歳代半ばくらいからであろう。当時、大英帝国は南アフリカなどで支配権を確立させつつあった。レーニンはそのような英国に代わって、工業国家としての米国が勃興し、欧州経済との連動性を強めつつあったことを認識していたにちがいない。

一八九三年に、世界的な工業国家になりつつあった米国で恐慌が起こった。欧州諸国の投資家たちが米国から資金を引き上げたことで米国経済はさらに苦境に陥る。株式市場は混乱し、六〇〇の銀行、七四の鉄道会社、一万五〇〇〇社以上の米国企業が行き詰まったとされる。政府のお膝元のワシントンでも、失業対策を求める抗議運動が起こり、生き残った鉄道会社などでも待遇改善を求めるストライキが続いた。翌年、米国連邦議会は六月二八日を勤労感謝の日とし法定休日にしたが、多くの米国人が毎日が休日という失業状態にあったのは、皮肉以外のなにものでもなかった。

この大不況からの回復には結局のところ四年を要した。その過程で、鉄道などの分野では独占が進み、その後の米国経済を支えることになる自動車産業が産声を上げていた。米国の自動車生産がやっと年間一〇〇台を超えたのが一八九七年であるから、当時、レーニンが自動車産業のその後の発展をどのようにみていたのかは、わたしたちの興味を引く。

レーニンがロシア経済のあり方に関心を寄せつつ、労働者階級の解放を掲げる組織を創設するのは、一八九五年、二五歳のときであった。スイス旅行の後に逮捕され、シベリアに流刑されたのは一八九七年であった。レーニンは米国発の恐慌に苦しむ欧州社会のなかで革命運動を創始し、その回復過程と拡大をシベリアの地で観察することになる。彼は米国経済のつぎのような動きがおそらく気になったであろう。

二〇世紀の到来を告げた一九〇一年に、農業国から工業国へと脱皮した米国では、鉄鋼業者のJ・P・モルガン（一八三七〜一九一三）が世界最初の持株会社をつくりあげ、それまで猛烈な競争を続けてきたライバルのアンドルー・カーネギー（一八三五〜一九一九）と「鉄鋼トラスト」を形成し、米国の鉄鋼生産の過半を支配するようになった。さらに、モルガンは鉄道、海運、鉱業、通信業、銀行業などに支配を広げつつあった。

鉄道については、その支配権をめぐってモルガンだけではなく、スタンダード石油によって石油市場を支配していたジョン・D・ロックフェラー（一八三九〜一九三七）もからんだ、激しい競争が展開した。鉄道、鉄鋼やニッケルなどの分野に限らず、トラストや吸収合併が米国のあらゆる分野で進みつつあった。同じく一九〇一年に、金融機関の主導で一七五社の製缶業者が合併し、アメリカン製缶会社が誕生している。この製缶トラストは米国市場の九〇％を支配下に置いた。一九〇二年にニューヨーク市に設立されたインターナショナル・ハーベスター社は、モルガンの資金提供の下で他の農業機器メーカーと合同してトラストを形成し、米国市場の八〇％以上の支配権を確立した。また、トラストというかたちをとらなくとも、食品や製銅といった分野でも大型合併が相次いだ。激しい競争こそが米国で独占を生み出したのである。

資本の集中と大規模工場の誕生は、他方で労働組合などの組織化を促してもいた。米国労働総同盟（AFL）はこの時期に組合員数が一〇〇万人を超えている。だが、レーニンが期待したように、労働組合が独占的大企業への充分な対抗勢力になっていたとは言い難い。

レーニンも注目したであろうモスクワとウラジオストックを結ぶシベリア鉄道が開通した一九〇四年、米国連邦最高裁判所はノーザン・セキュリティーズ社の鉄道トラストをシャーマン法違反とし解体命令を下した。しかし、この判決により米国でトラストや大規模合併が抑制されたわけではなかった。たとえば、デュポン・ド・ヌムール（一七七一〜一八三四）によって設立されたデュポン社は、一九〇六年に火薬トラストを買収し、米国市場での独占を確立している。

大型トラストについては、一九一一年、米国連邦最高裁判所はシャーマン法を適用して、ロックフェラーのスタンダード石油トラストに解散命令を下した。結果、トラストはエッソやモービルなどの子会社に分離したが、その影響力は完全に消滅したわけではなかった。同年に煙草トラストが解散を、翌年にはユニオン・パシフィック鉄道も合併解消を命じられた。

一九一三年、連邦議会下院金融・通貨委員会はモルガン等の「マネー・トラスト」の支配力を問題視した。この年、慈善事業などを目的とするロックフェラー財団が設立されたが、財団設立にはそうした批判を避けることが意図された側面を無視できないだろう。同年、ウィルソン大統領（一八五六〜一九二四）が労働省を設置したのも、悪化する労使対立を睨んでのことであった。

欧州全土を戦争に巻き込んだ第一次世界大戦がはじまった一九一四年、米国では、合併などに制限を課し、連邦政府の規制権限と労働者保護を強化することが意図されたクレイトン法が成立する。とはいえ、有効な罰則規定を欠いた同法の効果はきわめて限られたものであった。第一次世界大戦は米国経済を活況化させ、さまざまな分野で大企業を成立させた。

戦争で疲弊した欧州諸国と、英国に代わり世界経済に大きな位置を占めるようになった米国、アジアで勃興しつつあった日本をながめつつ、自らの生命が消えゆくなかでレーニンの脳裏にはソビエト連邦の行く末がよぎったに相違ない。社会主義が国家独占資本主義の時代のなかでどのような変貌を遂げるのか。レーニンが『帝国主義論』で展開しようとしたのはまさにこの点であった。

「国家独占資本主義」については、前述の『岩波現代経済学事典』の一〇数年前に刊行された『岩波経済学辞典（第三版）』につぎのように定義されている。

「国家独占資本主義とは、資本主義の全般的危機の段階において、私的独占が独占利潤の追求・安定的確保や体制危機に対処しての体制の維持・存続をはかるため、国有化の諸形態や公的権力の諸機能をつうじて経済への介入と再編をいちじるしく強化し、それを再生産過程の不可欠の条件あるいは恒常的条件とするにいたる状況もしくは時期を総称するマルクス経済学の概念である。」

この種の説明では、その後に必ずといってよいほど、そうした概念の歴史性について言及される。この項目の執筆者の古川哲（一九二八〜九〇）も、米国のニューディール期と、同時期のドイツ、イタリア、日本など軍事国家＝政府主導の経済運営体制――「軍産官複合体」――を事例として取り上げている。ただし、古川はそうした政府主導体制を「一国資本主義の異常な危機に対処するための応急的で一時的な対応形態としての国独資」とみなした。他方、第二次世界大戦後については、そのような体制が「恒常化階梯」――階梯とは階段やはしごの意――として成立したとして、古川は旧社会主義諸国との対比でつぎのように述べている。

「社会主義世界体制の成立と資本主義の全般的危機の段階的深化に対応する現代の国独資は、体制の維持と存続を最大の目的とし、そのための帝国主義諸国間の〈恐怖の団結〉を軸として恒常的介入と統合的再編との世界的な軍事的独資の階梯として特徴づけることができる。」

では、そのような恒常的・世界的・軍事的な国家独占資本主義体制を促進したのは単に社会主義体制圏の成立だけだったのだろうか。古川は、その「必然性」の基礎に「独占資本主義体制の成立」があったとする。古川の展開論理をつぎのように整理しておこう。

（一）自由主義段階の資本主義――資本主義の基本的矛盾である周期的全般的恐慌――景気変動――の克服には自己解決が求められる。この段階では、「自由競争こそがもっとも妥当な運動方式にほかならず、恐慌だけが、経済法則次元で個々の生産者に平等におそいかかってくる調整・切捨ての強制であり、経済内部に集積されてくる諸矛盾の経済内的解決形式の決め手として、根底的・包括的なものたりえたからである。」

（二）独占資本主義段階――「こうした自由競争と周期的恐慌を通じての矛盾の世界市場規模での規則正しい解決の機能をきわめて不完全なものとしてゆく。すなわち、自由競争のもとで、規則正しくそのつど包括的に解決されていた部門間不均衡や生産と消費との間の矛盾、国と国との間の不均等な発展にともなう矛盾などが、独占支配、独占部門と非独占部門の並存、帝国主義列強の対抗と闘争のなかで、個々の循環をこえたより長期の構造的矛盾として持ちこされてゆくようになる。」

（三）全面的危機の進行――「こうした矛盾解決の本来的形式の麻痺により、経済課程から発生する矛盾を経済内的に周期的に調整・解決しえなくなり、その調整・解決の必要性は、より大規模で間欠的な体制危機の爆発か、もしくは政治・軍事的な介入・調整機能へと持ちこされていかざるをえない。こうした独占のもとで、帝国主義戦争が不可避となり、また、循環の変形と未曾有の大恐慌や長期不況が生じ、したがってまた社会革命が直接の問題となることによって、資本主義の全般的危機の具体的進行とその深化が現実のものとなる。」

ここで重要なことは、資本主義の「全般的危機の解決」が可能かどうか、また、そのための体制とは何であるのかという点である。個別経済主体での個別対応の範囲をこえて、政府の「市場への全面的な介入」――「国家機能を通じての権力的な調整」――なくしては解決は困難であり、それゆえに「政府の全面的介入」を不可避とするのかどうか。古川はその解決の過程をつぎのように描き、同時に課題についても言及している。

①財政政策――「大幅な財政支出や投資・消費刺激策などによって組織化する国独資、あるいは社会主義と対決し社会革命を国家権力によって防止するための、いわゆる冷戦体制下の軍事国独資の枠内での〈反動的〉対応諸形態としての調整・再編機能の発揮。」

②大きな政府の維持費用問題――「それにともなう軍事力や警察・官僚機構の巨大化、本格的な経済過程への介入や投資・研究開発への刺激や軍事的消費の拡大等は、管理通貨制への移行によってはじめて可能となる多額の公債発行や増税等の財源的基礎を必要とし、その結果、国独資的調整・介入は、不可避的に長期的インフレーションという新たな矛盾を随伴せざるをえない。もともと国独資は、経済法則次元で解決されるべき矛盾を上部構造の土台への反動的介入によって強力的に調整しようとするのであるから、結局、矛盾の解決形態とはなりえない。国独資は体制的危機の結果であるとともに、それの新たな深化を直接媒介してゆくことになる。」

旧ソビエト連邦など旧社会主義体制をとってきた東側諸国は資本主義経済体制――市場経済体制――に移行した。平成三［一九九一］年一二月のクリスマスに、一九八五年以来、ソビエト連邦の自由化・民主化を推し進め、米国との新外交路線をとってきた大統領——共産党書記長——ミハイル・ゴルバチョフ（一九三一〜）が辞任したことで、それまでソビエト連邦の翼下にあった共和国がつぎつぎに独立宣言を行い、連邦から離脱した。そうした動きを受け、ポーランド、東ドイツ——ドイツ民主共和国——など東側諸国もそれぞれ市場経済体制と民主化を打ち出していくことになる。「新たな深化を直接媒介してゆくことになる」と述べた古川自身はこの前年に亡くなっているので、現実の進行を考慮に入れた改正稿を完成させることはできなかった。

軍事面では、「イスラム経済圏」との関係で、米国などの地域紛争への介入等が行われた。

ただし、財政問題は現在にいたるまで持ち越されている。管理通貨体制については、その後変動相場制へと移行しながらも、現在も米国の強い影響下にある。長期的インフレーションについては、各国にばらつきがみられ、日本ではむしろ長期デフレーションが続いた。

先にみた「資本主義の全般的危機」の先にある国家独占資本主義の命運については、古川は、市場経済原理の調整機能によってすべてを解決できるわけではなく、国家の「介入・管理・統制の恒常化・世界化」なくしては克復できないことを強く示唆した。現在では、景気後退や深刻な不況とはいわれても、「恐慌」や「資本主義の全般（面）的危機」というマルクス経済学で多用されてきた経済用語が使われるわけではないが、マルクス経済学の論理にしたがって、これらを定義づけしておこう。

「資本主義の全般的危機」とは、昭和二［一九二七］年のコミンテルン——レーニン等が一九一九年にロシア共産党を中心に各国の共産党を支部として結成した共産主義インターナショナルの略称——の第六回大会で採択されたものであった。これは、ソビエト連邦という社会主義国家の成立という世界情勢のなかで、当時の資本主義の行き詰まりを象徴化させた表現となった。前掲辞典はこの全般的危機論を、三つの段階においてつぎのようにとらえ特徴づけている。

第一段階（一九一七年～第二次世界大戦）――資本主義国の大恐慌（一九二九～三二年）の時期である。

第二段階（第二次世界大戦後～一九六〇年）――東欧やアジアで社会主義政権が誕生し、二つの体制国家群が生まれた時期であり、国家独占資本主義へ「転化が加速された」時期でもある。

第三段階（一九六〇年～）――モスクワで開催された各国共産党・労働者党国際会議で「資本主義の全般的危機が新しい段階に入った」と「モスクワ声明」が示唆した時期である。

古川が一九六〇年代で全般的危機論を終えているのは、その後の世界情勢をみることなく自身が亡くなっていることもある。執筆時に、彼は高度成長期という日本の経済環境を強く意識していただろう。その後、たとえば、石油ショックなどによって世界経済が混乱に陥ることなどは当然ながら意識していない。いずれにせよ、資本主義の全般的危機とは、恐慌が容易に収束されない時期であると言及されている。では、恐慌は資本主義においてどのようにとらえておくべきだろうか。ここではマルクスの考え方と宇野弘蔵の恐慌への考え方だけを整理しておいて、終章あたりで詳述することにしたい。

マルクスは『資本論』で、資本主義がつねに景気循環性をもち、やがてそれが生産活動などの大きな低下を通じて、資本の過剰を顕在化させることにおいて恐慌を論じた。マルクスは恐慌は決して一国内での景気後退などではなく世界的なものであり、企業倒産によって労働市場が吸収しえないほどの大量の失業者を生み出し、信用制度を一挙に崩壊させることに言及している。マルクスの経済観では、恐慌とは資本主義のもつ諸矛盾の強制的な調整装置としてとらえられている。

マルクスの立論は、資本主義における生産力の拡大はそれに見合っただけの大衆の消費購買力を引き上げることはなく、やがてそれは過剰生産として顕在化するという点に集約できよう。マルクスは資本過剰の強い動因として、利潤率の低下法則＝資本の有機的——技術的——構成の「高度化」を指摘した。資本の有機的構成とは、資本財などの固定——不変——資本と労働力である可変資本の割合である。〈固定資本／可変資本〉の比率の上昇を、マルクスは資本の利用度が「高度化」したとみなした。そして、こうした高度化によってむしろ資本のもつ利潤率の低下が起こるとする。

利潤率（r）は剰余価値（利潤、M）を固定資本（C）と可変資本（V）の和で割ったものである。すなわち、マルクスはつぎのような計算式を思い浮かべていた。

r＝M／C＋V

これは次式に等値される。

r＝（M／V）／（C／V）＋（V／V＝1）

分母の（C／V）は資本の有機的構成で、これが高まると、剰余価値率（M／V）が変化しないとすれば、利潤率（r）は低下しつづけることになる。

利潤率を上げるには、労働力である可変資本を減少させることである。たとえば、長期にわたり労働力の削減を無制限に行い、すべての作業を機械化することである。だが、現実にそのようなことは不可能であって、長期的には利潤率の低下傾向が起こることが指摘された。そして、利潤率の低下は経済活動への資本の投入を呼び起こすことで、資本の過剰を一層推し進めることになる恐慌を発生させるとみられた。

他方、宇野弘蔵は『恐慌論』で恐慌について、「第一に資本主義的経済に必然的なるものとして原理論的に解明されなければならない」と前置きしたうえで、「元来、恐慌なるものは貸付資金の回収不能が時をおなじうして相当広汎に生ずるところに現れるものであって、現象的には必ず金融恐慌をなすものである」と指摘し、恐慌の歴史を振り返っている。

宇野にとって、恐慌史では「偶然なる現象とはいえない。いずれも一定期間の好況期の後にあらわれる極度の繁栄から急に恐慌状態に陥りその後また一定期間の不況を経て好況に転換するという過程を繰り返す」循環性の解明こそが重要視された。たしかに、好況と不況という循環は一国に止まらず、やがて世界的な循環となっていくのである。二〇世紀以降についてみれば、一九一〇年代の不況が第一次世界大戦の軍需景気で解消され、その後、一九二〇年と一九二九年の不況という一定の周期で循環している。

宇野は、伝統的な社会構成を解体させ、労働力の商品化を社会の隅々まで推し進める資本の運動を全開させた市場経済体制である資本主義の下で、「恐慌現象が資本主義社会の根本矛盾の発現として、そしてまた同時にその現実的解決をなすということは、この労働力の商品化にその根拠を有している」とみなす。宇野の「原理論」からすれば、恐慌とは労働力の量と資本の蓄積との関係で問われるべき現象である。したがって、宇野はつぎのようにいう。

「恐慌論は、……資本の蓄積の増進とともに、資本にとって一定の限度をもった条件の下に商品化し得る労働力を中心として、周期的にその矛盾が爆発し、またその矛盾が現実的に解決されるという関係がいかにして必然的に生ずるかを明らかにするものとして、経済学の原理論のいわば結論を為すのである。それと同時にここではなお恐慌現象は、資本主義社会にとって解決のない矛盾として、いいかえれば必然的崩壊をもたらすものとして解明されるのではない。新しい資本と労働との関係の下に現実的に解決されながら繰り返してあらわれるものとして解明されなければならない。」

好況期での資本の蓄積において資本の有機的構成の高度化がすすむことが不況期での整理を引き寄せ、やがては恐慌による「資本の破壊」をもたらすのであるが、それを引き延ばすのが信用の演ずる役割である。これには企業間の信用取引もあるが、より重要であるのは遊休資本を融通できる銀行など金融機関の働きである。とはいえ、宇野も指摘するように、銀行といえども無制限にその信用を拡大できるはずはない。信用がその限界を超え極度に拡張されることになる「社会的生産過程」では資本と労働力が過剰化する。このために恐慌が生じるとされる。このとき、恐慌からの脱出が商品価格の低落ということだけで調整できないところに問題の核心がある。宇野はいう。「資本の過剰としての商品の過剰は、……もちろん、これを社会的に処理し得れば恐慌として発現するものではない。しかし社会的に処理するということ自身がすでに商品経済として不可能なことなのである」と。

では、恐慌によって攪乱した「社会的生産過程」はどのようにして「回復」されるのか。それは、その後の長期的な停滞のなかで過剰資本の整理によって回復がはかられるとされる。具体的には、生産方法の改善による生産費の低下や労働賃金の切下げなどを通じてである。宇野はこの点について「結局は生産過程における生産方法の改善による生産費の低下に脱却の道を求めざるを得なくなる。そしてこれこそが恐慌の根本的原因を解除し、新たなる展開を与えるものとなる」と指摘する。その後の転換について、宇野はつぎのように述べる。

「不況から好況への転換は、かくして単なる周期的過程の繰り返しではない。資本は従来より大なる生産力をもって新たなる循環を開始する。労働者は、資本量に比較して相対的により少なく動員されるにしても、絶対的にはより多く雇用される。それは一般的利潤率の低落の傾向を辿りながら剰余価値率を増進し、より大なる資本によるより大なる利潤の生産を実現する。資本の蓄積はより大なる生産規模をもって回復されるのである。周期的循環は常に前周期の最高水準を突破しつつ発展するのであって、いわば波動的に上下しながら向上してゆくのである。」

こうした循環性こそが資本主義の必然性である。では、恐慌の先に資本主義の崩壊の必然性はあるのだろうか。宇野において、恐慌と資本主義の崩壊の関係はどのように解釈されたのか。宇野は「歴史過程としての資本主義にとっては、その確立は同時に没落への過程にほかならない。しかしそれは決して恐慌とともに資本主義社会が崩壊するという意味ではない。……資本主義の崩壊過程は、資本主義自身が単なる経済的過程ではないと同様に、決して単なる経済過程の崩壊としてあらわれるものではない」と述べたうえで、彼のいう「原理論的」世界と歴史的展開を区別しつつ、古典的な資本主義の時代のあとに登場する帝国主義の時代の下では、それまでとは異なった恐慌現象とその発現のかたちをもつことが強く示唆される。

資本主義体制の下で恐慌――全般的危機――を回避することが可能なのか。可能であれば、それはどのような手段――経済政策――によってなのか。それこそが宇野のいう現状分析の課題ということになる。

帝国主義と金融資本

資本主義は内と外の二面的な暴力性をもつ。それは国内的には恐慌として顕在化するが、国外的にはその発生を回避させるための暴力的拡大の歴史を辿ってきた。いわゆる帝国主義である。この帝国主義については、前述のレーニンの『帝国主義論』が発表される一六年前に、もう一つの『帝国主義』論が日本で刊行されている。

幸徳秋水――本名、傳次郎――（一八七一～一九一一）の『帝国主義』――原題『廿世紀之怪物帝國主義』――である。明治三四［一九〇一］年に、この著作は発表された。秋水は同書の「諸言」で世界各国が帝国主義を掲げているなかにあって、「我日本に至っても、日清戦役の大捷以来、上下之に向って熱狂する、駻馬の軛を脱するが如し。……嗚呼帝国主義、汝が流行の勢力は、我廿世紀の天地を以て、寂光の浄土を現せんとする乎。……真相実質の如何を研究するは、我廿世紀の経営に任ずる士人に存て、焦頭爛額の急務に非ずや」と述べ、当時の状況をつぎのように指摘した。

「英国は南阿を伐てり、米国は非律賓を討てり、独逸は膠州を取れり、露国は満州を奪へり、仏国はフアシヨダを征せり、伊太利はアビニシアに戦へり。是近時の帝国主義を行ふ所以の較著なる現象也。」

秋水は「愛国心」の名目の下に国土拡大を狙う欧米諸国の掲げる「適者生存の法則」、「自由競争」と「軍国主義」のあり方に異議を唱え、そして「帝国主義」を糾弾したのである。秋水は、「愛国心と軍国主義の狂熱が其頂点に達するの時に於てや、領土拡張の政策が全盛を極むる……」中にあって、「大帝国の建設を意味」する「帝国主義」について、「国家の繁栄は決して窃盗強盗に依て得べからず、国民の偉大は決して掠奪侵略に依て得べからず、文明の進歩は一帝王の専制に在らず、社会の福利は一国旗の統一にあらず、唯た平和なるに在り、唯た自由なるに在り、博愛なるに在り、平等なるに在り……古の帝国主義は個人的帝国主義なりき、今の帝国主義は名づけて国民的帝国主義と称すべし」と述べたうえで、将来における米国の拡張主義の危険性につぎのように警鐘を鳴らした。

「我は信ず、将来米国が国家生存の危険てふこと、万一之れ有りとせば、其危険は決して領土の狭きに在らずして、領土拡張の究極なきに在り、対外勢力の張らざるに在らずして、社会内部の腐敗堕落に在り、市場の少きに在らずして、富の分配の不公なるに在り、自由と平等の滅亡に在り、侵略主義と帝国主義の流行跋扈に在りと。」

さらに秋水は「資本の剰多と生産の過剰」の欧米諸国の経済に対して、同様に帝国主義に乗り出そうとしている「日本の経済事情は全く之と相反す」として、無用な軍拡競争を収め、分配の不平等の是正をつよく求めた。

また、帝国主義を「必要に非すして欲望也。福利に非すして災害也。国民的膨張に非すして少数人の功名野心の膨張也。貿易に非すして投機也。生産に非すして強奪也。文明の扶植に非すして他の文明の壊滅也」として、二十世紀を危険に陥れるのは帝国主義であり、現状では「吾人の前途は唯た黒闇たる地獄あるのみ」と指摘した。

日本では、二〇世紀の初めに幸徳秋水が、国内に分配の不平等を残しながら、貿易よりも投機などの対外膨張主義をとる国家の姿を帝国主義ととらえ、今後の世界に大きな影響を及ぼすことへ警鐘を鳴らした。帝国主義が国内での分配の不平等と親和性をもつのは、現代の米国社会のあり方でもある。

幸徳秋水の「帝国主義論」で興味を引く点は、帝国主義をレーニン(*)のように資本主義の高度な発展の先にある経済体制ではなく、軍事偏重国家のもつ夜郎自大的な暴力的膨張主義とみたことである。要するに、秋水にあっては、資本主義と帝国主義が必ずしも結び合わされて理解されているわけではない。必然、のちに石橋湛山（一八八四〜一九七三）が指摘したように、帝国主義を支えるだけの経済的実力のない早熟な日本の資本主義体制は、その自重で崩壊する運命にあった。

＊こうした見方は、たとえば、人口動態を重視する経済社会学者の高田保馬（一八八三～一九七二）の考え方にもみられる。高田は『勢力論』で帝国主義についてつぎのように指摘する。「私見によると、経済自体の中に自己運動的なものを求めがたい。自己運動的なるものは人口の外にない。人口から直接に規定せらるるものは社会的なる結合ないし結合形態である。……人口が社会を動かし、社会の一面が直に政治であることを考ふるとき、人の物に対する関係たる経済はたえず、それによって規定されるべきではないか……政治の変容はいつでも経済の変容を伴ひ得る。これが経済に対する政治の優越の意義である。……経済が政治を支配するとする見方にあっては、経済の自己発展が政治の変動を来すと見る。手近き事実をあげよう。例へば独占資本主義の成熟が遂に帝国主義の角逐となり、欧州の動乱を生じたといふ。……要するに独占資本主義への成熟が経済の自律的展開であることを許すとしても、それが帝国主義を生めりともいへず、従って今の動乱を生めりともいへぬ。これらの国際政治的事情は、すべて社会といふ地盤によって説明せられうべきである。」高田保馬『勢力論』一九四〇年（復刻版、ミネルヴァ書房、二〇〇三年）。

さて、同じころ、開業医をしながら、マルクス経済学の研究を進め、のちにドイツ社会民主党の理論的指導者となるルドルフ・ヒルファーディング（一八七七～一九四一）は、帝国主義を金融資本の独占に向っての新たな動きととらえていた。ヒルファーディングは一九一〇年に『金融資本論』を著し、その「序文」でつぎのように自らの現状分析を述べる。

「『近代』資本主義の特性をなす集積過程は、一方ではカルテルやトラストの形成による『自由競争の止揚』となってあらわれ、他方では銀行資本と産業資本とのますます緊密化する関連となってあらわれる。資本はこの関連をとおして、……金融資本の形態をとる。……反射にすぎないのに独立してあらわれる金融資本特有の運動や、この運動のとるさまざまな形態や、商業資本および産業資本の運動からの右の運動の分離や自立化、およそこれらの事象は、ますますその分析を必要とする。というのは、金融資本の急激な成長と、金融資本が資本主義の現段階でふるうますます大きな勢力とは、この金融資本の諸法則や機能の知識なしに現在の経済的諸傾向の理解を不可能にし、したがってまた、いっさいの科学的な経済学および政策を不可能にするからである。」（林要訳）

ヒルファーディングはそれまでの自由競争と自由貿易の下で資本がますます集中を強め、資本主義経済が独占傾向にあることを認識した上で、産業資本と金融資本とが結合し「金融資本」となったこと――彼の母国である当時のオーストリア（ハンガリーを含む）を強く意識して――を資本主義の新たな形態――段階――ととらえた。

ヒルファーディングはオーストリアの地で、生産における資本過剰が欧米諸国の資本輸出を促し、国際的な独占体による世界市場の分割をめぐる激しい競争――帝国主義――が生まれていると観察したのである。彼はとりわけ「貨幣と信用」との関係に着目し、「株式会社」、そして「金融資本」は自由競争を制限させる方向に運動を展開するものの、やがてそれが恐慌をもたらすことを論じた。

その前提として、まず、ヒルファーディングは「すべての商品と同じように商品価値をいいあらわす貨幣という商品」をとりあげ、すべての商品との交換価値をもつ貨幣の社会的性格を論じている。そのような流通貨幣は支払手段であり、銀行業が流通過程においてそうした流通貨幣のうちの休息貨幣を手元に引き寄せ、それらがやがて従来の商業信用――手形など――にとって代わり、産業資本家の間で流通する銀行券として流通しはじめた歴史を振り返る。さらに、国家という信用が後ろ盾として、それが信用貨幣となることを指摘した。

資本主義経済では、この貨幣の増殖を促すことが経済発展の大きな梃子であり、資本の運動法則となる。その特徴は、ヒルファーディングの「資本家は商品をつくるのではない。かれは商品において利潤をつくるのだ」という表現に象徴されている。より大きな利潤の拡大のためにはより多くの資本が動員される必要がある。それゆえ株式会社の発達をみることになる。ヒルファーディングが資本の動員形態としての「株式会社」と、直接的動因の一つとしての「創業者利得」、さらには「証券取引所」を論じたのはこのためである。

ここで興味を引くのは、彼がその「証券取引所」論で「投資」と「投機」とを峻別して、後者をつぎのように論じていることである。やや長くなるが引用しておく。

「商品の売買は社会的に必然的な事象である。資本主義経済では、この売買をとおして社会の生存条件がみたされる。それはこの社会に必要不可欠な一条件である。しかし、投機は同じ仕方では決してそうではない。（中略）投機業者たちは相互に利潤をうばいあうだけである。一人の損失が他人の利得なのだ。……投機は価格変動の利用にある。といっても、商品の価格変動にあるのではない。投機業者にとっては、生産資本家の場合とちがい、価格の騰落は問題ではない。かれが問題とするのは商品価格ではない。かれの考慮に入るのは商品価格ではなくて、自分の利子請求権の価格だけである。……投機業者にとっては利潤が上がるか下がるかということも本質的ではない。かれの眼目とするところは変動だけであり、そして、これを予見することだけである。かれの関心は、収益ができるだけ安定し、できればたえず上昇することをのぞむ生産資本家のそれとは、まったく別のものである。……利潤は、ほかならぬ生産資本の所有者またはは利潤請求権の所有者に分配される。しかし、投機業者としては、けっして利潤の上昇によって利得をえるのではない。かれは利潤の低下によっても利得しうる。かれは、そうじて利潤の上昇をあてにしないで、利潤の騰落による利潤請求権の価格の変動をあてにするだけである。……ある一定の時点に利潤請求権の評価のあいだで売買者間に差が生まれ、それが一方の投機利得となり、他方の投機損失となる。一方の利得は、この場合他方の損失であって、生産資本家の利潤とはまったくちがう。」

ここで、ヒルファーディングは投機資本としての金融資本の性格をうまく言い当てている。つまり、金融資本は貨幣を増殖する変動だけをモーメントする資本運動となる。その結果はリーマン・ショックに象徴されて、いまを生きるわたしたちの眼前にある。(*)

＊従来の資本のG→W→G′という運動法則には産業資本の論理が反映されている。そこには現物経済としての貨幣から商品への転化という過程と資本の有機的構成の高度化による利潤率の低下があるが、これを一挙に回避し投入資本の利益率を高めるには、Wへの転化過程を一足飛びに越え、G→G′という資本の運動法則が必要になる。資本の投機的性格はまさにこの運動形態にある。貨幣資本をできるだけに低コスト──市場での金利──で調達し、できれば空売りの規制を外されたより高いレバレッジで投入できれば、G→W→G′よりは資本の回転率が高まり、結果として巨額の資本がさらに生み出されるのである。とりわけ、リーマン・ブラザーズの破綻にいたるまでの英米の投資銀行などの収益率は製造業や商業分野の企業のそれをはるかに上回るものであった。ただし、こうした金融資本の運動は、貨幣資本として機能する資金に、このゲームに参加するメンバーがカジノ化した金融市場にとどまるだけの余裕があるかぎりでのはなしである。G→W→G′は実際に財やサービスを生み出すが、G→G′は実際の財などを生み出すわけではない。

さらに、ヒルファーディングは「投機取引にはすでにみたように、つねに信用取引が結びついている。投機にあっては買い入れる証券の相場価値の総額はどうでもよく、おこりうる相場変動の大きさだけが問題である」と指摘する。この指摘は、株式相場であろうと、商品相場であろうと、妥当する。これは商品化＝証券化されるあらゆるものにも妥当するのである。

この指摘は、レーガン政権以降進展してきた米国資本主義の金融資本主義化、さらには世界的に拡大した金融資本主義化をすでに示唆していた。当時の経済学者たち──むろん、すべてではなく、サプライサイド経済学者のような意見もあったが──は「空洞化する米国経済──Deindustrialization of America──」論を展開し、それまでの工業州の地盤低下と失業率の上昇に警告を発していた。だが、その時期から米国経済は金融資本主義化の傾向を一層強めていった。このことをあらためて振り返れば、このヒルファーディングの指摘は米国経済の変化をうまく言い当てている。

そこにあったのは、投資を中心とする生産資本の論理ではなく、投機を中心とする金融資本の論理が前面に出てくるような資本主義の形態――段階――であった。重視されたのは、ヒルファーディングのいう「変動」であった。それは、財やサービスを何も生み出さない――変動ビジネスに関わる雇用は生み出されたが――真の意味で「空洞化した」資本主義の姿である。

ヒルファーディングがつぎに展開するのは、生産資本への関与を著しく強めた金融資本＝銀行資本の自由競争への希求と自由競争の制限――カルテルやトラストなど――を通じた独占への希求である。金融資本の生産資本への関与は融通する資金の拡大によってさらに緊密化し、生産資本の銀行依存度は増すことになる。ヒルファーディングはこのような関係の深化において、金融資本をつぎのように定義づけた。

「産業への銀行の依存は所有関係の結果である。産業の資本のうち、これを充用する産業資本家たちのものでない部分が、たえず増加する。かれらが資本の処理権をうけとるのは銀行をとおしてのみであって、かれらにたいして銀行は所有権を代表する。他方、銀行はその資本のますます多くの部分を産業に固定せざるをえない。これによって銀行はますます多く産業資本家となる。このような仕方で現実に産業資本に転化されている銀行資本、したがって貨幣形態の資本を金融資本と、わたしは名づける。それは所有者たちにとってつねに貨幣形態をたもっており、かれらはそれを貨幣資本、利子うみ資本の形態で投下しているのであって、いつでも貨幣形態で回収することができる。」

ヒルファーディングは、そうした金融資本の「歴史的傾向」にふれ、「金融資本においては、いっさいの部分的な資本諸形態が全体性に統一されてあらわれる。金融資本は貨幣資本としてあらわれ、そして、事実上、貨幣資本のG→G′なる運動形態、つまり貨幣をうむ貨幣、すなわち資本運動のもっとも一般的な、もっとも無概念的な形態をもつ貨幣資本として、それは貸しつけ資本と擬制資本との両形態で生産資本家に融通される」と述べたうえで、ますます多くの部分をG→G′の運動形態によって自己資本に転化させた金融資本を銀行資本としてとらえ、つぎのよう特徴づけた。

「銀行資本は、現実に機能する資本すなわち産業資本の端的な形態――貨幣形態――となる。同時に商業的資本の独立性はますます排除されるが、銀行資本と生産資本との分離は金融資本において止揚される。……このようにして、金融資本においては資本の特殊な性格は消えうせる。資本は、社会の生産過程を主権的に支配する統一力として、生産手段、自然資源および蓄積された過去の総労働力にたいする所有から直接生まれる力として、ならびに所有関係から直接生まれる生きた労働に対する処分権として、あらわれる。」

ここで、ヒルファーディングは、銀行資本と生産資本との分離が金融資本というかたちで止揚される形態を「擬制資本」としてとらえる。この擬制資本については、『金融資本論』ではまとまって論じていないが、その意味するところは、通常の資本のように生産のために投下され、土地や機械のように利用されることはないものの、その投下によって仮想的に利潤を生みだす資本の価値であるとされている。

その後、ヒルファーディングは恐慌の一般的諸条件である生産の無政府性、生産と消費の分離＝過剰生産などについて取り上げ、「新しい市場の開拓」、「新しい生産部門の発生」、「新しい技術の採用」、「人口増加による需要の増大」がなければ恐慌の可能性が高まることにふれ、「恐慌は、いまのべた利潤率低下傾向が、需要増加のもたらした価格および利潤の上昇傾向にうちかつ瞬間にはじまる」と、恐慌の突発性を重視する。

興味があるのは、同じオーストリア――現在ではチェコ――の地で、ヨーゼフ・シュンペーター（一八八三～一九五〇）が、ヒルファーディングが『金融資本論』を刊行した翌年に、『経済発展の理論――企業者利潤・資本・信用・利子および景気の回転に関する一研究――』を発表して、ヒルファーディングのいう「新しい市場の開拓」、「新しい生産部門の発生」、「新しい技術の採用」などを「新結合」――イノベーション――という視点から述べていることである。シュンペーターは資本主義の行き詰まりを新結合と企業家の働きに求めた。当時、時代の風として、資本主義の行き詰まりの打破への希求があったのである。

だが、ヒルファーディングはマルクスと同様に、そうした新結合にもかかわらず、利潤率の低下が資本の有機的構成の高度化によって引き起こされ、それゆえに固定資本の大きな生産諸部門において恐慌が強く作用することを強調する。そして、その先に発生する信用恐慌を重視し、金融恐慌は貨幣恐慌でもあり、「信用の崩壊が支払手段の突然の欠乏をうみだす」ため、その影響は広範囲に及ぶとみた。では、どのようにして貨幣恐慌は回避されるのか。ヒルファーディングは『金融資本論』の最終章「金融資本の経済政策」でこの問題を取り上げている。

ヒルファーディングは自由貿易の拡大と資本輸出の拡大を促す経済政策を取り上げている。彼がこうした政策の先に帝国主義を見出すのはレーニンと同様であり、さらにその先に社会主義があることを指摘する。

「社会主義が帝国主義にたいする唯一の答えとして宣伝の前景におしだされねばならない。金融資本は、社会的生産の支配権を少数のもっとも強大な資本諸団体の手にますます多くにぎらせる。それは生産の指導を所有から分離して、生産を資本主義の内部で達成されうるギリギリの点まで社会化する。（中略）金融資本は、組織的に社会主義のためのさいごの諸前提を創造するが、それと同時に政治的に移行をいっそう容易にする。（中略）……階級対立にもとづく社会諸構成では、社会的大変革は支配階級がすでにその権力集積の最高可能な状態にたっしたとき、はじめておこなわれる。（中略）……金融資本は、その感性形態においては、資本少数政治の手における経済的および政治的絶対の最高段階を意味する。それは資本貴族の独裁を完成する。それは同時に一国の民族資本の支配者の独裁を、他国の資本主義的利益とますます融和しがたいものたらしめ、また、国内における資本の支配を金融資本に搾取されながらも闘争にかりだされる国民大衆の利益とますます調和しがたいものたらしめる。ついに敵対的利害関係の激突において、資本貴族の独裁はプロレタリアートの独裁に一変する。」

資本主義がますます金融資本主義化を強めるなかで、ヒルファーディングはシュンペーター流の新結合――イノベーション――と資本家の企業家精神だけでは恐慌を回避し続けることは困難とみたのである。この指摘の成否にかかわる検証を、いまわたしたちは、一九七〇年代以降周期的に繰り返されてきた金融危機――国際金融市場の不安定性――のなかで迫られている。

ヒルファーディングは、産業資本優位の時代から、産業資本と金融資本の蜜月の時代をへて、金融資本によって産業資本が支配され、やがて金融資本が優位に立つ時代への流れを感じつつ、社会主義による資本主義体制の克服を期待していたように思える。しかし、残念ながら、ヒルファーディングが、資本主義体制の克復が可能な社会主義なるものについて詳述しているとは言い難い（*）。

*ヒルファーディングやシュンペーターを生んだオーストリアという土地柄はわたしの興味を引いてやまない。一九世紀から二〇世紀にかけて、オーストリアのウィーン大学からは多くの経済学者が出ている。たとえば、限界効用理論のカール・メンガー（一八四〇〜一九二一）やヴィーザー・ベーム・バヴェルク（一八五一〜一九四一）、ルードビッヒ・フォン・ミーセス（一八八一〜一九七三）、自由主義経済の優位性を強く主張したフリードリッヒ・ハイテク（一八九九〜一九九二）などである。彼らのオーストリア学派としての共通主張を探れば、ハイエクに代表されるように、自由主義――個人主義――と市場経済体制への強い信頼があり、シュンペーターやミーゼスなどのように米国の大学などへ移ることによってそのようなオーストリア学派の考え方が米国に移植されていったともいえる。ヒルファーディングの自由主義や市場経済の行き詰まりの打破を社会主義に求める考え方もオーストリアの地に生まれたといってよい。

金融資本の存立領域

先にみたように、レーニンの『帝国主義論』は、生産の集中と独占が進行し、銀行などの金融資本がそれをさらに推し進めることを指摘し、やがて、金融寡占制が成立することを予想した。一国における金融資本は他の国の金融資本と独占をめぐる世界分割の競争を激化させることになる。レーニンはこれを「最新の資本主義」として帝国主義と名付けた。

レーニンも『帝国主義論』を著わす上でヒルファーディングの金融資本の考え方を強く意識し、産業資本――生産的資本――からの金融資本の独立性が著しくなる時代を見据えていた。そのおよそ一世紀後の世界経済をみれば、生産的資本としての産業資本の領域を実物経済と見なせば、それに比して、金融資本の領域は、ICTに支えられたサイバー空間を含む巨大な領域となってきた。

従来の資本の運動形態であるG→W→G′は、Gという資金を投入して、生産過程において原材料や賃労働者を投入して、Wという商品生産を生み出し、G′（G＋ΔG）という剰余価値を含んだかたちで最初の投入資本を回収するという産業資本の動きを象徴する。

他方、金融資本の運動形態G→G′はWという生産過程を通さず、G′（G＋ΔG）を回収する。金融資本は、産業資本に資金（G）を提供することで、そのGが利子を生み出す資本として働くのであって、その資本回転率を自ら速めることは困難である。金融資本の資本回転率を高めるには産業資本を通じての蓄積よりも、G→G′という直接的資本運動を行うことである。

まさに、それは米国型資本主義が一九八〇年代から目指し、一九九〇年代から加速した米国経済の姿そのものであって、あらゆる「革新的」な金融商品が生み出され、それら自身が巨大な金融市場を形成することになった。

ところで、米国防省が九・一一テロ以降の米国の防衛領域について、それまでの陸、海、空にサイバー空間を加えることに言及した。この物言いは、それまでの陸、海、空の物資移動をベースとする実物経済ではなく、一九七〇年代以降に大きな発達をみた情報通信技術が支える、一九九〇年代以降の多彩な金融商品が投入されることになる「サイバー金融市場」の著しい成長を象徴してもいた。

米国経済のこうした変化の背景には、米国制度学派の祖であるソースティン・ヴェレン（一八五七～一九二九）が『有閑階級の理論』（一八九九年）で指摘した、富裕階級の消費形態の大衆化を支えた生産的資本＝産業資本の国内における利潤率の低下――空洞化――があり、米国経済が新たなフロンティアを求める動きがあった。また、産業資本の利潤率低下と工業の空洞化に伴う米国中間所得層の没落は、従来の貯蓄率を引き下げ、預貯金をベースとする金融機関の信用創造の力を著しく低下させてもいた。

米国経済が成長路線に復帰するには、国内の低い貯蓄率を補い、中間所得層の購買力にテコ入れするため、国外の貯蓄を米国金融市場へ引きつけ、それを競争力が低下した産業資本ではなく金融取引市場へ還流させることが必要となっていた。そのためには、すでに自由化が進展していた貿易に加え、資本そのものの取引の完全自由化と規制なき市場こそが必要であった。

従来の国内預金をベースとする商業銀行の信用創造ではなく、国外からの資金の還流に対して、金融商品や金融派生商品——デリバティブ——への投資を促すため、あらゆるものを証券化し、また、それを支える高いレバレッジ「商品」を市場へと持ち込むのが金融資本の新たな動きとなった。金融実務の経験をもつエコノミストの水野和夫はこうした動きを『終わりなき危機、君はグローバリゼーションの真実を見たか』でつぎのように的確にとらえている。

「従来、マネーは銀行の信用創造機能によってつくられた。それには所得が増加してある程度貯蓄率が高くなければならない。しかし、（米国など先進国において—引用者注）交易条件の悪化で所得の増加率が鈍化してしまったので、銀行を通じて創造されるマネーは従来のようには増えなくなってしまった。そのため金融・資本市場を自由化することによって、資産価格の値上がりによって利潤を極大化するほうがはるかに効率的となった。そこで米政府は、商業銀行の投資銀行化を政策的に後押ししたのである。……金融・資本市場でマネーをつくろうとすれば、主役は商業銀行ではなく、レバレッジを大きくかけられる投資銀行となる。こうして貯蓄行為を行う労働は主役の座を降り、その座を金融・資本市場という市場に譲り渡したのである。」

こうした金融・資本市場での取引にとって、新たな取引空間はコンピュータが形成するサイバー金融市場(*)

であり、頻繁な取引が実物経済での取引額をとてつもなく上回る巨額な金融市場をつくり上げた。その規模はリーマン・ショックに象徴される。

＊サイバーという言葉は、米国の数学者ノーバート・ウィーナー（一八九四～一九六四）が動物の調整機構などの研究を通じて『サイバネックス―動物と機械における制御と通信―』を一九四八年に著わし、普及し始めた。その後、コンピュータの著しい発達により、サイバーはもっぱらコンピュータ・ネットワークに関連する概念として定着した。ここで、わたしのいうサイバー空間という市場概念は、それまでの現実の場での取引量を一層巨額化させ、頻繁で大量の取引を可能にさせたコンピュータ間の、人の感覚をはるかにこえるある種の仮想空間といってよい。このサイバー空間について、水野和夫はそれまでの「地理的・物的空間」（実物投資空間）との比較において「電子・金融空間」ととらえる。

資本はつねに高い利潤率をもとめ、利潤の拡大化を目指すイデオロギーを必要とする。それこそが近代化というイデオロギー装置であり、物質的豊かさであったことはいうまでもない。経済発展にとって資本、土地（資源）、労働は古典派経済学以来の主要要素である。こうした要素を組み合わせて、資本主義は市場における平等化＝大衆化を通じて資本蓄積を促すが、他方においては不平等という格差を前提にしてより高い利潤を求める。資本は自国と他国における労働コストの相違、資源をめぐる交易条件の不平等性を求めるのである。

必然、飽和化した市場に対して、資本主義はつねに新たなフロンティアを要求する。既存の市場での独占という成熟化を迎えると、更なるフロンティアを創り出すことなくして、資本主義は成立しえないことがわかる。だが、サイバー化した金融領域といえども無制限には拡大しえない。国家を超える巨大で世界的なサイバー金融市場が創り出されても、それは実物経済との連動を決して断ちきれない。光あっての影であって、影は光を生み出せないのである。そのような構図は後にふれるリーマン・ショックのもたらした世界経済の構図でもある。金融資本は国家の庇護という光を必要としたのである。

国家独占金融資本論

ハーバード・ロースクール卒でニューヨーク市政に関わったあとにビジネス界に入り投資銀行業務に携わったケネス・リッパーは、レーガン政権の終り頃に小説を著わした。『ウォール街』である。この小説はすぐに映画監督のオリバー・ストーンによって映画化された。

『ウォール街』は、レーガン時代のウォール街を中心としたM&A――企業買収合戦――がテーマである。主人公は三人いる。一人目はブルースター航空の整備責任者の息子として生まれ、ハーバード・ビジネススクールでMBAをとった、野心満々のニューヨーク市クィーン地区生まれのバド・フォックスである。バドがブローカー――株式の売買人――として勤めるウォール街の投資銀行ジャクソン&スタイネムは、メリルリンチなど大手に比べれば、資本金六億ドルの中堅どころであるが、創立一一〇年を誇る老舗の投資銀行である。三〇人の役員のうち、半数以上は一〇〇万ドル以上の年俸――もっとも、そのうち二〇万ドルほどは引き出せるが、あとは会社の資本に還元されている――を得ている。ジャクソン&スタイネムが名門とされてきたのは、いままでに米国政府の二人の閣僚、数えきれないほどの大統領顧問、世界的企業の役員などを輩出し、米国の金融政策に大きな影響を及ぼしてきたからだ。

ジャクソン&スタイネムが、ウォール街のほとんどの投資銀行と同様に元々は小さな組織であったのが、その後、大きな組織となっていった経緯について、作者のリッパーは、いまでは骨董品のようになった古手社員の一人につぎのように語らせている。

「会社の規模が大きくなったこと。給料が高すぎること。この二つが癌だ。他の会社が太るからといってこの会社も太る。組織の自殺行為だよ。そして、あっという間に、この会社は、一日に二千万ドルの売上げを記録しなければならなくなっていた。膨大な額だ。しかも毎日だよ。で、答えはこうだ。経費をカバーし、ロンドン支店や東京支店のマーケットを広げるためには、どうしても取引のリスクが大きくなる。――そうなれば、人が増え、リスクが大きくなり、資本が増大し、――あげくにまた経費が増えることになるんだ。」（芝山幹郎訳）

こうして大きくなったジャクソン&スタイネムへいつものように出社したバドは「ジャクソン&スタイネム社……身売り」のニュースに揺れる同僚たちの慌てぶりに接することになる。小説のなかのニュースは、ジャクソン&スタイネム社の行く末をつぎのように報じていた。

「名門投資銀行〈ジャクソン&スタイネム〉は、その株式を一〇〇パーセント、〈テンペランス保険会社〉に一二億ドルで譲渡することに同意した。市場の流動性が増大したこと、さらには国際化戦略を実現するため、同社は資本拡充の必要性があったことを表明している。一方、テンペランスは、ジャクソン&スタイネムの販売力を利して、生命保険マーケットの拡大を意図している。なお、ジャクソン&スタイネムからは三十名の役員のうち十名が辞任した。ハイラム・ジャクソン氏（八十四歳）は『貪欲は神の住む場所を破壊するだろう』と警告を発している。」

ここで登場するのが、二人目の主人公、ウォール街で「乗っ取り屋（コーポレイト・レイダー）」として知られるゴードン・ゲッコー(*)である。ゲッコーは米国南部アーカンソー州の貧しい農村で育った。一七歳のときに交通事故で両親を失ったゲッコーはニューヨークで小さな不動産屋に拾われ、その後有能な――容赦ない——家賃取立て屋としてのし上がり、自分自身のためにアパートを買い漁り、その値上がりによって三五歳の若さで億万長者となった。一九八〇年代、ゲッコーはこれを元手とし企業買収ゲームに乗り出し、さらなる富を築いた。

＊一九八〇年代、ウォール街でジャンクボンドによって巨額の富を手にしたものの、インサイダー取引や顧客の脱税幇助で逮捕・起訴されることになるマイケル・ミルケン（一九四六〜）や、インサイダー情報を利用した企業買収を繰り返してのし上がったものの、逮捕・起訴されたアイヴァン・ボウスキー（一九三七〜）がゴードン・ゲッコーのモデルとなったといわれている。

バドの野心は大口客としてゲッコーを獲得することであった。バドは父親の勤めるブルースター航空の内部情報を手土産に、ゲッコーに食い込む。その後、ゲッコーとバドは会社買収によって大きな富を得るゲームに熱狂する。バドはさらにゲッコーに取り入るために、インサイダー取引、海外への不正送金、企業に関する情報入手など不正行為に次々と手を染めていく。

毒を食らえば皿までとなっていくバドを、「昼間はジャクソン&スタイネムでこつこつ勤めあげ、夜ともなれば法律事務所や仲買屋で活きた情報を仕入れてくる。一日中仕事をしているせいで、バドはくたくたになっていた。彼は成果を上げることに夢中だった。実際の話、得点を重ねるごとに手口は大胆になっていたのだ」とリッパーは描く。

インサイダー情報の提供屋の一人から「バド、違法じゃないか。その情報を知らないでわれわれに証券を売る株主たちには不公平になる。職を失って……刑務所行きだぞ」と言われて、バドはつぎのように言い返している。

「それで誰が損をするんだ？　街なかじゃ強盗がおばさんをカモっているというのに、自由市場を規制する法律があるなんてどうかしているんだ。いまのままじゃ、ジャクソン&スタイネムはわれわれの牢獄だよ。だから自由を買うんだ。正義は法より尊し、さ」

ここで三人目の主人公を紹介する必要がある。それは人ではない。ウォール街という怪物である。ウォール街は、バドやゲッコーのような人物を団体バスにギュウギュウに詰め込んだような集合体である。バドとゲッコーはニュージャージー州にある製糸会社テルダー社をめぐる買収劇での、あまりにも不可思議な動きによって、証券取引委員会――ＳＥＣ――の内偵調査を引き寄せる。

ゲッコーの狙いは保険会社の業績を買収で悪化させ、株価が下落したところで株主から株を買いたたいて手に入れることであった。そのために、ゲッコーは十二分な資産価値を保有するテルダー社の株式をまずは買い占め、経営権を握った。買収後、ゲッコーは保険会社を処分し、保有土地の一部を不動産会社に高値で売り抜け、利益を確保し、工場操業費をカットし、最終的にカナダの競合林業企業に売却して大きな利ザヤを稼いだ。結果はゲッコーとバドの勝利に終わった。

貪欲なゲッコーのつぎのターゲットは、バドの父親が組合の幹部でもある航空会社ブルースターの買収であった。この計画を打ち明けられたバドは、容赦ないゲッコーや投資銀行のやり方に憤りを感じるようになる。だが、それはまさにバドがいままでやってきたことでもあったのだ。

バドは父親の会社には手を付けないようにゲッコーに懇願する。しかし、ゲッコーは聞く耳を全く持たない。自分自身の破滅につながることは分かっていたが、バドはゲッコーと対決することを決意する。作者のリッパーは一体いくら儲けたら満足するのかとバドに問い詰められたゲッコーに、つぎのように語らせている。

「バド、充分かどうかという問題じゃないんだ。これはゼロサム・ゲームなんだ。だれかが勝って、誰かが負ける。金自体は、減りも増えもしない。……われわれがルールをつくるんだ。バド、ニュース、戦争、平和、飢餓、ペーパークリップの値段、われわれは帽子からうさぎを取り出す。ほかの連中は死ぬまでぼんやり座って、どうしてあんなことができるんだろうと。首をかしげつづけるんだ。私はなにも創造しない。私は所有するのだ。……民主主義の世の中に生きていると思うほどおめでたい男じゃないよな。バド。ここにあるのは自由市場なんだ。」

そうしたなかで、バドは父親が心臓発作で倒れたと連絡を受け、病院へと急いだ。バドは父の友人たちである組合員にゲッコーたちの買収への対応策を授ける。バドは、以前にゲッコーに製鉄会社の買収で煮え湯を飲まされた英国人にゲッコーへ対抗するよう情報を流す。

そして、ブルースター航空をめぐる仕手戦が開始された。ゲッコーはブルースター航空の買収をめぐる株の売買戦に敗れ去り、大損失を被った。リッパーは「ゲッコーは狂乱した。あの最初の日から、フォックスが禍のもとになることはわかっていたのだ。それなのに彼は、未熟な若造とつきあうことをみずからに許してしまった。……たまたま誤ったステップを踏んだのか、それとも中年を迎えて自己破滅的になったのか……彼は、首をかしげずにはいられなかった」と彼の内面を描写している。

しばらくして、バドのオフィスに見慣れない三人の男たちがやってきた。内偵調査を続けていた証券取引委員会の若い調査員や司法省の係員である。彼らはインサイダー取引に絡む書類を差し押さえに来たのだ。バドもまた逮捕された。翌朝、ウォール街にはニュース速報が流れた。

「アメリカ司法当局は、本日、企業買収家ゴードン・ゲッコーと証券ブローカー、バド・フォックスの両名を、証券詐欺、脱税、証券法違反、ならびに郵便詐欺等の容疑により告発した。証券取引委員会のミッキー・モーゲンシュタインは、この重大事件にみずからの手で取り組むことを発表した。」

リッパーはこの作品の始めで、バドが証券業界に入ることを父親に相談した時に、父親に「金のことを考えるな。誰でも名前を知っている昔流の会社に行け。おまえなら、役員になれるだろう。そして、みんなが敬意を払ってくれるだろう」というセリフを語らせている。

またバドが、父親のしてきた整備のような仕事は時代遅れ、自分がしている証券ブローカーのような仕事が時代の先端を走っていると、得意になって父親に話しているやり取りを、逮捕というショッキングな結末を際立させるために、物語のはじめに挿入している。そのやりとりを紹介しておこう。

父親「ああいういかがわしい商売はやめとけ、と言ったじゃないか。どう動くかわからない金に群がるのは、強欲で根性の汚い奴らばかりだ。おまえはちゃんとした教育を受けていれば、なんだってできたはずだ……グラマンに勤めている兄みたいに、れっきとした生産現場を任されることだった……それなのに家から出てってセールスマンなんぞしてるんだから」

バド「いいかい、父さん、僕はセールスマンじゃないんだ。アカウント・エクゼクティブなんだ。何度言えばわかるんだよ」

父親「株に金を注ぎ込むよう、電話で知らない人に頼むんだろう。セールスマンじゃないか」

バド、ゲッコー、そしてウォール街が飛び跳ねるこの物語が、当時のウォール街で起こっていたことのほんの一部に過ぎなかったことは、小説が出版されてからちょうど一〇年後に、サブプライム問題などに絡んで、リーマン・ブラザーズが破綻することで証明された。わたしたちはあまりにも巨額の授業料を支払わされることになった。リーマン・ショックという金融資本主義の帰結は世界中の多くの人びとを不幸にしたのである。

原作者のケネス・リッパーは謝辞で、バドの父親と違って、「強欲で根性の汚い奴らばかり」のウォール街勤務をむしろ容認してくれた両親と、彼が実際に働くことになった投資銀行へ満腔の敬意と感謝の意を表している。

「最初に、私をウォール街にやってくれた両親に感謝したい。そして、ウォール街で私に充分なキャリアを与えてくれたリーマン・ブラザーズとソロモン・ブラザーズに感謝したい。」

だが、一八五〇年にリーマン兄弟によって設立されたウォール街の老舗投資銀行リーマン・ブラザーズ──世界中で三万人近くの従業員を抱えた──は行き詰まった。一九一〇年設立のソロモン・ブラザーズは一九九八年に行き詰まり、現在はシティ・グループの配下にある。この事実そのものがウォール街の栄枯盛衰を示しているのではないだろうか。英国の詩人バイロンが言ったように「事実は小説より奇なり」である。

投資家ゴードン・ゲッコーの罪を問い、金融資本主義の行く末を不安視させた『ウォール街』は、その二〇年後に、ゲッコーの出訴後を描いた続編が作られた。八年間の投獄生活を終えて出所したゴードン・ゲッコーの落ちぶれた姿から、続編『ウォール・ストリート──カネは眠らない──』(二〇一一年公開)は始まる。舞台は、出所から八年後、二〇〇八年のニューヨークである。リーマン・ブラザーズなど大手投資銀行の経営危機を強く意識した舞台設定である。

ゲッコーは自らの体験をまとめた『強欲は善か』の著作を発表した。大学──おそらくコロンビア大学

――の市民講座に呼ばれ、司会者からミスター「インサイダー取引」と紹介されたゲッコーは、NINJA世代――No Income（収入なし）、No Job（仕事なし）、No Assets（資産なし）――に向かって「みんな、不景気そうだな。でも、未来は明るそうだ」とジョークを飛ばしながら、つぎのように語っている。

「かつてわたしは強欲は善だと言った。いまじゃ合法的だ。……人は強欲だから、無一文のバーテンダーが借金をして（値上がりを期待して）三軒の家を買ったりする。……住宅の値段がずっと上がり続け、政府も九・一一のあと強欲に駆られて銀行利息を引き下げ、一％台となった。そうした資産の値段が上がるから、ショッピングもできる……巨額化した債券には格好良い名前がつけられたのだ。不動産担保証券（GMC）、債務担保証券（GDO）、特別投資会社（SIV）(*)、資産担保証券（ABB）、こうした証券の正体を知っているのは世界でも七五人ほどである。だが、それらは大量破壊兵器だ。……わたしが塀の中にいるときに、人びとはさらに強欲で嫉妬深くなったらしい。ヘッジファンドの連中が五千万ドルや一億ドルの年収を取るようになり、銀行の連中は退屈と思うようになり、預託金を元手に四〇～五〇倍というレバレッジの高リスク信用取引を始めた。彼らのカネではない。あなたたちが借金してくれるからだ。この取引ではだれも責任をとらない。……統計では、米国企業全体の収益の四〇％はそうした金融サービスからだ。製造業じゃないぞ。つまり、人びとの生活需要とは無関係だ……わたしたちは金融の一部だ。危険な投資を続けている。それはレバレッジというステロイド剤を打っているようなものだ。……わたしが塀の中にいるなかで、世界は変わってしまった。塀の中の方がまともだ。……借金漬けだ。よく注意しておけば分かるであろう……やがて破綻するぞ。……問題は無謀な投機なのだ。破綻すべきビジネスモデルだ。それは悪性の癌だ、治さなければならない。どうすれば良いのか。教えよう。三語でだ。俺の本を買え（Buy my book)。いい投資になるぞ（Prices and profits work)。」

＊ＳＩＶ(Special Investment Vehicle)――金融機関や投資ファンドから出資を受けるとともに、ＣＰ（コマーシャル・ペーパー）などでも資金調達を行い、債務担保証券（ＣＤＯ）などに投資を行うやり方である。

ゴードン・ゲッコーが語るように、前作との時間経過の間に、さらに規制が無きに等しいほどに自由化された金融市場で、取引は電子取引によってさらに高速化し、レバレッジの大幅な引上げによって巨額化し、個人投資家ではなく、投資銀行そのものがゲッコー化した現状を、オリバー・ストーンは続編で描こうとしているように見える。

米国の金融市場がウォール側と一体化し、規制なき資本主義市場は「大きくて潰せない」体制を創り出した。リーマン・ブラザーズの破綻は反面教師となったのかどうか。国家が後継人となっている信用と独占化した金融市場でのプレーヤーたちとの結び付きはさらに強まっている。ヒルファーディングがそこまでの結末を予想していたかどうかは問わないでおこう。だが、金融資本、とりわけ、独占的地位を築いたような金融資本は国家の支えなしには存立しえなくなった。それはまさに国家独占金融資本主義である。

振り返ってみれば、米国においても、とりわけ、大恐慌を経験した世代には、独占、とりわけ、独占的金融資本が国民経済に及ぼす破壊力についての認識が共通していた。銀行のもつ力の分散化を目的に一九三三年に制定された「銀行法」――通称「グラス・スティーガル法」――は、商業銀行と投資銀行や保険会社との合併を禁止し、連邦預金保険公社（ＦＤＩＣ）を設立し、預金者に対して銀行破綻の際に一定限度額までの預金保護を約束し、また、商業銀行がリスクの高い住宅融資を担保とするような金融商品を証券化するのを禁止していた。

一九三〇年代に大恐慌が及ぼした広範な困窮問題は、人びとに、その事前防止コストが事後コストよりもはるかに安価で、安心であることを確信させたのである。金融資本の暴走を抑制する様々なルールが導入され、以後、景気後退は別として、わたしたちは膨大な失業者を労働市場から吐き出すような大恐慌を経験せずにきた。

だが、米国においてはレーガン体制以降、それまでの制限速度が撤廃され、文字通りフリーウェイとなった金融市場は大きな課題を抱えるに至った。そこにあったのは、安定と安心のパラドックスである。安定・安心の時期が長く続き、そうした制度が当然と思う世代が増えるに従って、人びとは不安定でリスクの高いことを試す傾向を強める。安心・安全のネットがより細いものに取り換えられていたなかで、その試みの安全率はきわめて低いものとなっていた。

やがて、大恐慌の教訓はどこかに打ち捨てられ、ヒルファーディングのいう投機的な金融資本の時代が再びやってきた。政治家、政策担当者、学者や研究者、そして多くの人びとはその時代をグローバル化ととらえた。たしかに、投機的な金融資本の動きがすぐに地球規模で伝播する時代となった。と同時に、一九九〇年代から、そして二〇〇〇年代に入って進んだ大企業の経営陣などの途方もない巨額な報酬——とりわけ、ストックオプションによる——は、資本家機能論——経営者は資本家という資本の所有者ではなく、企業経営者にすぎない——そのものをどこかに吹き飛ばしたかのようである。

まさに、米国資本主義は一九三〇年代以前の一九世紀的な資本主義社会に後戻りしたかのようであり、相続税なども含め、富裕層へのさまざまな軽減措置によってその資産は継承され、古典的な資本家が復活するような印象を受ける。かくして、一九九〇年代のＩＴバブル期にもてはやされたシュンペーターではなく、ほぼ同時期のヒルファーディングなどの経済学をいまに蘇らせ、その現代的意義をわたしたちに突きつけているような時代となった。

第一章　一九七〇年代論

キンドルバーガーが何よりも強く主張するのは、教条主義的であることは、ただ間違っているということですまない、危険きわまりないということなのである。

（キンドルバーガー（吉野俊彦・八木甫訳）『熱狂、恐慌、崩壊―金融恐慌の歴史―』へのバーンスタイン推薦文）

大内力と国独資論の展開

第二次世界大戦後のいわゆる西側諸国経済の顕著な発展について、社会主義との比較で、その優劣が論議され、やがて行き詰まる資本主義のかたちであるのかどうかが議論を呼んだ。一九七〇年代の日本経済の高度成長期には、欧州諸国経済と並んで日本の経済体制が果たして持続可能かどうかが問われた。その鍵用語は米国の標準的な経済学テキストなどでは、資本主義経済の安定装置――ケインズ体制の制度――を備えた「混合経済体制」と呼ばれた。日本では「国家独占資本主義」と概念づけられた。「国家独占資本主義」の名の下で、多くの著作が発表された。ここでは大内力の「国家独占資本主義論」を取り上げる。

経済学者の大内力（一九一八～二〇〇九）が『国家独占資本主義』を発表したのは昭和四五［一九七〇］年

末であった。これは、大内が一九五〇年代から書き溜めた論稿が一冊の本となったものである。(＊)この本に集約されるおよそ二〇年間の世界は、米ソ冷戦を基軸として構築・展開した時代であった。長寿であった大内はその後の世界経済の変化も意識したうえで、平成一九［二〇〇七］年に自著の復刻版の序文で、米ソ対立をケインズ理論対マルクス理論の対立とする潮流の下で、「本書は……パクス・アメリカーナの中で、急速に日本型と呼んでいいような体制を組み立て発展させつつあった日本資本主義の現状分析」であったと当時の状況を振り返っている。

＊国家独占資本主義への関心は、それ以前に井上春丸と宇佐美誠次郎が『国家独占資本主義論』（潮流社、一九五〇年）、『危機における日本資本主義の構造』（岩波書店、一九五一年）という著作を発表したように始まっていた。一九四〇年代後半から始まっていた独占資本主義論にかかわる当時の研究者の関心と論争については、池上惇『国家独占資本主義論争』青木書店（一九七七年）を参照。

大内は、この間――四〇年以上――の世界経済の変貌について、「ここ一〇年位の間にアメリカを先頭に、その尻馬に乗る日本をはじめ多くの途上国までが、急激に、しかもますます凶暴な形で国家独占資本主義を推し進めているにもかかわらず、その本質ないし歴史的性格の解明がますます沈滞して、世界がいわば死の沈黙の中に陥りつつある現状に対して目視したまま」と述べている。大内は『国家独占資本主義』で、「もはやかつての資本主義ではないという認識」が一般化した現代資本主義のかたちをどのようにとらえていたのだろうか。

大内のみならず当時の経済学者、とりわけ、マルクス経済学者にとっては、相対的過剰人口と現実の完全雇用との関係、失業者数の増加で労働者たちの生活が絶対的にも相対的にも不安定化し困窮化するという「窮乏化論」――「窮乏化」説――と「豊かな社会」(中産階級の拡大)との関係、周期的な恐慌パターンと景気変動そのものの縮小傾向との関係が、大きな関心領域となっていた。

大内たちの直接的関心は、マルクス経済学――宇野弘蔵の考え方も含め――の分析手法から、当時の現代資本主義の構造を解明する理論構築にあったといってよい。序章でも取り上げたレーニンの『帝国主義論』でもそうであったが、現実の資本主義のかたちが変容しつつあったとすれば、変容する以前と現在との関係が問われなければならない。大内もこの点を強く意識していた。

レーニンが把握した従来とは異なる資本主義＝国家独占資本主義について、大内は「資本主義の発展の必然的な産物として理解するとすれば、それは資本主義に内包されている矛盾の展開の産物であるといわなければならない……資本主義に内包される矛盾は、さしあたり恐慌の形をとって露呈されるのであり、その局面においてそれはもっとも集約的に、もっともシャープな形で顕在化することになる。……国家独占資本主義にたいする恐慌論的アプローチの必要性と有効性が示唆されるのである」と指摘する。レーニンと同様に大内にとって、国家独占資本主義論は「恐慌論」でなければならなかったのである。

「新たな」資本主義が恐慌を予防・回避するかたちにおいて、従来とはどのように異なるのかを解明するのが国家独占資本主義論の中心課題であった。必然、そこでは「競争の回避ないし緩和のために総力をあげている」国家の役割とそのあり方が問われることになる。だが、大内の問題意識はさらにこの先にあった。つまり、国家独占資本主義体制において、恐慌は永遠に回避し続けることが可能なのかどうかである。大内はこの点についてつぎのように述べる。

「もし国家独占資本主義が恐慌を回避するための体制であるならば、むしろ成長を適度なところにおさえ、恐慌として爆発するような矛盾の堆積をできるだけさけようとするのがとうぜんであろう。この意味でまず、国家独占資本主義は高度経済成長と不斉合なのであり、むしろ低成長ないしはより正確にいえば、モデレートな成長のもとにおける均衡が、それにふさわしいもののように思われる。」

つまり、大内は「山高ければ、谷また深し」というような高成長ではなく、持続性のある中成長あたりを狙った経済体制こそが恐慌を回避するにふさわしいと指摘したのである。だが、より本質的な問題は、たとえそのようにある程度の経済成長によって恐慌を回避したとしても、この継続的回避が資本主義に内在する基本的矛盾の根本的な解消につながるかどうかである。こうした問題設定は、最終的には資本主義の根本的矛盾とは何であるのかという問いへと回帰することになる。大内の国家独占資本主義論——国独資論——もまたこの点に関わって展開された。

したがって、恐慌回避策——景気調整策——としての通貨政策、中産階級層の所得を増加させ購買力を拡大させ、労使対立を緩和させるような所得政策——ただし、大内自身は所得政策という言葉は使っていない——、国家間の貿易拡大を可能とするような為替・貿易政策が検討されたのは当然である。より具体的には(一)金融政策、(二)為替政策、(三)財政政策(スペンディング・ポリシー)、(四)物価政策、(五)貿易政策、などである。国家がこうした政策をどのように実行するのか。大内はこの点を取り上げる。

このうち(一)と(二)についてみれば、大内は「国家独占資本主義とは、その経済的本質からいえば、通貨価値を一定の範囲内で国家権力がコントロールし、その変動をつうじて資本と労働との基本的関係を調整しうるようになった体制である」と規定する。実質的に、それは所得政策であり、本来は「賃金支払いにあてられる(べき)通貨価値そのものを変動させることによって、いわば隠密のうちに権力の介入がおこなわれる」とみた。この指摘の背景には、当時のニクソン政権の高インフレの下での所得政策への意識があったろう。

いずれにせよ、国家独占資本主義の本質は、(一)から(四)の政策をとっても、最終的には、経済の安定が困難になることである。このために国家独占資本主義体制の維持が恒常的にならざるをえない。だが、明らかにすべき本質はそのような体制によって恐慌——全般的危機——を恒常的に避け、経済を長期間にわたって拡大させつづけることが果してできるのかどうかの点である。まずは「恐慌がいかにして必然になるか」が問われることになる。大内もこの点を取り上げている。

大内は恐慌の必然性(*)について「基本的には労働賃金の相対的上昇にともなう利潤率の低下から」生ずる——『資本論』との関係では第三巻第三篇「利潤率の傾向的低下の法則」第一五章「法則の内的矛盾の展開」——とみたうえで、「資本論」が必ずしも明らかにしえなかった点、すなわち、「労働賃金の相対的上昇は、好況期における蓄積が、がいして資本構成の高度化をともなわない蓄積として遂行される傾向をもつため、労働力の枯渇がしだいにいちじるしくなることから生ずる点」を問題視した。

＊宇野の恐慌論が大内の国家独占資本主義論でもっとも不明瞭とみたのは、恐慌が不可避であるならば、資本主義の全般的危機である大恐慌に陥った場合、それはどのようにして回復されるのかについてである。それが社会主義体制への移行で克服されるのか。あるいは、より積極的な政府の財政出動によって解決されるのか。あるいは、市場原理に委ねておけば、病気が自然治癒するように、やがて回復するのか。

つまり、そのようなタイトな労働需給はやがて「労働賃金の上昇」→「利潤率の低下」→「資本の絶対的過剰生産」と展開する。そして最終的には、「多くの生産部門が再生産を継続することが困難な状況」→「再生産のたちきり」→「全社会的な混乱」となることを、大内は指摘した。

ただし、この最後の過程が一挙に顕在化するとは限らない。大内もこの点について、「恐慌を現実化するのは、かならずしもこのような『資本の絶対的過剰生産』の発生ではない、そのまえに、好況期の末期に生ずるはげしい利子率の上昇が、縮小しつつある利潤を蚕食し、ついに信用関係を破壊してしまう問題がある。こういういわば社会的資金による規制の作用によって、恐慌は現実的な基礎を与えられるのである」と指摘する。あくまでも重要であるのは「信用関係を破壊」してしまう「何か」なのである。大内が「いわば社会的資金による規制の作用によって、恐慌は現実的基礎を与えられるのである」とするのはこのためである。

歴史としての恐慌回避策には、信用膨張をもたらすインフレーション政策（＝信用の破壊）の導入があった。大内もこの点を取り上げている。

「中央銀行は、金融を引締めるかわりに、むしろ低金利政策をとって意識的に信用の膨張につとめる。その結果、市中銀行もあるていどまで貸出を拡大することによって企業の破綻をくいとめたり、梗塞した支払を促進したりすることができるようになるし、あるていどは中央銀行なり政府なりが債権の肩代りをすることによって救済資金を供給することもおこなわれる。それが信用破壊を一定限度でくいとめ、不況による企業の破産、そこから生ずる生産の停滞と流通の中断をくいとめる。」

この種のインフレーション政策は、企業や家計のもつ債務の実質的軽減、企業や家計での見かけ上の利益増大や収入増、輸出入面における交易条件の改善などを通じた経済の拡大均衡策であった。他の政策は既述のスペンディング・ポリシーである。たとえば公債発行による有効需要創出は、しばしばインフレーション政策と相まって物価上昇により企業への増産などのインセンティブになる。大内自身はそうしたインフレーション政策などの国家独占資本主義体制＝恐慌回避策をつぎのように総括してみせる。

「国家独占資本主義とは、その経済的本質からいえば、通貨価値を一定の範囲内で国家権力がコントロールし、その変動をつうじて資本と労働との基本的関係をも調整しうるようになった体制である。いいかえればここでは、労働力商品を資本が包摂する関係のほかに、国家権力が割り込んできている。といっても、それは通常のばあいは、強制労働とか労働賃金の統制とかといった直接的形態をとるのではない。むしろ賃金支払にあてられる通貨価値そのものを変動させることによって、いわば隠密のうちに権力の介入がおこなわれるのである。」

より本質的な問題はそうした種々の政策対応にもかかわらず、単に個別資本（個別企業）の広範囲な破壊（倒産）に影響を及ぼすだけではなく、結果として社会的資金を規制する信用制度そのものが破壊される点にある。そこに国家がなぜ全面的に介入せざるをえないのか、この点こそ大内にとってもっとも重要であった。

恐慌発生の初期メカニズムは金融制度の破綻に直接起因して必ずしも作動するものではない。むしろ、それは生産と消費の不均衡――過小消費――に始まる。そうした不均衡の是正にとって重要であるのは資本の絶対的過剰の処理であり、金融資本――金融機関など――が関わり、最終的に過剰となった労働力を一挙に労働市場に吐き出すのである。この点に関わるカール・マルクスの恐慌観には、その根底に「労働力の商品化」＝「資本主義の特殊性」という命題が存在していた。

国家が通貨政策、所得政策、為替・貿易政策によって市場経済への介入を強めることに対して、企業はどのように反応するのか。そのような介入は独占企業の経済力を低下させるのか。いやむしろ、そうした介入が大企業の独占をさらに推し進めることになるのか。また、そのような国家の市場介入を可能とさせる財源がつねに確保され得るものだろうか。

現在において、独占企業＝多国籍企業の一層のグローバル展開によって、国家間の協力なくして恐慌などは回避しえない。だが、恒常的な景気刺激策としての公債発行によるスペンディング政策の継続は、個別国家においては財政破綻をもたらさざるを得ないのである。

大内の「国家独占資本主義」論は「腐朽論」で終わる。第二次世界大戦後の主要国経済の長期にわたった好況の持続性に言及したうえで、大内は、それでも最終的に「恐慌」論にこだわりをみせる。

「ほんらい恐慌が資本主義にたいして果していた役割は、どうなったのだろうか。くりかえしふれたように、恐慌は資本主義の基本的矛盾の爆発といわれてきた。われわれはそれをただ生産の社会的性格と領有の私的性格の矛盾と理解すること……このような基本的矛盾は、いかに国家独占資本主義であってもそれが資本主義である以上、完全に解消してしまったと考えるわけにはいかないであろう。また、恐慌がその爆発であるとともに、その相対的な解決でもあるとするならば、恐慌があるていどでも回避されたばあい、その相対的解決がどうはかれているのか……要するに、ここでは基本的矛盾はどういう形で存在しており、恐慌が回避された結果、それはどういうあらわれかたをするのかが、まず問われなければならないのである。」

基本的矛盾＝過剰資本の処理について、大内が示唆する方途の一つはきわめてハードで乱暴なやり方である。それは戦争による軍需拡大である。二つめの方途は政府による過剰商品の買上げ、社会資本の整備、公共事業の拡大、住宅建設の促進、社会保障の充実などソフトなやり方である。後者の福祉国家体制は、国家財政との関係でどの程度まで継続できるかが問われる。

ところで、レーニンもこだわりをみせ、大内も使った「腐朽」ということばは、実に持って回ったようなわかりづらい表現である。その文字通りの字義は「徐々に腐り最後に朽ちる」ことである。要するに、突然ではなく、徐々にゆっくりと崩壊することである。大内が「腐朽論」において問題視しているのは、過剰資本の処理であり、それがやがてその効果を減じさせ、さらなる大きな処理を実施せざるを得ない点である。大内は「腐朽性の本質は何なのか。……経済の側面にかぎり……過剰資本の形成に求めるべき」としたうえで、つぎのように指摘する。

「国家独占資本主義のもとでは、このような過剰資本はただ慢性的・恒常的な存在になるばかりでなく、すでに資本主義が自律的に処理しえないものになっている。……いずれにせよこうして、国家権力を背景にたえず不生産的投資を拡大していくことによって、過剰資本を処理していく体系こそ国家独占資本主義なのであり、そこにその腐朽性が露呈されているというべきであろう。」

つまり、資本主義の自律性には限界があること、それゆえに、政府の不生産的投資の拡大による過剰資本の処理が必要となること、しかし、そうした体制はやがて腐朽制をもつこと、である。大内のこの指摘は非常に重要である。大内は当時、それまで世界経済をけん引してきた米国経済がニクソン政権下の高インフレ、高い利子率、高い失業の問題に苦しみつつ(*)、財政政策による景気拡大策を続けざるを得ないことを強く意識していた。しかし、米国経済はベトナム戦争の泥沼のなかで、それまでの政策に行き詰まりを見せ始めていた。

＊米国統計によると、一九六〇年代半ばまでの都市部の消費者物価指数は年率一％台であったが、その後、ニクソン政権の登場に呼応したように上昇し始めている。失業者数も一九七〇年に入り急増し、その後も高水準であった。銀行金利――プライムレート――もそれまでの六％台から八％近くにまで上昇した。

だが、レーガン政権以降の米国経済は貿易赤字と財政赤字を抱えながらも、再び、成長軌道に戻ったような様相を見せ始めた。そうしたなか、独占度を高めた金融資本――象徴的な表現ではいわゆるウォール街――は政府に金融・証券市場での規制緩和を迫り、それまでは困難であった財やサービスの証券化を盛り込んだ金融商品を開発・販売しはじめた。その後、それら金融商品が不良債権化することで、米国などの金融システムそのものがきわめて不安定なものとなり、政府による巨額な信用供与によって自らの生存をはからざるを得なくなっている。

大内は自律性なき資本主義の「根本的矛盾(＊)」は「どういう形で存在しており、恐慌が回避された結果、それはどういうあらわれかたをするのか」を問うている。その解答として、大内は「国家権力を背景にたえず不生産的投資を拡大していくことによって、過剰資本を処理していく体系こそ国家独占資本主義なのである」と指摘する。それはまさに金融資本の保護政策に象徴的にあらわれているのではあるまいか。この点については第四章で詳述するとして、大内と同時代のほかの国家独占資本主義論にも言及しておこう。

＊資本主義経済が本来もつ「自律性」の回復を公営部門の民営化、規制緩和、小さな政府の実現などによって取り戻そうという新自由主義がレーガンの時代の一九八〇年代から始まったと思われがちである。その源流はすでに一九七〇年代から創始されていたのではあるまいか。レーガン時代から共和党関係などの政策担当者が強く掲げるようになる新自由主義のイデオロギーは、一九七〇年代に創立されたヘリテージ財団などがすでに主張しはじめていた。ヘリテージ財団は一九七

三年に大企業の支援の下に設立されており、また、同様の主張を繰り広げるケイトー研究財団も一九七七年に創立されている。このほかに、戦前からある公共政策のためのアメリカ企業研究所――アメリカン・エンタープライズ研究所――もまたそのような主張を行っていた。いずれにせよ、大内たちが市場経済体制の自律性に疑義を示し、大きな政府による市場経済運営など――国家独占資本主義体制――が財政赤字拡大を通じて大きな問題を抱えることを指摘したときに、米国では市場経済体制の自律性を強く主張する運動が始動していた。

たとえば、池上惇は『国家独占資本主義論』で、国家独占資本の本質について、「もしも、現代世界の主要矛盾の総体から出発して国独資の本質に迫るならば、国家の独占的金融資本への従属が、独占的利潤を保障しつつ、資本主義体制を維持する、という二つの目的のために遂行され、全人民の収奪機構がアメリカを中心に世界的に拡がりをもっていることからもわかるであろう」として、米国経済の動向に注意を払っている。池上は財政学者らしく、米国の財政拡大――軍事支出も含め――とその拡張の限界性から米国経済をとらえようとした。池上はつぎのように指摘する。

「国家独占資本主義の本質が、すでに生産力の性格に照応しなくなった資本主義的生産関係を国家権力によって暴力的に維持しつつ、国家を利用して独占的超過利潤を追求する金融資本の運動にあるとすれば、その独占利潤保障の機構そのものが相対的、一時的なものにすぎず、運動の中でたえざる崩壊と再編成を要求されることは必然の結果である。」

池上は、国家が政策的に経済成長を意識しつつ、独占資本の独占的利潤を維持させるための貨幣・金融政策――インフレ政策も含め――、税政策（制度）や財政支出などの機構の整備を行わざるを得ないことを問題視する。だが、ここでの問題はそうした政策の実施の結果、「政府部門自体の規模が大きくなればなるほど、そして、独占利潤獲得の機会が増大すればするほど、独占利潤を獲得するに必要な諸条件は、ますます破壊されて行かざるを得ない」点にある。

これは後述するように、米国においてカーター政権までの「大きな政府」にたいして、「小さな政府」による強い米国の復活を訴えざるを得なかったレーガン政権以降の経済政策の背景でもあった。そこには、一国の通貨を政策的にどのように管理するかという課題もある。池上が国家独占資本主義としての米国経済の危機的方向の一つにドル危機――「ドルという名称をもつ通貨の価値の下落」――を取り上げているのはそのためである。

池上はこの問題について、「国内的均衡」と「国際的均衡」の矛盾という視点から分析を加えている。国際収支――経常収支、資本収支、外貨準備増減――の赤字という国際的不均衡を解消しようとすれば、国内的均衡が崩れるため、国内景気を刺激する必要がでてくるが、これがかえって米国側の輸入を拡大させ、国際的不均衡をさらにもたらすというのである。したがって、課題は通貨安定と国内景気との関係――二律背反――をどこで均衡化させるかにある。換言すれば、国家による通貨管理がどこまで可能であるかである。それはケインズ以来の管理通貨制度にかかわる問題でもある。

米国においては、ニクソン政権が一九七一年八月に「金・ドル交換」の停止を突如発表した。これによって、米国はそれまでの「金・ドル交換」の制約がなくなり、経常収支などの改善にとらわれず、自国優先の財政・金融・為替政策によって景気刺激を行うことが可能となった。同時に、米国は、ドル以外に世界通貨がない現状の下で、対外的な投資規制を外し、金融自由圏の拡大を通じて米国にドルが還流されるような経済運営を行うようになっていった。この構造はレーガン政権以降の米国経済においてより顕著となる。

そうした制度の下では、米国政府の財政赤字の拡大による景気刺激策に歯止めがかからなくなるのは当然であり、その後、財政赤字をめぐる問題が米国内外で論議を呼んでいくことになる。さらには、この結果、異なる通貨間の投機をめぐって国際金融市場は不安定化することになる。自国通貨と他国通貨への絶え間ない投機によって翻弄されるようになった国際金融市場は、各国政府の資本移動に対する厳格な規制が緩和され、為替投機から生じたリスクを最終的に引き受けるという政府――財務省――や中央銀行といった公的部門の役割――最後の貸し手――を終焉させた。

国際金融市場のリスクは公的部門から民間部門へと移されたのである。だが、リスクは民間企業が引き受けるには巨大すぎるものであり、そのことがリスクをリスクでヘッジさせる投機行動を生み出し、資本移動を短期かつ容易にするための金融市場の規制緩和、さらにはその全廃へとつながっていく。

大内等は国家独占資本主義の特徴の一つに国家による通貨政策を挙げたが、実際には、国家自身が通貨を自らの政策によってコントロールすることはますます困難となっていく。一九七〇年代に展開された多くの国家独占資本主義論は、一九八〇年代にその理論的枠組みの大きな変容をせまられた。とりわけ、国際金融市場――オフショア市場の拡大、越国境的な債券・株式市場の拡大、通貨間の裁定取引の拡大など――で大きな変化が起きていた。

また、国家独占資本主義論は政府の財政政策による恐慌回避を重要視したが、一九七〇年代に経済の自動安定装置――ビルトイン・スタビライザー――として、景気後退時には財政出動――スペンディング・ポリシー――による有効需要創出によって景気を支え、景気の回復による税収増加によって財政赤字を解決するといった循環は、とりわけ、米国のベトナム戦費維持のための恒常的な国債発行による財政拡大によって、崩れていくことになる。

米国のみならず、日本などにおいてもビルトイン・スタビライザーによる臨時策は恒久化され、財政赤字も拡大していく。この意味では、一九七〇年代以降のブレトン・ウッズ体制の終焉と変動相場制の下では、従来の財政政策の効果が著しく低下することになる。

大内や池上たちの国家独占資本主義論は、二〇〇〇年代に入ってからの、米国や日本のみならず、欧州諸国やアジア諸国などに拡大した金融危機の先にある恐慌を回避するために、巨額の国家資金が投入され、それを支える国債の発行額が巨額に達せざるをえないことを強く示唆している。だが、巨額の国債をどの国もが発行しつづけることなど困難である。そこにはソブリンリスクが常に付随し、通貨の暴落が待っている。

このような危機的状況がさらなる危機をもたらすことはいうまでもない。だが、こうした危機の解決策について、大内たちの国独論には出口がない。あるのは、恐慌という最終的な破綻であるが、破綻を回避するための具体的な政策手段や政策手法については無関心であるとしか思えない。大内たちがその先に輝ける社会主義の到来を夢見ていたとすれば、その後のソ連などの崩壊を知るわたしたちにとって、ポスト国家独占資本主義論なるべきものに明確な展望を描くことは難しい。

高度経済成長と日本経済

ここで日本経済の戦後史を振り返っておこう。敗戦後の日本が、憲法改正、行政改革、司法制度改革、民法改正と家族制度改革、農地改革、財閥解体と独占禁止法制の導入、労働改革、財政・税制・金融改革、教育制度改革を経て、高度経済成長に転じるのは昭和三〇年代からである。楫西光速は一連の諸改革について、国家独占資本主義論の視角から『日本資本主義の没落』第五巻の「占領政策の歴史的意義」で、つぎのように分析を加えた。

「アメリカ側からみて占領政策が国家独占資本主義的であったというわけではない……重要なことは、日本にとって、占領政策がその資本主義を国家独占資本主義体制のもとに再興する役割を果たしたという事実である。あるいは、もうすこし端的にいうならば、それは日本の資本主義のなかから、独占資本にとって不合理なものをいっきょに洗いさり、国家独占資本主義としていっそう緊密な安定のある体制をきずきあげる役割を果たした。」

では、「独占資本にとって不合理なもの」とははたして何であったのか。戦前期の日本経済は戦時経済統制の下で重工業化が進められたが、繊維など軽工業中心の産業構造からは充分に脱しえていなかった。戦後の日本経済が設備投資主導型の経済成長であったことからすれば、重工業化を中心とした経済成長を可能にした条件が整備されたということになる。

そのような条件ということでは、国外的にはＩＭＦ一四条国として外貨割当制度による輸入や為替取引の制限が可能であったことで輸入代替工業の育成がはかられたこと、米国からの外資あるいは技術の導入が可能であったこと、また、米国軍事体制の下で軽軍備が可能であったことがある。国内的には農地改革などによる農業生産性の向上と都市への労働力の移動、財閥改革と独禁法整備による競争原理の導入、中間所得層の形成などが挙げられる。

一連の戦後改革について、国家独占資本主義論を積極的に展開していた前述の大内力等は、それらは外部から与えられたものの、日本の資本主義体制を国家独占資本主義にそって変える内部的なモーメントにも一致していたととらえていた。遅れてやってきた日本の資本主義はやはり遅れてやってきた国家独占資本主義となった。米国では活躍の場を与えられなかったニューディーラー派官僚が、日本という未開の地であったからこそ、米国よりも政府の役割などの介入を可能とする体制をもたらしたのである。

さて、一九六〇年代には、高度経済成長を可能にしていた国内外の条件も変化していくことになる。すなわち、米国からの資本・貿易の自由化要求である。一九六〇年代半ばには、ＩＭＦ八条国への移行、ＯＥＣＤ（経済協力開発機構）への加盟によって、日本は貿易・資本の自由化を迫られた。他方、農業生産性の向上は頭打ちとなり、農業部門は停滞し始めた。工業分野についても、若年労働力不足から賃金が上昇し始め、物価の上昇も続いた。

一九六五年に日本経済は不況に陥ったが、翌年から四年間近く、一九五〇年代を上回る高率の経済成長が続く。なぜそれが可能であったのか。結論を先取りすれば、この時期までの、政府の経済運営は、戦時国債発行による財政政策とは異なり財政均衡主義を掲げていた。それには租税の範囲内で政府支出を抑え、経済成長はもっぱら企業と家計の自立的な経済活動によって可能であるという前提があった（*）。事実、一九六五年度までは、政府は一般会計中心の健全財政を維持し、その後も公債発行をもっぱら建設国債だけに限定させてきた。

*ただし、日本の場合、戦前来の制度を再編成したかたちで、昭和二八〔一九五三〕年以来の郵便貯金を運用資金とする財政投融資によって、景気調整を行ってきた側面は無視できない。他方、建設国債だけの公債発行原則もやがて崩れていくことになる。

しかしながら、一九六〇年代後半以降は、国債の発行により財政支出の拡大効果をはかる景気刺激策によって、国内需要以上に生産が拡大し、輸出ドライブがかけられ、好調な輸出に支えられてさらに生産の拡大が行われていたのである。

この時期までの健全な——均衡——財政思想では、企業の民間設備投資は、自己資金や家計からの貯蓄をベースとする銀行を介しての間接金融や、証券など直接金融に依拠すべきであったとしても、インフラ整備など社会資本については、一般会計を超える部分だけは公債発行によって補うべきものとされた。一九五五年の「数量景気」、一九五六年から翌年にかけての「神武景気」、一九五九年から一九六一年にかけての「岩戸景気」のあと不況で始まった一九六〇年代は、日本国民に一つの時代の終焉を予期させていた。それゆえに当時の不況は「構造不況」として報じられた。だが、日本経済は二年ほどで回復し、その後、五年間の長期に及ぶ「いざなぎ景気」が到来した。

一九六〇年代を通じて日本政府の経済政策は、とりわけ、日米間の貿易不均衡問題に対して、米国政府から突きつけられる円の切上げをなんとか避けるため、輸入拡大策としての景気刺激策が取られた。一九六五年七月、政府は国債発行を前提とする景気刺激策を発表し、同年一一月、戦後初の赤字国債——二五九〇億円——の発行が閣議決定された。戦後約一六年間にわたって堅持されてきた均衡財政の原則が崩れたのである。

この背景には、金融緩和による企業の設備投資促進にもかかわらず、過剰設備を抱えていた企業が積極的に設備投資を行わなかった事情があった。しびれを切らした政府は財政支出による有効需要の喚起を行った。以後、政府にとっての景気刺激策はそれまでの金融政策に代わって、赤字国債発行による財政政策が主流となった。以降、毎年、赤字国債が発行され、予算均衡主義は過去の遺物となった。日本においても国家の恒常的な刺激策と経済成長が結びつき始めたのである。(*)

＊日本の昭和三〇年代の高度成長は単に日本経済の自律的・潜在的成長ではなく、当時の世界経済、世界外交などの幸運な諸条件の下で可能であった。そうした条件が消滅すれば、本来は中程度の経済成長率が相応しく、そうした認識にそって経済社会制度が整備されておれば、高度成長維持のための無理な財政拡張を避けることができ、現在のような巨大な財政赤字問題を抱えることはなかったかもしれない。

だが、円の切上げ＝通貨調整を避けるためであったはずの積極的な財政金融政策は、期待されたようには貿易不均衡の是正につながらなかった。国内の過剰流動性は高まり、昭和四〇年代後半、石油ショックの前にすでにインフレの圧力を高めていったのである。なお、この時期に、日本は貿易収支で黒字が定着する一方で、資本収支では資本輸出国となっている。

円の対ドル為替についてみれば、円は上がり続けた。円高になれば日本からの米国市場向けの輸出は抑制され、その度に、国内では厳しい不況への懸念が産業界から寄せられ、景気刺激策を求める声が強まった。後述のプラザ合意以前、とりわけ、一九七七年後半から、円は急騰し始め、翌年一〇月には一ドル＝一七〇円台の水準となった。このため景気失速を恐れた政府は低金利政策とともに財政支出を拡大させ、景気刺激を行った。

その狙いは、家計など民間部門の豊富な預金を政府が国債発行で吸い上げ、将来的な購買力を現在にもってくることで景気を刺激しようとした点にあった。その結果、一般会計に占める国債発行額の割合は、一九七〇年度で四・四％であったのが、翌年には一二・六％、一九七五年度には二四・八％、一九七七年度には三〇％台となった。名目ＧＮＰに占める国債残高の割合も一九七〇年度の四・八％から一九七八年度には二〇％台となった。現在は、この数字がすでに二〇〇％となっている。一九七〇年代以降の四〇年の間に、日本経済の公債依存度は著しく高まったのである(*)。

*財務省『財政金融統計月報』によれば、昭和五〇(一九七五)年度以降の国債発行高の増加が顕著であり、必然、国債費も増加し始めた。

世界経済と日本経済の間

敗戦後の日本経済と世界経済との連動性は、占領軍による管理貿易の下で設定された複数為替レートに依存した。そのような管理貿易が、輸出については一九四七年から、輸入については翌年から民間貿易となった。為替レートは一九四九年四月から一ドル＝三六〇円と設定された。民間貿易がようやく認められるようになったとはいえ、外貨不足が続くなか、大蔵省の外貨保有規制と輸入外貨割当によって、日本の貿易・資本取引はその後も実質的には管理された。貿易収支がようやく黒字基調となるのは一九五〇年代末であり、貿易・為替への規制が緩和され始めるようになった。

一九六〇年代後半になると、貿易収支の黒字基調が定着し、外貨準備高も増加し始めた。米国などからの貿易・為替の自由化を求める動きが大きくなるのもこの時期である。日本側でも一九六〇年の正月明けに、「貿易・為替自由化促進」閣僚会議の設置が決定され、その一週間後に四三六品目について商品別の具体的な自由化計画と為替の自由化計画を盛り込んだ「貿易・為替自由化計画大綱」が発表された。翌月、大蔵省は渡航外貨の規制緩和などを行った。さらに、六月には、資本取引の自由化を認める外国為替管理令や外資許可基準特例が改正され、外貨資金特別割当制度が廃止された。

日米の二国間ベースでは、一九六一年末に関税引下げ交渉が妥結した。翌年、日本と欧州諸国との間で相互関税引下げ協定が締結された。一九六三年には、ＩＭＦ（国際通貨基金）理事会は日本の八条国移行勧告を行い、ＯＥＣＤ（経済協力開発機構）理事会は日本の加盟招請を決定した。このように六〇年代前半は、日本経済の世界経済への連動が高められた時期であった。他方、国内的には国際競争力強化から大型合併が増加し始めた。

一九六〇年代後半になると、英国のポンド危機が表面化し、一九六六年七月に英国政府は、ポンド危機のための緊縮財政政策を打ち出した。米国では保護主義の動きが活発化した。一九六七年に、ＵＳスティールは米国政府に対し日本からの鉄鋼輸入に対する課徴金の賦課を要請した。また、翌年一月に開催された日米ホノルル会議では、米国政府は日本に対しドル防衛に関する日米協力対策を強く求めた。

一九六九年二月、ニクソン大統領は各国に対して対米自主規制を求める方針を発表、六月には日米間の懸案とされた繊維交渉が開始された。だが、交渉は決裂し長期化した。一九七一年三月、米国関税委員会は日本製テレビをダンピングと認定した。他方、円・ドル為替については、米国側の円切上げ要請を回避するために、政府は早急かつ具体的な対応を迫られた。

そうしたなかで、一九七一年八月一五日――日本では一六日――、ニクソン大統領はドル防衛策を突然発表し、金・ドルの交換停止、一〇％の輸入課徴金の賦課、国内での物価・賃金統制、主要国への通貨切上げ要求を打ち出した。欧州の為替市場は混乱を避けるために閉鎖されたにもかかわらず、日本政府は東京市場をオープンのままにしたため(*)、日本側は一二日間で四〇億ドルを買い支えることになった。その後、変動相場制への移行を余儀なくされ、戦後、長期間続いた一ドル＝三六〇円体制は崩れ、一ドル＝三〇八円の為替レートとなった。

＊この背景について、元日本銀行理事の緒方四十郎は自著で「少なくとも私は何ら事前の警告を受けていなかった。したがって、ニクソン演説が始まった時点（日本時間八月一六日午前一〇時）では、すでに東京の為替市場での取引が開始済みであり、井上理事が電話でカナダ銀行へ確認したところ、同行も市場を開く方針であった。……市場を開き続けたことについては、海外では、日本はどうかしたのではないか、という反応が強かったようであるが、日本側の方針の背後には、日銀の外為引当貸制度により船積後の輸出金融を円で日銀から受けている邦銀が、二重金融の防止と外貨売りの抑制を狙った当局側の指導により、外貨建輸出手形の大量買持分を整理する時間を邦銀に与えたいという暗黙の願いがあったし、邦銀も一六日からの二週間に、外為会計からの預託外貨や海外の金融機関からの借入外貨を売却して、買持の圧縮につとめた」と説明している。緒方四十郎『円と日銀――セントラル・バンカーの回想――』中央公論社、一九九六年。

このニクソン・ショック＝国際通貨危機の打開のため、主要一〇カ国の蔵相会議が開催され、金一オンス＝三五ドルから三八ドルへの引上げと、対ドル自国通貨の切上げが決定された。日本の通貨切上げ率は前述のように三六〇円から三〇八円へと一六・九％、ドイツマルクの切上げ率は一三・六％となった。ニクソン・ショック後の通貨調整は一一四カ国に及んだ。その後、米国政府は輸入課徴金の撤廃を打ち出した。

新しい経済環境の時代に入り、日本経済は大幅な円切上げによって、翌年春ごろまで不況に陥った。米国側は通貨調整による日米の貿易不均衡の短期的解消を期待したが、実際には改善どころか、むしろ拡大した。日本政府はさらに多くの品目の関税引下げと、資本の一層の自由化、国際援助額の拡大を打ち出した。しかし、主要一〇カ国の蔵相会議で決定された固定レートが、英国が一九七二年六月に変動相場制に移行したことで、事実上、崩壊したのである。続いてイタリア、スイスが固定相場制から離脱し、変動相場制へと移行した。

こうした動きにもかかわらず、米国側の国際収支の改善は期待通りには進まなかった。ベトナム戦費のための国債発行などもあり、海外ではドルがますます過剰となり、その過剰となったドルが、投機資金として強い通貨となった円やドイツマルクへと向かったのである。国際通貨危機が続くなかでドル売りが激しくなった。

その間、日本は国際収支の均衡達成を目的として、それまでの国債発行額の縮小という基本方針を捨て去り、国債発行枠を引き上げ積極的な財政政策によって国内需要の拡大をはかり、輸入額の増大に期待をかけた。だが、すでに述べたように国内で過剰流動性が生じ、インフレ圧力を高めることになる。

後述するように日本経済のみならず世界の主要各国経済ともに、国債発行額が巨額に達すればそこには過剰流動性が生じる。必然、そうして過剰化した資金は世界的投機を引き寄せ、世界金融システムを不安定にさせる。この時期から、世界の主要経済は財政危機と金融危機を繰り返していくことになるのである。

産業資本と金融資本の間

国家独占資本主義論は、「国家＝政府」と「資本主義＝市場経済」との関係において論じられてきた。その鍵を握ったのは、「政府」と「独占資本」との関係である。国家独占資本主義論における「独占資本」とはきわめて抽象的な表現であるが、市場経済において独占度の高い経済主体ということであれば、それは大企業である。いまでは、そうした大企業とは多国籍化した巨大組織のことであり、国民経済の枠を超えて活動している存在である。

ニクソン政権下では、そうした多国籍巨大企業に「見えざる帝国」という表現を与えられた。それらの企業の特徴は、単なる産業資本の機能を超えて金融資本化し、多くの企業買収を行いつつ、金融・証券といった伝統的な金融資本との連携をますます強め始めたことにあった。その傾向はニクソン政権後の一九七〇年代からますます顕著となる。

リチャード・ニクソン（一九一三〜九四）は一九六九年一月、米国第三七代大統領に就任した。彼はその三カ月後、米国史上最長――五七日間――の港湾労働者のストライキの洗礼を受けることになる。港湾労働者たちはインフレに苦しんできた多くの米国民の怒りを代表していた。ニクソンはインフレ抑制のための金融・財政引締め政策をとった。

背景には、ベトナム戦費拡大がもたらした放漫財政によるインフレーションがあった。米国経済はニクソン大統領の引締め策によって減速しはじめたが、インフレが鎮静化する兆しはなく、大統領諮問委員会は一九七〇年八月に「インフレ警報」を発表した。ニクソン政権のインフレ懸念は一九七〇年代の米国経済の先行きを象徴するメッセージでもあった。同月、連邦議会は大統領に賃金、物価、家賃等を規制する臨時権限を付与する法案を可決した。

それでも、インフレは容易に終息せず、連邦議会は一九七一年五月、大統領の統制権限の延長を認めた。国内経済政策での不人気にいら立っていたニクソンは、国内政治の不人気を打破するかのように訪中、中国の国連加盟を支持することを発表した。そのあとに、新経済政策を打ち出した。その中心はインフレ抑制とドル防衛であった（*）。インフレ抑制に関しては九〇日間の「賃金・物価・賃貸料の国家統制」であった。ドル防衛については金・ドル交換の停止であった。ニクソンの新経済政策の発表後に開いたニューヨーク株式市場では、株価が大きく上昇した。

＊このほかに、一〇％の輸入課徴金、投資減税、自動車消費税の廃止、個人所得税控除額の引上げなども盛り込まれていた。

ニクソン政権で経済諮問員会の委員――後に委員長――をつとめたハーバード・スタインは『大統領の経済学』で、ニクソン大統領の一連の経済政策について、「保守主義的」で「ギクシャク」したもので、「保守主義経済学の観点からは後退の時期」を代表したものであり、インフレは高進し、非軍事部門の財政赤字は拡大し、その物価賃金統制政策は「平時のアメリカ経済においては非常に大きな政府介入であった」と振返っている。

再選を意識しない大統領などそうはいない。再選を望んだニクソンは、国民生活に直結するインフレ抑制と失業の危機を早急に解決することを強く意識していた。スタインは経済諮問委員会の委員の指名を受けた日に、ニクソン大統領に面談したときの印象をつぎのように回顧している。

「委員の指名を受けたとの発表がなされた日にはじめて彼と会ったとき、私にはそのことがはっきりとわかった。彼は何が主要な問題だと思うかとたずねた。私は平凡にインフレ問題から話をはじめた。彼は私の説明にうなずいたが、すぐさま失業を増加させてはならないと警告した。私はそのとき、彼のこうした感情がいかに根深いものか、あるいはその発言がいかに深刻な意味合いをもっているかに気づかなかった。彼は六〇年代の大統領選における彼の敗北を大部分そのときの景気後退のせいだと考えていたのであり、……彼の考え方は、国民は物価安定より持続的な高雇用の方に価値を置くという伝統的な智恵に沿ったものだった。

物価安定の重要性を認識しながらも心底では完全雇用にこだわるという態度は、より一般的にみられた精神分裂症状の一部であった。ニクソンは伝統的な価値の側に立つべきだと考えた。彼は声なき一般大衆の代表だと自任していた。」（土志田征一訳）

「声なき一般大衆」の代表的な意見とはいまも昔も雇用の安定であって、それは伝統的でも進歩的でもなく現実的なものである。ただ、いうまでもなく、同時にインフレ抑制も必要であり、その両立がニクソン政権を悩ますことになった。

ニクソン自身は、彼の支持者であり、一九六七年末に米国経済学会会長に就任したミルトン・フリードマンから明らかに影響を受け、自らも保守主義者を任じていた。反面、彼はその内気な性格とは裏腹に一発逆転のような派手な政治と外交を好み、経済政策には苦手意識があった。ニクソンはフリードマンのお膝元のシカゴ大学の経営学部長をつとめ労働長官であったジョージ・シュルツ（一九二〇〜）を財務長官に抜擢、その後、大統領特別補佐官へと「格上げ」し、インフレ抑制と失業率改善の処方策をゆだねた。

だが、ニクソンは、通貨供給量や金利政策だけで米国経済の改善を市場に委ねることですべての経済問題が解決可能だとは考えていなかった。彼は、フリードマンのような市場原理信奉者と親しかったが、政治家として市場への政府介入に踏み切った。

フリードマン流の保守主義者を演じていたニクソン大統領は「今や私はケインジアンである」と宣言した。ニクソンの下には、保守主義者から政府の大幅な経済テコ入れ策へ猛烈な抗議の手紙が多く寄せられた。スタインは、抗議文を寄せた国民への模範解答草案の起案を命じられた。スタインの腹の内にはそれまで「自由企業体制」——市場原理主義者——を自任してきた政治家ニクソンへのそれなりの強い反発もあったろう。

ニクソンは、フリードマンの自由主義的保守主義の教えを、エネルギー市場に価格規制を導入した国内政治の場ではなく、得意意識のあった外交面、特に外国為替市場の場で実行した。外国為替市場に自由制——自由為替変動制——を導入したのである。スタインは、そうしたニクソンの国内政策についてつぎのように不満を漏らしている。

「七〇年にはそう深刻ではないが長引く景気後退に遭遇し、雇用の回復が優先されたため、政府内部のフリードマン風の経済学者は当初の意図から離れることになった。金融政策によって望ましい結果が得られなかったことが、財政政策を経済安定の道具として使う方向へ政府を押しやることとなった。……ニクソン政権の最大の逆説、政権自体の基準に従えば最大の罪は、物価賃金統制であった。」

しかし、物価は一向に沈静化しなかった。失業率も高止まりした。

ウォーターゲート事件(*)により、副大統領から予期せずして大統領となったジェラルド・フォード(一九一三～二〇〇六)は、ニクソン政権の経済課題をそのまま引き継ぐことになる。フォード新大統領はウォール街のソロモン・ブラザーズ出身で、ニクソン政権から留任した財務長官ウィリアム・サイモン(一九二七～二〇〇〇)と、大統領経済諮問委員会の委員長に新たに就任したアラン・グリーンスパン(一九二六～)等とインフレ対策に取り組んだ。

＊ウォーターゲート事件―― 一九七二年六月、当時の野党であった民主党本部があるワシントン特別区のウォーターゲートビルに、盗聴器を仕掛けようとした不審者が逮捕された。ニクソン大統領と側近はホワイトハウスの直接的関与を否定したが、ワシントンポスト紙の記者がその関与を明らかにして、現職大統領をめぐる一大スキャンダルへと発展し、弾劾を受けたニクソン大統領は任期途中で辞任を余儀なくされた。

フォード政権はインフレ抑制を最優先に掲げ、不況対策財源のための増税、エネルギー節約、競争促進、そして荷重となった規制の緩和を打ち出している。当時、二桁に達したインフレ率とスキャンダルまみれとなったニクソン大統領への弾劾にうんざりしていた米国民からすれば、そうした政策は受け入れやすいものであった。

だが、結果的には景気はさらに後退し、失業率も上昇した。ただし、物価は低下し始めた。その後、石油価格の低下もありインフレが抑制されつつ、景気は回復しはじめた。フォード大統領は共和党の大統領指名選でロナルド・レーガンをなんとか退けたものの、大統領選でジミー・カーターに敗れ去った。海軍兵学校卒業で経済学とは全く無関係であったカーター新大統領が、今度はニクソン・フォード政権以来のインフレ抑制と失業率の改善という課題を引き継ぐことになる。

カーター政権は増税ではなく減税を優先した。また、彼の政権は通貨供給量を拡大させつつ金利を引き下げ、景気を維持・拡大させる経済政策をとった。このため、物価と賃金がまたもや上昇しはじめた。だが、カーター大統領は失業問題の解決を最優先させ、この間に財政規模はさらに拡大し、通貨供給量が急増した。(*)このことはのちにマネタリストの強い批判を招くことになる。インフレは再加速された。

*カーター政権下で連邦準備制度理事会の議長となったポール・ボルカーは、一九七九年八月六日就任から八日後に連邦公開市場委員会(FOMC)でフェデラル・ファンドレートを一気に引き上げた。これにより銀行も金利引上げに踏み切った。さらに、連邦準備制度は短期国債を売却したことで、マネーサプライは減少し始めた。ボルカーはマネーサプライを重視する姿勢を示すことになる。

カーター大統領は就任三年目の一九七九年七月に、大統領執務室からの国民向けの演説で、エネルギー危機への対応、政府機関の改革、経済問題、平和問題への自らの取組みを振り返った。当時、石油危機に関する国際協調でリーダーシップを発揮できず、危機への対応でも米国民の信頼を失いつつあったカーターは、とりわけエネルギー問題の重要性と深刻さについて多くの時間を費やしている。カーターは米国社会に「迫りくる危機は見えない」ものであり、その原因として「国民の団結心の欠如」、「過去の教訓への無関心」、「将来への確信の喪失」、「行き過ぎた消費と富の集中」などを掲げた。

彼は経済の現状についてもふれ、生産性と貯蓄率が低下するなかで、政府と将来への信頼も低下しているのはここ数年のことではなく、過去の連続のなかで起こっており、大統領への信頼も「強いドル」への信頼も揺らいでいることを強調した。とりわけ、ドルについては過去一〇年間のインフレーションでその価値が減少し、一九七三年のオイルショック以降は、エネルギー問題も深刻化したと述べた。

カーター大統領は、控えめな表現ではあったが、政治の中心であるワシントンの政治家たちの意識が国民の生活感とは遊離し、連邦議会は利益団体の思惑に振り回され正しい方向を打ち出せず、インフレの最大要因ともなってきた石油などのエネルギーをめぐって従来の利権構造が温存されていることを苦々しく説明している。そのなかでカーターは、憂鬱で深刻な表情を見せながら、二つの方向があることを示唆した。

「いま、歴史的な転換点にあります。二つの選択があります。一つの方向性は国民の分裂と自己利益の道。それは自由の意味を誤解し、私利私欲を優先させることです。そこにあるのは狭い利害の衝突であり、その先にあるのは混とんと身動きできないことです。それは必ず失敗します。もう一つは過去の教訓と将来への希望が指し示す道であります。それは国民の団結と米国の価値の確認であり、その先に本当の自由があります。エネルギー問題の解決はもっとも重要です。……エネルギー危機は本当なのです。……」

カーター大統領は、ＯＰＥＣ（石油輸出国機構）によるエネルギー価格の引上げがインフレと失業問題をもたらしていること、自動車の使用抑制など個人の節約、公共交通機関の拡大と活用、エネルギー価格上昇に苦しむ社会層への補助金などを通じてエネルギー危機を克服することの重要性を強調した。カーターは当時の米国経済の課題がエネルギーをめぐる構造に集約されている背景を説明し、それらを問題視したのである。

カーター大統領の就任時、国内経常収支の赤字額は一四五億ドル、国際収支の赤字額は三五〇億ドル、財政赤字額は四四九億ドルであった。物価上昇率は六・五％、失業率も七％を超えていた。就任早々のカーター大統領は連邦議会に対して減税および雇用促進事業への支出拡大を勧告した。カーター政権にとっての最大課題は物価の引下げと失業問題の同時解決であり、膨れ上がった財政赤字を早急に削減し一九八一年までに均衡予算を達成することを言明した。だが、再選を迎えた年の米国経済指標は、すべての面で悪化傾向にあった。

他方、ニクソン政権以来の懸案であるドル防衛については、カーターはドルの乱高下に対しては為替市場に介入する方針を示した。背景に、石油の輸入国となった米国のＯＰＥＣによる石油価格引上げへの懸念があった。その後のカーター政権は、石油価格の上昇（＊）、物価上昇、高率の失業率、国際収支の赤字額拡大、財政赤字の拡大への対応とドル防衛策に忙殺されることになる。

＊カーター政権は石油備蓄推進、民間の核燃料処理延期、高速増殖炉商業利用繰り延べ――後に増殖炉建設法案に拒否権――を行っている。なお、一九七九年三月、スリーマイル島で原発事故が起こった。この二カ月後に発表された『エネルギー教書』で、カーター大統領は二〇〇〇年までに米国のエネルギー需要の二〇％を太陽熱でまかなう方針を打ち出した。

この時期、カーター政権の経済政策では、失業率引下げのための減税が実施された一方で、ドル防衛のために為替市場への介入と公定歩合の小刻みな引上げが行なわれた。公定歩合の引上げにより、大手商業銀行のプライム・レートは一九七八年一〇月には一〇％を超えた。なかなか沈静化しない物価については、賃金・

物価ガイドランを発表した。注目しておいてよいのは、この時期、連邦準備制度理事会、連邦預金保険公社、連邦住宅貸付銀行局、連邦通貨監督官など金融監督機関の権限が強化されたことである。

カーター政権は三年目に入っても、その懸案であった物価と失業問題の解決には成功しなかった。カーター大統領は、前述のホワイトハウスからの演説と同時期に閣僚を大幅に入れ替え、インフレ終息とオイル・マネーによる国際金融市場の安定のために、連邦準備制度理事会の議長にポール・ボルカー（一九二七〜）を据えた(*)。米国内では連邦議会や州議会を中心に日本などへの輸出抑制――貿易摩擦の解消――を求める声が大きくなる一方で、一九八〇年半ばには公定歩合は一三％、プライム・レートは一六％を超え、その後も二〇％近くまで高騰した。

＊この人事などについて、アラン・グリーンスパンは自著で当時の背景をつぎのように回顧している。「カーター大統領はボルカーという人物を知らなかった。ウォール街の銀行家のデービッド・ロックフェラーとロバート・ローザが、金融界を安心させるためにはボルカーを任命するしかないと主張したのだという。（一九七九年一〇月―引用者注）……ボルカーが主導して決定した政策は、過去五十年間の経済政策変更のなかでもっとも重要なものだともいえる。ＦＯＭＣ（連邦公開市場委員会―引用者注）は同議長の主張を受け入れ、短期金利を政策手段として景気の微調整をはかる政策を取り止め、経済に出回る通貨の量を一定に保つ政策をとる決定をくだした。……カーター大統領は一九八〇年春にボルカー議長を擁護し、インフレがアメリカにとって最大の問題だと語っている。……大統領選挙が近づいていてくると、カーター大統領も減税が必要だと語るようになり、ＦＲＢが厳しい金融政策にすべてを賭けていると批判するようになる。ボルカー議長はこの政策をとるにあたって、とてつもない勇気が必要だった。当時もそう思ったし、自分がＦＲＢ議長になった後にはその思いがさらに強くなった。」（アラン・グリーンスパン（山崎洋一・高遠裕子訳）『波乱の時代――わが半生とＦＲＢ――』）。なお、ボルカー就任にいたるまでの人事経緯については、紆余曲折の末にボルカーに決着したものの、カーター大統領は「彼は誰かね？」という程度の認識であったことが知られている。このボルカーがカーター大統領が予想もしなかった高金利政策を打ち出し、再選に暗雲をもたらしたことは皮肉であった。この経緯については、たとえば、ジョセフ・

トリスター（中川治子訳）『ポール・ボルカー』日本経済新聞社（二〇〇五年）を参照。

一九八〇年三月、カーター政権は総合インフレ対策を発表し、連邦予算の削減、信用給与の抑制、賃金・物価ガイドラインの一層の適用などを打ち出した。金融制度については、預金機関規制を緩和する「金融制度改革法」、預金金利規制の段階的廃止、貯蓄金融機関の業務範囲拡大、連邦預金保険公社の保険限度額の引上げなどを盛り込んだ「通貨統制法」が制定された。

そうしたなかで大手自動車メーカーのクライスラーが行き詰まり、カーター大統領は政府の融資保証による救済を行った。自動車業界に対しても公害・安全対策の緩和、税制面の優遇措置、自動車ディーラーへの資金支援、フォードなどからの要求が強かった日本製自動車などへの国際貿易委員会を通じての被害調査の実施を盛り込んだ政策を発表した。

次期大統領選が近づいた一九八〇年八月、カーター大統領は企業減税による民間設備投資の促進、科学技術研究開発費の増額、政府建造物への省エネ目的の公共投資の拡大、輸出促進策などを盛り込んだ「経済再生計画」を発表したものの、その後も米国経済は低迷を続けることになる。インフレ終息に対して強い意欲を示し続けた、連邦準備制度理事会のボルカー議長の金融引締め政策の下で、フェデラル・ファンドレートは一九％を上回り始め、プライム・レートは二一・五％に達し、モーゲージ・レートも一八％を超えた。

他方、米国の経常収支額は四六億ドルの黒字、国際収支の赤字額は縮小して二・八億ドルとなったものの、政府の財政赤字額は五七九億ドル、債務残高は一兆ドルを超えた。失業率は相変わらず一〇％を下回ることなく、景気回復の見通しは揺らぐばかりであった。現職のカーター大統領は大統領選で苦戦を続け、ロナルド・レーガンに敗れ去ることになる。

カーター政権最後の年に発表された『一九八一年大統領経済諮問委員会年次報告書』第一章はインフレーションを最初に取り上げ、一九八〇年代の米国経済の動向をつぎのように総括した。

「一九八〇年代にアメリカは過去一五年間に現れてきた各種の厄介な問題に直面するであろう。これらの問題のなかでももっとも重要なのは、他の大多数の工業国も直面している問題、つまり高率失業と生産停滞にも拘わらず賃金と物価の大幅上昇がつづくという問題である。この問題はアメリカの経済政策に対する単一の最も重要な課題を提起する。すなわち適度に繁栄する成長経済を持続しながらインフレを引下げるという課題である。」（経済企画庁調査局訳）

米国経済の改善のために推奨された経済政策はいずれもきわめて総花的であった。その後の米国経済への実質的影響という点で重要性をもったのは、財政赤字削減のための連邦支出抑制とインフレ抑制のための金融引締めであった。この意味では、カーター政権の後半には、経済政策において、インフレ圧力を引き下げるために従来の保守的な経済思考に回帰しつつあった。

英国では一九七九年五月にマーガレット・サッチャー（一九二五〜）が小さな政府論を掲げて政権の座に就いていた。ロナルド・レーガンもまた同じ命題を掲げることになる。

第二章　一九八〇年代論

風向きを変えたのは、理論や主義主張ではなく、事実の重みである。かつては知識階級の希望の星であったロシアと中国は、明らかにうまくいっていない。フェビアン社会主義と呼ばれたイギリスの社会改良主義はアメリカの知識層に強い影響をおよぼしたが、いまや国自体が停滞している。

（ミルトン・フリードマン（西山千明訳）『資本主義と自由』一九八二年版まえがき）

大統領にお教えしよう。不況とは近隣の人が職を失う時である。恐慌とは自分が職を失う時である。景気回復とはジミー・カーター大統領が職を失う時である。

（レーガン大統領候補の大統領選挙時の発言）

選択の自由と資本主義

ミルトン・フリードマン（一九一二〜二〇〇六）は、一九八〇年に「選択の自由」を妻のローザとの共著で発表した。これは米国の公共放送サービス――PBS：Public Broadcast Service――のテレビ番組『選択の自由』で映像化され、連続一〇回のシリーズとして放映された。番組では、米国連邦議会の前で「ノーベル経済学賞」受賞者のフリードマンが「政府こそがわたしたちの問題であり、……政府がすべて良いことの源であるような見方を改めようではないか」とにこやかに語っている。そこでは政府の介入を排除した市場原理主義が無邪気に語られた(*)。

*ミルトン・フリードマンは、一九六二年発行の『資本主義と自由』の一九八二年版の「まえがき」で、『選択の自由』が受け入れられたことについて、その間の旧ソ連などの低迷や人びとの考え方の変化を重視している。フリードマンは「世の中の考え方が変わったからこそ、『選択の自由』があのように受け入れられ、テレビ番組が成功した」と述べている。また、二〇〇二年版の「まえがき」で、中国の市場経済化についてふれ、「中国は正しい方向に向かっている」とも指摘している。だが、市場経済と小さな政府という命題の下で、大きな政府である中国の政治的役割についてはふれていない。『選択の自由』で語られる基本的枠組みは『資本主義と自由』にすでにある。ミルトン・フリードマン（村井章子訳）『資本主義と自由』日経BP社、二〇〇八年。

『選択の自由』という著作の掲げるメッセージはきわめて単純である。それゆえに、この書物は大きな影響を及ぼすことになった。研究者や政策関係者を除いて、だれもフリードマンや彼の影響を受けたマネタリストの専門論文を読みはしない。いまもむかしも、眼前の問題を早急に解決してくれそうな、分かりやすい考え方だけが一時的に大きな力を持つのである。

フリードマンが繰り返し強調したのは、万能法則として市場原理、その原理を歪めることで問題を生み出す政府――大きな政府――の存在とその最小限までの縮小、そしてそのような政府の市場原理への介入である規制を撤廃すること、の三つであった。その後、市場原理主義者の「聖書」あるいは「経典」となったフリードマンの『選択の自由』の内容を検討しておく。

『選択の自由』のメッセージは、市場原理の絶対性と、市場への政府の最低限の介入のみの是認である。

フリードマンは、一九三〇年代初頭の大恐慌も、金融市場への行き過ぎた政府介入がなければ、もっと軽微であり、米国経済なども早期に回復に向かったと熱心に説いた。彼は『選択の自由』の「プロローグ」でもこの点をつぎのように主張した。

「一九三〇年代の初期に大不況……ひとつの分野、すなわち金融政策の分野、つまり通貨供給政策の分野は、アメリカという共和国が始まって以来、ずっと政府がその権力を行使してきた分野だった。しかし大恐慌が政府の失敗によって引き起こされたということは、当時において認識されなかっただけでなく、今日においてさえ認識されていない。それどころか、大恐慌は自由市場資本主義の失敗だと広く解釈されてきた。この神話のおかげで、大衆はインテリの考えに同調し、個人の責任と政府の責任との相対的な関係について、それまでと異なった考えを信奉するようになった。それまでは自分自身の運命に対する個人の責任が強調されていたが、いまや個人は自分ではどうしようもない力によってもてあそばれる木の葉のようなものだと主張されるようになったのだ。政府の役割は個人が他の個人に強制を加えるのを防ぐ審判官であることだという考え方はなくなり、政府はある人びとを強制して他の人びとを助けるようにさせる義務をもっている親のようなものだという考え方がはびこることとなった。

政府介入の必要を強調するこの考え方は。過去半世紀にわたって、アメリカのいろいろな分野の発展を支配してきた。」（西山千明訳）

フリードマンは、アダム・スミス以来の「見えざる神の手」による市場原理の自動調整機能を評価し、それを妨げる政府介入という「暴政」こそ排除すべきであると主張した。そして、この原則は米国経済だけに貫かれるのではなく、国民経済間の貿易にも適用すべきものとした。つまり、自由貿易こそが優先されるべきであり、そこに各国政府の介入は不必要であると、フリードマンは説いたのである。

国際貿易、とりわけ、特定製品の貿易について、フリードマンは、生産者保護のため日本などへの関税賦課は最終的には生産者と消費者の利益を大きく阻害することを指摘した。フリードマン流の市場原理主義による自由貿易観では、長期的には為替調整によって貿易不均衡は是正されていくとみなされた。しかし、そうした市場原理主義の本質を先取りすれば、彼のいう「やがて……」という市場原理の自動調整期間はあまりにも曖昧である。この点は後に再度とりあげる。

日本の経済界、あるいはフリードマンが舌鋒鋭く批判した米国政府と対立した日本側政策関係者にとって、彼の市場原理主義が受け入れやすかった理由は、その簡単明瞭な論理と、自由貿易主義観にあったことは自明であろう。日米間の貿易摩擦問題において、フリードマンの考え方によれば、そのような不均衡は放置すればよく、日本側にとってはきわめて同意しやすいものであった。

当時、日米間の懸案であった繊維、テレビ、鉄鋼の貿易不均衡問題について、フリードマンは「アメリカ合衆国は偉大な国であり、自由世界の指導者だ。そのアメリカが、自国の消費者や、香港や台湾の中国人労働者の犠牲において、アメリカの繊維産業を『保護』するため、香港や台湾の自主規制を強要することは、まったくふさわしくない行動だ。われわれアメリカ人は、自由貿易の美徳に関し誇りに満ち満ちたいい方で諸外国の人びとに語りかけてきている。ところが他方で、そのわれわれアメリカ人たちが、日本に鉄鋼やテレビの対米輸出を自主規制させようとして、政治的経済的影響力を使っている。……完全な自由貿易ほど、国内と国外とを問わず、自由のための運動を促進するのに効力のある手段はきわめて少ない」と主張した。

この主張は財貿易ではなく、金融の自由取引での米国の強い政治イデオロギーへと昇華していくことになる。当時、日本側に入超となった貿易収支は、日本側にドル紙幣を蓄積させることになるが、米国側からすれば国際決済通貨であり国内通貨でもある印刷コストの安い輸出品としてドル紙幣を野放図に印刷さえすればよいのである。ただし、減価する可能性のあるドルを日本が喜んで貯め続けるはずはない。やがて市場は円高の方へと進み始めると、フリードマンはみていた。

フリードマンは政府の為替介入についても、またドルの「弱体化」やこれに関連する「国際通貨危機」に関しても、「大ざっぱにいって、それは交換レートが自由な市場で決定されるように許されなかったからだ。各国の中央銀行は、自国通貨の交換レートの決定になんらかの影響を与えようとして、大規模な介入を行ってきた。……その結果はどうだったかといえば、根源的な経済諸力の変化に対応して自国の経済が次第に自己調整していくことができないようにしてしまった。本来は小さな混乱ですんだものが、次から次へと重なっていくことによって大きな経済混乱へと発展していった」と批判した。

為替市場については、「生産資本主義」から「金融資本主義」へと移行することで、圧倒的な米国優勢の下で、金融取引の自由化を前提とした自国に有利な為替調整によって、米国優位の金融資本主義体制が構築されていく。いわゆる通貨調整型の資本主義の登場である。これについては後述する。

フリードマンは市場介入という政府の暴政を強く批判し、政府の市場介入が最低限にとどまる中での経済的自由とは、選択の自由にほかならないことを強調した。そのために、規制緩和の必要性が説かれたのである。その根拠として、フリードマンが取り上げたのが、大恐慌と米国政府の対応との関係であった。

フリードマンは「大恐慌は人びとの考え方にも大きな影響を及ぼした。すなわち、大恐慌は本質的に不安定な体制であり、このままではいっそう深刻な経済危機に苦しめられることさえあるのだと、公衆に信じ込ませる働きをした」と述べたうえで、現在の経済学は大恐慌ショックのトラウマから立ち直れず、政府介入、とりわけ、大きな政府と財政政策が重要視され、それまでの金融政策の必要性が考慮されなくなったと唱えた。すなわち、

「金融政策こそが経済安定を促進するための有効な政策であるという、長い間信奉され、とりわけ一九二〇年代に支持を強めていた考え方は、大恐慌による経済的崩壊の結果、粉砕されてしまった。」

大恐慌の根本原因は金融政策上の失敗にあるのであって、その後の景気についても政策の失敗こそが回復を長引かせたとフリードマンは強く主張した。さらに、第一次世界大戦後と大恐慌以前のいわゆる戦間期において、連邦準備制度が通貨量を増やし続けたことがインフレーションを助長させたと分析した。一九二〇年代、ニューヨーク連銀総裁のベンジャミン・ストロングの適切な通貨管理——後のグリーンスパンへの評価を思い起こさせるが——によって米国経済は安定していた。だが、その死によって連邦準備制度内の意見対立が始まり、そのため有効な通貨政策が取られなかったことが米国経済を不安定にさせた、というのである。

景気後退のなかで、連邦準備制度が通貨量を増大させるべきところをむしろ逆に減少させたこと——「大収縮」——が大恐慌を招き、(*)一九二九年末のニューヨーク株式市場の大暴落のあと、一九三一年に金融恐慌が発生した。この時も連邦準備制度が対応を誤り、公定歩合を引き上げたことが米国経済にデフレ圧力を与えたと、フリードマンはいうのである。その後、連邦準備制度は国債の買いオペで金融市場に流動性を高めようとしたが、この買いオペが不十分であったために、翌年にも金融恐慌を起こさせたと、彼は見る。事実、

この時期に米国の多くの銀行は倒産を余儀なくされていた。

＊フリードマンはアンナ・シュウォーツとの共著『米国金融史』の第七章「大収縮一九二九〜一九三三」でつぎのように主張する。「マネーストックを増加に転じさせることによって、景気収縮の深刻さを和らげることができただろうし、収縮の期間もほぼ確実に短くなっただろう。しかし、マネーストックが減少しなかったならば、四年間のうちに貨幣所得が二分の一以上、物価が三分の一以上下落する事態は起きなかったはずだ。」ミルトン・フリードマン、アンア・シュウォーツ（久保恵美子訳）『米国金融史』日経BP社、二〇〇九年。

問題は金融恐慌と大恐慌との関係である。フリードマン流の見解からすれば、金融恐慌こそが原因であり、ゆえに連邦準備制度の通貨量管理によって――要するに、先に述べた買いオペを一九二九年から三年間にわたって積極的かつ適切に行っておれば――大恐慌は回避できた。しかも、その直接の原因は連邦準備制度内の派閥抗争の結果の人為的ミスであるとされた。

大恐慌にいたるまでの通貨量の変動について、フリードマンは、一九二九年八月から二年間ほどは米国の金準備が増大しており、本来ならばそれに沿って通貨量を増加させるべきであったが、実際には減少させたと分析した。これこそが政策上の取り返しのつかない大失敗であり、米国に大恐慌をもたらした根本原因と、彼は見たのである。

他方、連邦政府の積極的介入については、そのために設立された政府機関は本来なら一時的なものでなければならないのに恒久機関となり、その後の経済回復期において、さらにはジョンソン大統領の「貧困への戦争」の下で、社会保障制度、失業保険制度、政府による直接扶助制度といった「ニューディール」制度が拡張した。このことが、過大な財政負担を国民に強いることになり、資金が本当に援助を必要とする貧困者に行き渡らず、関連政府機関を維持するために使用されてきた。フリードマンはそのような国家は「福祉国家という欺瞞」を行っているにすぎないとこき下ろした。

そのように考えれば、政府とはすべての国民に機会の平等を与えても、結果としての平等まで保障する機関ではないことになる。そうであれば、政府は人びとに「選択の自由」を補償すべきであると、フリードマンは主張する。それがフリードマンの国家観であり、自由観である。

「『結果の平等』という意味における平等を自由よりも強調する社会は、最終的に平等も自由も達成することなしにおわってしまう。……他方、自由を第一にする社会は、その幸運な副産物として、より大きな自由とより大きな平等との両方を達成することとなるだろう。……自由とは、多様性だけではなくて、社会的移動性を意味するのだ。自由とは、今日では不利益な立場に立っている人が明日には特権をもった人となれるための、機会を保持してくれるのだ。しかも、その過程で自由はほとんどすべての人が、すなわち上から下までのほとんどあらゆる人が、もっと充実した、そしてもっと豊かな生活を楽しむことができるようにしてくれる。」

フリードマン流のこの自由観は当時もいまも論議を呼び起こす。たとえば、選択する自由を強調するフリードマンにとっては、学校教育も市場化されるべき対象である。自分の生活する地区の学校にしか行くことできない「不自由」は、自由化されなければならない。フリードマンは義務教育である中等教育にもクーポン制の導入を強く主張している。クーポンの多寡によって、学校間の競争が促進され、教師が努力を強いられることでより高い教育サービスが提供されると、彼は見る。高等教育においても、州立大学などの公立大学は、私立大学との競争を通じて教育サービスを向上させることが期待された。

この点については、わたしの観察(*)では、一部のきわめて高額な授業料の著名私立大学は別として、多くの州立大学など公立大学では、州からの予算削減と授業料の引上げによって実質上の民営化が進展したものの、教育サービスの向上がはかられたかどうかは甚だ疑問である。

＊二〇〇九年に米国の州立大学などを中心とする大学人の会議に出席したことがある。州政府からの補助金の削減によって教育サービスの質をどのように維持するのかが大きなテーマの一つであった。人件費などの削減による優れた人材の流失と非常勤講師の増加に加えて、より大きなクラスでの「規模の経済性」達成のなかで、教育サービスの低下を指摘する声が強かった。

フリードマンは同じ論理（＝規制緩和）で消費者保護制度、労働者保護制度の民営化を提案しているようにも思える。彼は、選択の自由こそが社会的厚生を増加させると強く主張しているのである。

それでは、選択の自由化の下で経済の安定化をはかるには、一体何がその鍵を握るのか。フリードマンの主張によれば、市場への介入拡大を招く財政政策ではなく、通貨量――マネー・サプライ――をコントロールすることによる金融政策の積極的な活用である。フリードマンがマネタリストと呼ばれる所以である。

インフレーションを貨幣現象ととらえるフリードマンにとって、物価安定の前提は、財やサービスの産出量に見合った量の通貨の供給である。ここではコスト・プッシュやデマンド・プルなど物価上昇のパターンは問題にされず、もっぱら注視されるのは貨幣の変動量であり、過大な通貨供給こそがインフレーションの主因とされる。

では、通貨供給量の拡大の原因は何であるのか。フリードマンは一九六〇年代半ばからの米国の物価上昇の原因を、政府の国債発行による財政支出の急激な拡大、完全雇用政策、連邦準備制度の誤った金融政策に求めた。このうち、不適切な財政支出はマネタリストだけではなくケインジアンからも指摘されてきた。問題は完全雇用を目指した政府の雇用対策が物価上昇を招いたかどうかである。フリードマン流の批判は、イノベーションが大きな働きをする米国経済では、最低賃金保障とか労働組合保護といった完全雇用政策が労働者の移動を妨げ、「労働市場の自由な働きに対する障害となり、労働者と仕事を結びつけるのを困難にさせている」点に向けられた。同時に、フリードマンは、雇用政策が財政規模の拡大を引き起こすことを批判する。失業率の増大よりも副作用の大きいインフレーションの抑制こそがあくまでも最優先されるべきなのである。彼はつぎのように主張する。

「アメリカは過去二十年間で四回にわたって、通貨供給量を増大させた。そのたびごとに、このような通貨供給量の増大は、最初に経済の拡大を発生させ、その後にインフレを発生させることになった。そのたびごとに、当局はインフレを食い止めようとして、通貨供給量の増加を鈍化させた。このような通貨供給量の鈍化は、インフレを伴った景気後退を発生させた……引き締めによって発生した景気の後退に対して、改めて通貨供給量の増加を加速させるという過大な反応をし、改めて新しいインフレ状況を発生させることになり、アメリカ人たちをいっそう高いインフレといっそう高率の失業率の併発という状況へ落とし込んでいった。

われわれは『インフレか失業か』という偽りの二者択一によって、誤って導かれてきた。このような選択は幻想でしかない。ほんとうの選択は、いっそうのインフレの結果としていっそう高率な失業率を発生させるか。それともインフレを克服していくための一時的な副作用として失業に堪えるか、ということでしかない。」

フリードマンは『選択の自由』の最終章「流れは変わり始めた」で、英国でのサッチャー政権の登場、カリフォルニア州での「納税者の反乱」――いわゆる第一三号提案――という歴史の流れをとらえ、米国でも個人の責任は個人の判断と市場原理に依拠すべきであるとするイデオロギーを強調した。彼はこの種のイデオロギーを背負ったレーガン政権の登場を予想している――事実、そうなった――ようでもある。フリードマンは税率の引下げと、個人の選択の自由に介入しない小さな政府の必要性を強く主張した。

やがて、そうした動きは日本の政治にも反映する。中曽根康弘（一九一八～）は、第一次（一九八二～八三）、第二次（一九八三～八六）、そして第三次（一九八六～八七）の内閣を通して、フリードマンの影響を強く受けたレーガン大統領と同じ歩調をとった。行財政改革を訴えた中曽根にとってフリードマンの考え方は、とりわけ、大きな政府の是正と公的分野の民営化――国鉄、電電公社、専売公社――という点において、イデオロギーになりえたのである。

日米間の貿易摩擦を、ニクソン政権のように自主規制――日本側の輸出抑制――ではなく、自由貿易体制の枠内で解決することを主張したフリードマンの考え方は、日本側にとって都合のよいイデオロギーでもあった。つまり、日米間の貿易不均衡は自由貿易体制がもたらした結果であって、是正されるべきは国際競争力を失った米国側の産業構造なのである。自由貿易体制こそが市場原理を通じて、米国に対して、競争力を失った産業から競争力の強い産業へ資本と労働力の移動を促す。重要なのは市場原理の下での選択の自由であるとする、こうした考え方は日本側の政治的スローガンになりえた反面、政府の介入＝補助金などの官僚主導型の産業政策は即刻、是正・解消すべきとする、日本側に向けられたレーガン政権の主張が浮上することになった。

製造業が急激に空洞化しつつあった一九八〇年代の米国社会は、経済政策の主役の交代を告げていた。

ウォール街の利害を背負った銀行家たち――古き良き米国を知る人たちは銀行家ではなく、投機家ということばこそが相応しいとする――が、米国連邦政府の経済政策官僚にますます加わるようになった。その後の米国の政策のあり方をすでに暗示しているような主張をフリードマンは残している。

「われわれの考え方では、経済と社会の分野における政府の権力を制御するために、アメリカ合衆国憲法修正十カ条(*)に等しいもの、ないしは『経済的権利章典』を樹立して、最初の権利章典を補完し、またこれを強化する必要があるのではないかと思われる。」

＊合衆国憲法修正一〇カ条――一七八八年に発効した米国憲法の最初の一〇カ条について、当時の各州の批准会議メンバーから連邦政府の専制を懸念する声が寄せられ、連邦政府の権限に制約を課する修正提案が行われた。これらの修正条項は一二項であり、それを盛り込んだ修正一〇カ条が批准された。通常、権利章典と呼ばれる。

フリードマンによれば、ルーズベルト政権以後に定着したニューディール政策の下で巨大化した政府を再び縮小させること、縮小された政府＝課税の軽減に伴う税制改革、賃金や物価への統制撤廃、さまざまな産業分野の免許制度の縮小と規制緩和などが必要不可欠であった。「政府による過剰支配社会の危険の再認識」と個人における「選択の自由」が政治経済的スローガンとして強く訴えられたのである。

通貨調整型の資本主義

大内力は『国家独占資本主義論』で、国家介入による資本主義体制の維持には金融政策、為替政策、財政政策（スペンディング・ポリシー）、物価政策、貿易政策が不可欠だとして、それぞれに検討を加えた。とりわけ、大内は金融政策と為替政策について、「国家独占資本主義とは、その経済的本質からいえば、通貨価値を一定の範囲内で国家権力がコントロールし、その変動をつうじて資本と労働との基本的関係を調整しうるようになった体制であると規定することがゆるされる」と述べている。

では、一九八五年のプラザ合意以降の為替市場はどうであろうか。それは単純に各国通貨間の市場原理に基づくものであったのだろうか。

米国政府は為替相場に影響を及ぼすことのできる金融政策を模索し、米国内の金融資本主義化を推し進める政策を進めてきた。だが、その後、投機資本などの大幅な動きによって、いわばパンドラの箱を開けたように乱高下し不安定な為替市場の時代がくることになった(*)。

＊一九七〇年代半ばまでの固定為替相場制の維持は、実際には各国の協調的な金融政策の実施なくしては困難であることが米国においても理解されていた。巨額のドルが米国内を離れて世界中に散布され巨額になれば、当然ながらドルと他国通貨の関係も変化せざるをえなかった。一九七一年八月のニクソン・ショック――米ドルと金、ドルと各国通貨との交換レートの切下げなど――の混乱に対処するために、同年一二月にワシントンで主要通貨の多角的調整合意がなされた(スミソニアン体制)。銀行は外為市場での混乱を予想して、通貨変動への投機を行った。西ドイツのヘルシュタット銀行のように為替投機で行き詰まったケースもあった。こうした動きに対して、米国政府がプラザ合意まで意図的に通貨調整政策を行ったとはいえないが、果たして米国政府が想定したように通貨調整が可能であったのかどうかは疑問である。

「強い米国」を訴えて大統領となったレーガンは、メリル・リンチ出身のドナルド・リーガン財務長官(一九一八～二〇〇三)――後に主席大統領補佐官――の下で「強いドル」政策を打ち出した。第二期レーガン政権では老練な政治家ジェームズ・ベーカー財務長官(一九三〇～)の下で、行き過ぎたドル高の是正を主張しつつも、「強いドル」を維持するという二律背反のような政策を打ち出した。それらはプラザ合意に向かっての政策であった。

一九八五年九月下旬、先進五カ国の財務担当大臣と中央銀行総裁がニューヨーク市のプラザホテルで「通貨会議」――秘密会議――を開催した。当時、大蔵省の副財務官として同会議に出席した近藤建彦は『プラザ合意の研究』で、米国政府内におけるプラザ合意政策の立案人物は、ベーカー財務長官、リチャード・ダーマン副長官（一九四三～二〇一〇）――その後、行政予算管理局長――、デビッド・マルフォード次官補の三人ではないかと推測している。

近藤はプラザ合意による米国側の為替戦略は突如として浮上したのではなく、パリ会議で米国政府が欧州側へ打診する前に、日本側への示唆――外交的メッセージ――があったと紹介している。にもかかわらず、当時の竹下登大蔵大臣は、当初、米国側の真意を摑みかねたと回想している。近藤は当時の実情をつぎのように指摘する。

「後から検証すると、すでにアメリカ側のアイデアはほのかに見えていた。しかし、日本側はアメリカのこの戦略を十分に感じ取ってはいなかった。また、九月中旬にG５大臣会合を開いてアナウンスする点はルワイヤルモンソーでの会合ではじめてアメリカが言い出したことで、日本側はまったく予期していなかった。」

だが、実際には一九八三年のＩＭＦ・世界銀行総会の一週間後に、リーガン財務長官、スプリンケル次官やマクナマール財務副長官から「金融・資本の自由化」を求める要求がすでに出されていた。きっかけとなったのは、キャタピラー社のリー・モルガン会長が円・ドル交換レートの早急な是正を求めた、いわゆる『モルガン・レポート』（一九八三年九月一九日）である。日本経済新聞社の滝田洋一はプラザ合意に至るまでの舞台裏を関係者などに取材してまとめた『日米通貨交渉――二〇年目の真実――』で、一九八三年一〇月末にマクナマール財務副長官から当時の大蔵省の大場財務官にかかった一本の電話が、プラザ合意に向けての第一歩ではなかったかとみる。

マクナマールは大場に、一九八三年一一月に予定されていたレーガン大統領の訪日に先立って、日本政府に対して「金融・資本市場の自由化、規制緩和」を求め、ハワイで予定されていた米国銀行大会での非公式な会議への出席を要請した。その後、大場は他の大蔵省幹部たちと、サンフランシスコでマクナマールと会っている。マクナマールは貿易不均衡をめぐって米国議会に根強い対日批判があることを強調して、米国財務省と日本の大蔵省の主導で貿易不均衡の是正にむけての解決策の実行を求めたとされる。滝田はこの経緯をつぎのように明らかにしている。

「このやりとりで明らかなことは、日米円・ドル委員会に結実する財務当局同士の話し合いの枠組みを求めたのは、米国側ではなく日本の大蔵省だったという点だ。……大蔵省に他省庁の関与を避け問題を自分たちに集中させたいという意識が働いたのは疑いない。……米政権内で財務省の力が高まれば、それと連携する大蔵省の力も増すというパワー・ポリティックス(力学)である。そのため、財務省による東京市場の自由化と円の国際化の要望については、『最大限の努力』で応じる姿勢を繰り返した。八四年五月の合意に至る交渉過程を貫く一本の線である。」

当時の大蔵官僚たちが、日米財務当局同士の協力によって日本政府内での大蔵省のパワーを確保するほかに、米国側の圧力ではなく、自らの利益のために円・ドル為替調整と禁輸自由化を進めるという政治・経済イデオロギーを普及させるのに意を砕いていた状況が浮かび上がってくる。その結果として、日米円・ドル委員会が組織されたのである。その後、この委員会の発足に大きな力を発揮したマクナマール財務副長官は去り、米国側のつぎなる担当者としてスプリンケル次官やデビッド・マルフォードなどが関与してくる。第一回の日米円・ドル委員会の作業部会は、一九八四年二月に大場財務官とスプリンケル次官の下で開催された。(*)

*当時、大蔵省大臣官房調査企画課長であった大須敏生は、大蔵省内部の状況をつぎのように回顧している。「『モルガン・レポート』の発想が米国政府、特に財務省を突き動かし、『日米円・ドル委員会』の設置へと発展していく過程は、あっけにとられるほどの急展開でした。口火となった十月十日の『ハワイ会談』には、官房幹部の指示があって大場財務官のお供で参加する羽目になり、……その後は、円・ドルレートの調整よりは金融の自由化、金融市場の開放に焦点が絞られて、関係局を巻き込んだ大蔵省・財務省間のツバ競り合いの交渉へと進んでいきます。」滝田洋一著・鹿島平和研究所編『日米通貨交渉——二〇年目の真実——』日本経済新聞社、二〇〇六年。

会議の中で米国から伝えられたのは日米間の貿易摩擦の早急な解消を強く迫る連邦議会の圧力であり、このままでは保護貿易の状況になりかねないという主張の下、G5大臣会合で通貨調整をはかってはどうかというメッセージであった。他方、日本の大蔵省には、自分たちこそが日米外交において主導権を握りたいという本末転倒ともいえる戦略なき野心があったことは記憶にとどめておいてよい。日本政府は、米国側に一方的に押しまくられるなかで「最大限」努力するしかない官僚主義的対応に終始することになる。近藤はこうしたやりとりにおいて、日米間にあった現状認識の相違はつぎの三点であったとしている。

(一) 現行のG5体制の認識の差異——日本側が成果を挙げていると見たことに対し、米国側はそうではないとした。

(二) 日米二国(G2)間の問題か、あるいは、G5問題か——米国側は日米間で取りつけた合意をG5へと拡大させることに執着した。これに対し、日本はあくまでも日米間で対応することを求めた。

（三）日米の為替に対する政策観そのものの違い――米国側はマクロ経済政策を重視し、日本側は為替市場への協調介入の立場をとった。

スタッフ・レベル（事務官僚）の会議で日本側の感触を得たベーカー財務長官は、英国のローソン蔵相の私邸へ電話でこのことを伝えている。このとき、ベーカーはすこし時間をおいて西ドイツの蔵相へも伝えることを告げていた。興味を引くのは、この時点での米国政府部内の温度差である。ベーカーは連邦準備制度理事会のポール・ヴォルカーとは連絡をとっていなかったとされる。

プラザ合意にいたる経過を分析してみると、米国側は連邦議会内での日米貿易不均衡批判をちらつかせながら、円・ドル交換レートの調整という不確かな市場介入ではなく、日本の金融・資本自由化という政策変更を最終的に図り、米国金融業界の日本へのよりスムースな進出を求めたのではないだろうか。

メリル・リンチのトップであったリーガン財務長官や、サウジアラビア通貨庁の金融顧問であったマルフォード次官補が、東京証券取引所会員資格やユーロ円市場の自由化（*）を日本への要求リストに滑り込ませたのは、明らかに彼らの利害をそのまま反映していたといってよい。さらに、レーガン政権以降の財務省、さらにはグリーンスパン以降の連邦準備制度理事会にウォール街の関係者が居座り続けることになったことにより、自分たちの利害を米国の政策に着実に反映させていくことになる。

＊この点について、円・ドル委員会に関係した前掲の大須はマルフォードたちの交渉におけるスタンスについてつぎのようにふれている。「米側の認識は、ユーロ円市場こそが『本来の』円市場であって、そこの規制を一層緩和すべき……マルフォードが典型ですが、ユーロ市場で日常的に大きな商売をしていたプロがたまたまその時期数年だけ役人に登用されて交渉の場に出てきているわけですから、市場のことを知りつくしている……」（滝田・前掲書）。これは当時の金融制度交渉だけではなく、日米繊維交渉から現在にいたるまで、日米交渉の特徴となっているのではないだろうか。日本側は調整型のゼ

ネラリストであるのに対し、米国側は一点突破型で日本の事情を自らのビジネスを通してよく知る専門家が交渉にあたり、日本は押しまくられるパターンが繰り返されてきた。なお、ユーロ円債の発行は一九八四年四月から日本企業に認められ、外国企業には同年一二月に認められることになった。他方、外国の東証会員登録については、当時、自由民主党への「業界団体」としての政治献金が常識化し、外国企業の政治献金は政治資金規正法に抵触することもあり、日本側の政治的調整を必要としたという事情もあった。

プラザ合意の一カ月前、ハワイでの日米「市場分野別個別協議」――ＭＯＳＳ：Market -Oriented Selective Sector――の際に、当時の大場財務官とマルフォード次官補の会議が設定された。前述の近藤はこの会議に事務方として同席した。そして、昭和六〇［一九八五］年九月二二日、プラザホテルで開かれたＧ５会合では、「各国の経済発展と政策を再検討し、経済見通し、対外収支及び為替レートに対する合意」が行われた。記者団向けに、為替レートに関してはつぎのような文章が発表された。

「対外バランスを調整する上で役割を果たすべきことに合意した。このためには為替レートは基本的経済条件をこれまで以上によりよく反映しなければならない。彼らは合意された政策行動が、ファンダメンタルズを一層改善するよう実施され強化されるべきであり、ファンダメンタルズの現状及び見通しの変化を考慮すると、主要非ドル通貨の対ドル・レートのある程度の一層の秩序ある上昇が望ましいと信じている。彼らは、そうすることが有用であるときには、これを促進するようより密接に協力する用意がある。」（近藤建彦訳）

各国別対応については、「円の国際化と国内資本市場の自由化を行うことを意図した政策を引き続きとる」ことが明記された。プラザ合意の後は、円・ドル交換レートは前年の二三〇円台――東京市場年平均――から上昇し始め、翌年の最高値は一五〇円台、一九八八年以降は一二〇円台となり、その後も円高基調が続くことになる。

レーガン政権下の通貨調整政策は、クリントン大統領の民主党政権にも継承された。それはゴールドマン・サックス出身で経済担当大統領補佐官――後に国家経済委員会委員長――となったロバート・ルービン（一九三八〜）が、日米貿易摩擦への積極的な円高誘導政策をとったことからも理解できよう。ルービンが財務長官となった一九九五年には、一時、一ドル＝八〇円の超円高となり、日本の金融機関は円高是正のために大量の財務証券――米国国債――の購入を行った。この頃には、クリントン政権はウォール街の投資銀行、ヘッジファンドと連動するような為替政策をとるようになっていた。以降、米国政府は輸出振興と強いドルを並存させる為替調整を意識することになった(*)。しかし、やがて米国のみならず、多くの国の思惑と金利などの金融政策で制御できないほど国際金融市場そのものが急拡大し、不安定な状況が続くことになる。金融自由化によってパンドラの箱が開けられ、そして、その鍵が失われることになる。

＊名目為替レートと輸出入に関係する実質の実行レートの区別を考えておく必要がある。円とドルとの交換レートは、一般に日米の物価、貿易シェアなどを考慮に入れて計算される。だが、アジア太平洋圏に広がった両国の生産リンケージによって、こうした実質為替レートによって表された価格がどの程度実際の状況を反映しているのかどうかの問題がある。当然ながら、日本の国際競争力は米国と韓国、台湾や中国などとの為替レートとの関係でも捉えておく必要がある。日米二国間の貿易収支の改善の限界もそこにあった。

プラザ合意と米国経済

経済の動きは一見非連続的に思えても、実際には連続的である。一九八〇年代のレーガン時代の米国経済は、その前のジミー・カーター時代の課題を背負っていた。カーター政権最後の経済白書となった『一九八一年大統領経済諮問委員会年次報告書』は、米国が当面するもっとも重要な課題について、「高率失業と生産停滞にもかかわらず賃金と物価の大きな上昇がつづいている……これは米国の経済政策へのもっとも重要な課題を提示している」と指摘した。

ニクソン、フォード、カーター政権の時代、米国政府は経常収支の赤字の拡大に直面した。輸入額抑制のため国内金利を引き上げ、国内消費抑制政策をとる一方で、米国からの輸出を増加させるため主要貿易相手国との貿易交渉を行っていた。だが、プラザ合意は、それまでの強いドル政策を転換させ、弱いドルの下での強い米国経済への回復という政策思想の実行を促すことになる。

むろん、そのような課題は、レーガン時代に突然浮上したわけではない。前章でふれたが、カーター時代において、すでに通貨供給量の調整によるインフレへの対応、財政削減による予算均衡策の必要性は唱えられていたのである。だが、カーター政権は実行できなかった。

共和党の大統領候補選で、一九六〇年代にニクソンに、一九七〇年代にフォードに敗れ去ったレーガンが、一九八一年に第四〇代米国大統領になった。米国の大統領候補の経済政策は、大統領選挙戦のなかで理想主義と現実主義の狭間で激しく揺れ動き、最終的には国民の関心と実行可能な政策案へのポピュリズム的な反応のなかで決まっていくのが通例である。

レーガン候補は、大統領選ではインフレ抑制を強く打ち出した。インフレ率がなかなか低下しないことはカーター政権の失敗として宣伝しやすかったし、カーターとは異なった自らのやり方で実行できることも強調しやすかった。レーガン陣営は、減税、インフレ抑制のための通貨供給量重視の政策、カーターと同様に数年以内の均衡財政――軍事支出は例外――を打ち出した。なお、減税に関しては、国民にすぐにでも影響を及ぼす所得税率の引下げを盛り込んだ。

この所得税率の引下げは、富裕層のみに適用し、中・低所得層に適用しない方針の提示では、政策実行は困難になる。そこで、レーガン陣営が取ったのが、三年間にわたる一律税率低減という、すべての者が勝者という提案であった。現実には、そうした減税策の恩恵は富裕層により顕著であることはいうまでもない。

他方、赤字財政削減が、減税によっても可能であるのかどうかをめぐっては、民主党だけではなく、共和党内でもさまざまな論議を呼んでいた。

経済学者などからは減税と財政赤字削減の同時達成の論理整合性への疑問も上がっていた。このため、減税による国家収入減と財政赤字削減とを両立させるイデオロギーが必要とされていた。これに利用されたのが、当時ウォール・ストリート・ジャーナル記者のアーサー・ラッファーが食事中に思い付きで描いたといわれる「ラッファー曲線」である。

「ラッファー曲線」は、グラフの縦軸を税収、横軸を税率とすると、一定税率まで税収は伸び続けるが、ある税率から減少し、曲線は放物線となる。要するに、税率があまりにも高いと人びとは働くことをやめ、それ以上の経済活動を控えるという。問題はどの時点から放物線を描くかであるが、これは実証されたことはなかった。だが、ラッファーとの食事に同席していた政府高官たちがこの単純化されきわめてわかりやすいラッファー曲線を拡大解釈させ、イデオロギー以上にプロパガンダ化させた。

こうした一連の政策は、一九九〇年代に入っても継承された。それは、米国の経常収支の赤字が拡大しても、日本のような黒字国から資本が引きつづき流入し、資本収支の黒字をなんとか維持できたからであった。しかしながら、後述のように、クリントン政権時代に、再び強くなったドルの下で、米国経済の復活という政策がとられると、政策転換が必要となった。

すなわち、貿易収支の赤字拡大を抑制するために、弱いドルによって米国側の輸出を促進する必要が出てきたのである。クリントン政権もまた輸入抑制と輸出促進の同時達成のための通貨政策を模索した。その結果、世界から高金利の米国金融市場へと資金が流れ込み、過剰流動性が生まれ、米国経済はバブル化した。振り返ってみると、二〇〇〇年代の住宅バブルは突然形成されたのではなく、当然ながらこのような前史があったのである。バブル経済の加速過程についてはあとで取り上げる。

プラザ合意以降、米国は通貨調整という政策手段によって、米国への投資――資金流入――を促進する政策合意が国内政治で可能であったが、製造業での生産性向上の動きは鈍り、製造業そのものが空洞化し、米国経済はより一層、金融経済化が進展していくことになる。そして、ドルが下落し、国内金利も相対的――海外金利に対して――に低下すると、他国通貨に対するドルの実効為替レートが一層下落することになった。にもかかわらず、その後の日米間の貿易収支をみると、改善は見られていない。これは米国の製造業自体、とりわけ、高金利と生産性の問題であった。にもかかわらず、貿易不均衡問題は、やがて日本の市場開放問題、日本の経済構造問題――輸出依存と内需不振、貯蓄と投資の不均衡など――が、米国側の外交交渉の定番メニューのようになる。

実際のところ、米国へ流れ込んだ投資資金はその後の金利低下とドル価の下落を嫌い、米国内から流出し始めた。必然、米国の株式・債券市場は不安定化した。一九八七年に米国の株式市場での暴落――いわゆる「ブラック・マンデー」(*)、一日当たりの株価下げ幅は約二三％――が起こり、すぐに世界同時株安へと連動した。日本政府はすでに史上最低となっていた金利をさらに引き下げ、為替差損の可能性がきわめて高かっ

◎信山社研究雑誌シリーズ

責任編集　宇賀克也　(ISSN 2188-7071)

行政法研究

菊版150～220頁　平均2,800円　年3回定期募集中　発売中

創刊第1号　2,800円　第2号　2,800円　第3号　2,800円　第4号　2,800円
第5号　(国際環境法) 2,800円　第6号 近刊　第7号 近刊　第9号 近刊　第10号 近刊

【翻訳者紹介】

大久保規子　大阪大学大学院法学研究科教授
橘高真佐美　弁護士，東京パブリック法律事務所
鳥谷部　壌　大阪大学大学院法学研究科博士後期課程
丸山　明子　弁護士，福岡東部法律事務所
山田　綾子　大阪大学大学院法学研究科特任研究員

たにもかかわらず――実際にそうなったが――、米国債などへと資金流入させた。これにより米国株式市場は安定を取り戻した。

＊この原因についてはいろいろな指摘がある。有力なものとして、米国の貿易収支の赤字拡大が止まらないなかで、ドルの為替レートが大きく変動することをめぐる不安が投資家のなかで広がったことが挙げられる。投資家が為替リスクを避けるため米国証券を売却したことが引き金となり、その動きが伝播した。米国の実態経済とはかかわりなく、為替変動へのリスクヘッジが株式市場にも大きな影響をもつようになっていたことは重要である。

他方、金融経済化の影響で、レーガン大統領就任後から、商業銀行や、郊外の住宅建設需要の拡大に支えられて成長してきた貯蓄貸付組合――S＆L――などの倒産が増加していた。このような金融機関の行き詰まりの背景には、カーター政権の規制緩和による金融機関の自己資本率引下げとその後の金利自由化があった。とりわけ、貯蓄貸付組合は長期の固定低金利で貸し出していた住宅融資が、インフレで、その後、資金調達コストが上昇するなかで債務超過に陥っていた。商業銀行も中南米政府向けの融資の焦げ付きや不動産投資で痛手を負った。

連邦準備制度理事会などで実務経験をもち、米国経済学会会長を務めた経済学者のチャールズ・キンドルバーガー（一九一〇～二〇〇三）は『経済大国興亡史――一五〇〇～一九九〇――』で、一九八〇年代の米国経済の現実は、第二次世界大戦後の三〇年間とは大きくかけ離れつつあったことを、つぎのように指摘した。

「一九八〇年代とは、コングロマリット、レヴェレジド・バイアウト、合併、買収、先物契約とオプション契約、債権――抵当権、クレジット・カード、分割払い、その他の形態の諸債権――をパッケージ化し、新しい型の証券として売り出すこと『セキュリタイゼーション』など、次々と金融の技術革新がなされていった時代であった。投機熱が不動産信託（Reit）、第三世界への貸付、ミューアル・ファンド、ジャンク・ボンドを襲い、そしてそこから去った。」

キンドルバーガーは、アダム・スミスの『国富論』の、製造業によって大財産がつくられることはめったにないが、投機によってにわか財産がときとして作られるという言説を引用しつつ、「羨望と競争心の浸透した世界では、金融のエキスパートが何か形のあるモノを作り出したことによってではなく、ただ紙切れを取り扱うことによって金持ちになるのを見ているうちに、他の者たちもそれに駆り立てられ、我も我もと、もっと高い報酬を求めるようになるということがある」と述べている。

一九三〇年代の大恐慌を知る最後の世代に属したキンドルバーガーは、一九九六年に刊行されたこの著作で、その後の時代の展開を的確に予想していたようでもある。一九八〇年代までの米国経済の基幹産業であった鉄鋼業などが苦境に陥り、それまで製造業分野で養われ継承されてきた倹約精神や勤労精神が解体され、競争心と高い報酬への羨望によって投機が促され、短期間に店頭市場への上場を通じて巨額のキャピタルゲインを手にするベンチャー企業が社会的市民権を得るようになった。だが、全ての人びとがそのような分野で活躍できるわけではない。

カーター政権のインフレ助長政策を批判し通貨政策によるインフレ抑制を打ち出したレーガン政権時代の米国経済を冷静に振り返るためには、ＦＲＢのボルカー議長が主道した高金利政策——いわゆるボルカー・ショック——についてもふれておかねばならない。ニューヨーク連銀育ちのボルカーは、カーター政権下でＦＲＢ議長となっているが、レーガンはこのボルカーを再任した。

ボルカーが、レーガン政権下でフェデラル・ファンド金利を二〇%に引き上げたことで、民間金融市場のプライム・レートは二一%台に高騰した。米国大企業は、高金利に対抗して自社の株価を維持するために高配当を余議なくされた。FRBの当時の資料などからみても、カーター政権後期から高金利政策は実質始まっていたが、それに呼応したように、米国企業の配当率はレーガン政権を通じて高くなっている。

こうした高金利、高株価の下で、米国製造業の空洞化が加速され、米国経済は金融資本主義型へと進展していく。この時期以降、米国の金融機関は、一方で高金利の金融市場、他方で高株価の証券市場へと対応を迫られることになる。金融市場については、逆ザヤで破綻する金融機関が増加したことはすでにふれた。金融機関の破綻により自己資本比率への規制が導入され、短期間に自己資本比率を引き上げることが困難とみた商業銀行は、手元資産の「オフバランス化」――証券化など――によって、高金利を謳ったさまざまな金融商品を生み出していくことになる。いわゆる金融イノベーションである。

従来型の製造業が米国内で衰退するなかで、コマーシャル・ペーパーによる資金調達の割合が増加し、米国金融機関は製造業部門への事業融資や住宅融資の収益性を見直さざるを得なかった。また、巨額化した財政赤字を支える高金利の国債を購入し利ザヤを確保し、他方で既述のベンチャー起業ブーム、M&Aブームを支える資金を供給し、米国企業の海外での活動を拡大させていくことになる。

この時期の金利については、プラザ合意の円高誘導政策の下で、米国政府はドル急落の予防的措置として高金利を維持せざるを得なかった。巨大化した国債市場は単に商業銀行だけではなく、投資銀行、機関投資家などにとっても新たな投機対象となっていく。

プラザ合意と日本経済

プラザ合意以前にすでにドルは下落していた。そして、合意後、ドルはさらに下落した。一方、円高傾向のなかで日本経済の失速が懸念されたが、一九八六年末から四年半ちかく日本経済は拡大を続けた。しかし、やがて日本経済はバブル化していくことになる。

プラザ合意に至るまでの日米関係を日本側からみてみると、それは日米貿易摩擦――二国間の貿易不均衡――の早急な是正を米国側から強く迫られた歴史であった。すでに述べたように、米国側の貿易収支はレーガン政権が誕生した頃から急拡大し、一九八四年に一一二五億ドルと一千億ドル台に乗り、経常収支もその翌年に一二二三億ドルと一千億ドルを超えた。その結果、米国側の対外純資産も赤字となり、第一次世界大戦勃発時以降において米国は初めて純債務国となったのである。

とりわけ、貿易収支の赤字幅の拡大が大きかったことから、レーガン政権は日米二国間の貿易不均衡の是正を市場開放の要求というかたちで図ろうとした。一九八一年には牛肉とオレンジなどの日米農産物交渉が開始され、プラザ合意の前年に妥結をみた。他方、電気通信機器、電子部品、医薬品、医療機器などの工業製品については、一九八五年年初から日米次官級協議も始まっていた。

金融分野では、一九八三年秋のレーガン大統領の訪日に合わせて、中曽根首相が日本の金融市場の自由化を進めることを公約し、日米円ドル委員会が設置された。翌年、同委員会と大蔵省は金利自由化と為替規制の撤廃を盛り込んだ報告書を発表した。

こうした一連の措置にも拘わらず、貿易不均衡は容易には是正されず、プラザ合意による米国経済の再生

――強い米国の復活――を実現することで、再選を目指したレーガン政権は、為替調整による問題解決を狙ったことは先に見たとおりである。プラザ後の対ドル円為替は、一九八六年になり日本側の予想した許容範囲をはるかに超え、二〇〇円台を割り込む展開となった。日本銀行はこの事態に公定歩合を引き下げたものの、一八〇円台へと円高は進んだ。日本銀行は円高抑制のために公定歩合をさらに下げたが、G5各国も利下げに転じたため、その効果は薄れた。

円高の急進展に、日本銀行は為替市場に介入しドル買い・円売りを行った。その後、G5各国は協調利下げに踏み切ったものの、レーガン政権が日米貿易不均衡是正に一層の円高が望ましいことを強調したことで、円は一七〇円台を割った。一九八六年五月に東京で開催された先進国首脳会議――サミット――で従来のG5にイタリアとカナダを加えたG7体制が承認され、引き続き世界経済の安定にむけての協力が約束されたが、日本側が望んだ急速な円高是正への実質合意は得られなかった。円はその三日後に一六三円の最高値を記録し、日本銀行の為替市場介入があったものの、円高は一向に止まらず一六〇円となった。

その後も、日米双方の政府高官の円ドル為替に関する発言ごとに、為替は乱高下を繰り返し、米国財務長官などのドル安容認発言で円は一時一五〇円台前半まで上がった。急遽、九月、サンフランシスコで宮沢蔵相とベーカー財務長官の会談が開かれた。米国側は日本の内需拡大と公定歩合引下げを強く主張し、日本側は為替安定を主張した。結局、米国側の為替安定への協力は、日本側の三兆六〇〇〇億円規模の内需拡大策でようやく担保されるという外交的決着となった。

プラザ合意翌年の日本の経済成長率は二・六%と減速した。しかし、日本側の強い危機感にもかかわらず、米国側が円高是正に為替市場介入を行わなかったことから、一九八七年に再度、ワシントンで宮沢・ベーカー会談が開催された。米国は日本や西ドイツとの貿易不均衡が大きく進展しなかったことを重要視した。同年開催されたルーブル・サミットでは、為替相場についての具体的な合意目標は公表されなかったが、為替相場を「当面の水準付近」に安定させるというルーブル合意が発表された。にもかかわらず、その翌月に、円高・ドル安はさらに進んだ。米国政府は日本や西ドイツには対外不均衡是正のための内需拡大策や金融財政策を強く求めた。

その後も、米国側の要求は続いた。ベーカー財務長官やヤイター通商代表が、日本の半導体メーカーが日米半導体協定に違反していることを指摘し、連邦議会で強まる対日批判と通商法第三〇一条による対日輸出規制措置の発動をにおわせるなどして、四月にワシントンで開催されるＧ７会議で、さらなる円高を容認するよう日本側に圧力をかけた。

結果、Ｇ７開催後、円は一三八円まで上がった。日本政府は翌月、減税策を含め前回を上回る六兆円規模の緊急経済対策を発表し、市場へ多額の資金を投入し、市場での過剰流動性を著しく高めた。

一九八七年九月、ボルカーから連邦準備制度議長を引き継いだアラン・グリーンスパンは、過剰流動性によるインフレ懸念から公定歩合を〇・五％引き上げた。その二週間後、Ｇ７間の利下げをめぐる利害の対立、原油価格への先行き不安から、ニューヨーク株式市場で株価が大暴落——ブラック・マンデー——した。振り返れば、この株価下落はある種の高値調整ではなかったろうか。しかし、日本経済は好景気が持続していたにもかかわらず、日本政府は景気悪化を恐れて金融緩和を続けた。

やがて、米国の株式市場は回復に向かった。過剰流動性を背景にした日本の株式市場も活況化し、前年に東京オフショア市場が開設されたことで、米国の投資銀行——証券会社——も続々と東京にオフィスを構えた。一九八六年に東京株式市場の株価が急騰したあと、翌年にその上昇幅はやや鈍化したものの、一九八八年と一九八九年に株価は再度急騰し、平均株価は四万円近くまで達していた。

こうした高株価の背景には、日本電信電話公社の民営化、国鉄の分割民営化、それまで株式とはほとんど縁のなかった個人が証券投資へ関心を高めたことがあった。また、株価の上昇によって、増資、転換社債など直接金融による資金コストが割安となったことから、企業もまた株式市場での資金調達の比重を高めていった。大阪では株式先物取引も始まった。地価とともに、株価はなおも上昇し続けた。

地価の方は、プラザ合意の前年から急騰しはじめており、プラザ合意以降に加速化した。とりわけ、首都圏中心部の商業地の地価は高騰した。背景には、中曽根内閣の国有地払下げとその民間による活用への期待、リゾート開発計画や東京臨海副都心開発計画が発表され、土地投機が伝搬したことがあった。この動きは他の大都市圏にも波及し、近隣都市へも広がった。また、地価高騰は商業地だけではなく、住宅地でも顕著となった。地価高騰を支えたのは、金融機関の貸出拡大だけではなかった。生命保険会社などいわゆるノンバンクからも不動産市場に多額の資金が流れたのである。

明らかに景気は過熱し、バブル化し、金利を引き上げるべき時期が来ていた。にもかかわらず、金利は低位にとどめられ、金融機関は資金提供を続けた。その後、ようやく一九八九年五月になって、日本銀行は公定歩合を〇・七五％引き上げ、金融を引き締めた。約一〇年振りの金融引締めであった。(*) 一方、米国政府は、国内で政治問題化していた日米貿易問題については、スーパーコンピュータなどをめぐる包括通商法による制裁を決定し、日本側の反応をみようとした。

＊財政拡大策によるいわゆるスペンディング――公共投資――は、プラザ合意以降の変動の激しい為替市場の下で、実際にどのような効果を及ぼしたのであろうか。スペンディングは政府の国債発行によって行われるわけだが、金融市場から資金を引き上げることで、市場金利を押し上げる。金利上昇は外為市場で円買いを引き起こし、円高を生み、自動車や電気・電子産業などの輸出産業に影響を与え、海外生産などを促進させた。結果、景気後退を恐れる政府はさらにスペンディング政策に依存しようとするが、かつての固定相場制ではなく変動相場制の下では、予想されたほどの景気刺激を与えることは困難となっていた。一九九〇年代に、日本政府は一〇〇兆円を超える補正予算によるスペンディング効果を期待したが、結果として国債残高を巨額化させ、二〇〇〇年代以降の日本経済の重荷となる。

中曽根内閣を引き継いだ竹下内閣は、リクルート事件(＊)で足もとをすくわれ、プラザ合意にかかわった主要閣僚たちもそのポストを去った。米国側についてみれば、ベーカーがリーガン財務長官の後任となった。彼は、国務長官になってからも日米通商摩擦に関わり、また、ダラーラ財務次官補も交渉に大きな影響力を保持していた。

その後の日本の政治は、バブル経済の下で漂流を続けることになる。かつて崩壊しなかったバブルはない。株価は一九九〇年になって急落しはじめ、翌年には地価も低下に転じた。

＊リクルート事件――一九八五～八六年にかけて、リクルート株式会社の江副浩正会長は、中曽根康弘、安倍晋太郎、竹下登、宮沢喜一などの自民党有力政治家だけではなく、野党の有力政治家、次官級官僚、真藤恒ＮＴＴ会長などにも、本人あるいは秘書名義で関連会社リクルート・コスモス社の未公開株を譲渡し、店頭市場公開後の売却益を実現させた。神奈川県川崎市の助役が同様に株の譲渡を受けたことが一九八八年に明るみに出た。株譲渡が中央政界にも及んでいたことが報道されるようになった。中曽根内閣時代の主要閣僚、与野党有力議員、官僚を巻き込んだ大きな政治スキャンダルである。背景に、電電公社の民営化、スーパーコンピュータの購入などとの関係が取り沙汰された。このほかに、江副会長が政治家のパーティー券を大量購入した事実も明らかにされたため、竹下首相は辞職した。贈収賄容疑で政治家二名のほか

に江副会長、加藤労働次官、高石文部次官、真藤ＮＴＴ会長など一七名が起訴されたものの、国会議員については不起訴となった。翌年一九八九年の参議院選挙で与野党逆転が起こることになる。

第三章　一九九〇年代論

ローマ帝国はその成熟期に達すると同時に、一面ではようやく衰退の兆を示し始めている。
（エドワード・ギボン（中野好夫訳）『ローマ帝国衰亡史』）

ヘゲモニー国家の指導力

第二次世界大戦後の世界経済を引っ張ってきたヘゲモニー――覇権――国家である米国の経済は、一九八〇年代を通じて大きく変容しつつあった。ここでいう「ヘゲモニー」とは、軍事力、経済力――天然資源などの支配力を含め――、政治力――外交力を含め――において他国を圧倒的に上まわる権力をもち、世界秩序に連なる原理・原則を自らの力において創り出し、維持することができることを指す。

歴史的には、古代ローマ帝国――帝政初期――のパクス・ロマーナ、近代においては英国のパクス・ブリタニカ、そしてその後の米国のパクス・アメリカーナがその代表的事例とされてきた。パクス・アメリカーナを支えた軍事力、経済力、政治力は互いに独立しているのではなく、それらはきわめて密接に関係している。このうち、米国の経済力についていえば、前章で論じたようにその構造は、一九八〇年代から大きく変容しつつあった。

ジャーナリスト出身で英国の国際政治経済学者スーザン・ストレンジ（一九二三〜九八）は、『国家と市場――政治経済学入門――』（邦訳『国際政治経済学入門――国家と市場――』）で、ヘゲモニー国家のもつ権力を「構造的権力」ととらえる。構造的権力を構成するのは「安全保障構造」、「生産構造」、「金融構造」、「知識構造」の四つの「構造」であり、それらはただ単一のものとして作用するのではなく、からまって構造的に働くと指摘した。そして、ストレンジはこの構造的権力を「国際経済関係を想定するルールや慣習に関する国際レジームを設計したり、討論の主題を設定したりする権力」と規定する。

そうした権力概念を米国にあてはめてみると、米国はかつて植民地を世界中に有したヘゲモニー国家の英国とは異なる。第二次世界大戦後に植民地を持たなかった米国は、敗戦後の混乱にあえぐ日本や欧州諸国に比べて、当初、軍事力と経済力の双方で圧倒的な影響力をもつことができた。しかしながら、日欧の復興と成長につれ、またアジア諸国の成長によってその相対的影響力を徐々に低下せざるをえなくなる。

それゆえに、米国は、世界的な余剰資金を自国へと還流させるための金融構造と、自由経済体制というイデオロギーを必要とするようになる。(*)このイデオロギー（＝グローバリズム）を構成する知識構造の強化によって、米国はかつて保持したヘゲモニー国家としての権力＝指導力の回復をはかった。とりわけ、一九七〇年代以降は、ベトナム戦争によって疲弊した米国経済の立て直しを必要とした。

＊連邦準備制度理事会議長のアラン・グリーンスパンは自著で米国の経常収支赤字について、「こうした赤字を穴埋めする資金の調達先として、国内か海外かが重要だろうか。為替リスクや国債取引のリスクを考慮せずに、経済決定が行われるとすれば、経常収支の不均衡は、経済的にとくに問題ではなく、対外債務の累積は、債務者の返済能力以外に問題がないこ

とになる。アメリカの経済主体の資金調達先が、国内であるか海外であるかは重要ではなくなる。」（アラン・グリーンスパン（山岡洋一・高遠裕子訳）『波乱の時代――世界と経済のゆくえ――』下巻、日本経済新聞社、二〇〇七年）。この指摘は世界基軸通貨と世界的な経済ルールなどを主導できるヘゲモニー国家としての米国のイデオロギーを象徴している。

ニクソン政権はそのような文脈において金・ドルの交換停止、貿易収支の短期的改善、変動相場制への移行を打ち出したのである。ニクソン政権の政策意図は、その後カーター政権の後半、さらにはレーガン政権以降の米国政府の一貫した考え方となった。

しかし、米国は、金融構造と知識構造からなる権力＝指導力について、金融のグローバル化（＝自由化）がもたらした不安定性のため、かつての米国中心の総合的な影響力を行使しえなくなった。

そこで、米国は自らの指導力を発揮できるように国際政治の場における自国＝米国に有利なルール作りによって、ヘゲモニー国家としての存立を求めるようになる。貿易、財政、為替、金融に関わる国際政治のルール作りこそがますます米国の関心となる。それが、米国の主張するグローバリズムの内実である。

このルール変更のためのイデオロギーには、フリードマンたちの自由経済体制の考え方を必要とした。それはアダム・スミスの指摘する「神の手」（＝市場原理主義）であるが、スミスの指摘以上に市場原理主義が誇張されて語られ、資本の完全に自由な移動を促す金融制度の導入――規制緩和――なども合わせて主張された。

しかし、制御困難な資金の移動を促すことは、世界の金融システムを著しく不安定にさせ、皮肉にもヘゲモニー国家のもつ指導力のあり方を低下させることにつながりつつある。

産業資本主義からの変容

プラザ合意以降の日本経済はその失速が予想された。にもかかわらず、一九九〇年になっても日本の景気は拡大した。経済学者の宮崎義一（一九一九〜九八）はこの年の日本経済を「波乱万丈の一年」と名づけた。宮崎は高い経済成長率にもかかわらず、東京株式市場で株価が大きく下落したことを重視した。彼は『複合不況――ポスト・バブルの処方箋を求めて――』で「実体経済は、戦後最長の〝いざなぎ景気〟をおいこさんばかりの好景気を持続させながら、金融経済の面では、史上最大の株式暴落を記録した」と指摘した。

たしかに、この時期から、実体経済と証券や外国為替などを中心とする金融経済との関係は大きく変化しはじめていた。宮崎が「一九七〇年代以降、世界経済を動かす力が、もはや財・サービスの取引（実需取引）ではなく、金融面の取引に大きく移行したこと、換言するとモノの経済にとってかわって、おカネの経済が世界経済のリーディング・ファクターとなってきたことを物語っている」とみたのは、まさに慧眼であった。

プラザ合意以降、円高基調の定着によって、国内製造業の競争力は低下し、日本企業は米国市場など輸出市場での市場占有率確保のために生産コストを一層低下させる必要があった。しかし、すでに過剰化していた国内設備について、設備投資を行うことは実質上困難であり、かといって労働コストを一挙に引き下げることもまた難しかった。それゆえに、日本企業は一九九〇年代も海外投資、とりわけ、アジアへの直接投資を増加させた。ただし、その後のバブル化した経済の拡張は、そのような課題の、すべてではないにせよ、かなりの部分を一時的に解決した。

日本企業はアジアとの生産リンケージを高めつつ、バブル経済――低金利の下での株価と地価の急騰――

がもたらした資産効果による需要拡大の恩恵をうけ、さらに資金調達コストの低下で国内景気はさらに拡大した。だが、やがてこのブームも終息に向かった。歴史的にみて、終焉を迎えなかったブームなどはない。宴――ブーム――が終わってみれば、日本経済には生産過剰と累積負債という課題が残されていた。他方、金融機関には不良債権という課題が残された。

日本企業は、負債返済のために手元資金を増加させる必要があった。米国財務証券へ投資をしていた日本企業は、そうした対外資産を換金化し、ドルを円に替え日本に持ち帰らざるを得なかった。そのため、円の実効為替レートは短期間に急速に上昇した。一方、日本の輸出競争力は低下した。

その後、日本経済は一九九四年ころから回復し始めたが、円高となり、メキシコの金融危機のあおりを受けて、円は一時七〇円台に突入した。結果、とりわけ日本の大企業は多国籍化――もっぱらアジアへ――を一層強めることになる。

他方、米国は一九九〇年代には従来の工業国家という地位を放棄したようにみえた。だが、クリントン大統領は就任時に、産業政策を通じ米国製造業の活性化をはかる強いメッセージを出した。クリントンは貿易収支改善メッセージも打ち出していた。しかし、レーガン、ブッシュが財政赤字縮小を放棄してまで製造業の活性化に国家資金を投入したことに比べると、クリントン政権は果たしてどの程度まで本気であっただろうか。

なぜなら、そこには、クリントン政権下で強い影響力をもっていたゴールドマン・サックス出身の財務長官ロバート・ルービンたちの財政均衡主義重視の姿勢があったからである。(＊) ルービンたちはもっぱら金融政策によって米国経済の活性化に道筋をつけることに熱心であった。

＊ルービンは自著で議会や経済学者などの反対を押し切って財政均衡主義を貫いたことについて、つぎのように振り返っている。「ついには財政黒字につながった。しかし、当初われわれの政策が深刻な経済的打撃を引き起こすと予言したサプライサイド経済学の擁護者たちにとっては、まことに苦々しいものだった。……一九九三年の経済政策によって導かれた財政政策の転換がなければ、一九九〇年代の安定した確固たる経済回復はありえなかったに違いない。」ロバート・ルービン、ジェイコブ・アイスバーグ（古賀林幸・鈴木淑美訳）『ルービン回顧録』日本経済新聞社、二〇〇五年。

製造業部門では企業の整理再編、企業買収、国内事業の縮小と海外生産の拡大が進み、そうした動きを加速させたのは、金融機関による企業買収、企業保有資産の売買などの活発な動きであった。米国経済を支えてきた従来型の産業資本主義は明らかに変容しつつあった。

ところで、後にサブプライム・ローン問題が世界経済に大きな影響を与えることになる。その端緒はクリントン政権による積極的な住宅促進政策の導入にあったことに留意しておいてよい。第二期クリントン政権が終盤に近づいた二〇〇〇年に、連邦政府――住宅局――は、住宅購入の際の頭金最低額の引下げ、住宅融資保証額の引上げ、保険料の引下げを行っている。これがG・W・ブッシュ政権下で、低所得者向け住宅融資の破綻となったサブプライム・ローン問題への引き金になった。政策というのは、所期の目的と異なる効果を中長期的にもたらすことがある。

さて、日本経済が円高で苦慮していた一九九五年半ばの時期、連邦準備制度は金融緩和に踏み切っている。低金利とドル安を背景に、米国企業は輸出を拡大させたが、その足元で、高株価に先導された米国経済のバブル化が加速される。米国政府は日本などに対し市場開放要求を掲げ、早期の貿易不均衡是正を強く求め、日本の自動車部品市場への米国企業の参入を強く主張した。だが、クリントン政権は、米国経済の好調さもあり、この要求を取り下げている。苦境に陥る日本が保有する米国債などの売却がさらに進み、米国経済がその影響をうけることが懸念されたからである。クリントン政権はドル高・円安の為替調整に乗り出した。皮肉にも、時代は一〇年前のプラザ合意を逆転させることになる。

米国はそれまでの産業資本主義ではなく、米国へ資金が流れ込むことを前提とする金融資本主義を選択したのである。クリントン政権は国内製造業者の競争力低下による損失を見越した上で、金融や金融サービス産業の利害を優先させた。このドル高誘導策によって、ドルに連動するアジア各国通貨は自国通貨高となり米国市場への輸出は落ち込んだ。やがて、米国の株価バブルの終焉は、一九九七年のアジア通貨危機(*)を引き寄せることになる。

*タイから始まったアジア通貨危機について、ヘッジファンドなどの破綻の余波が米国国債市場にまで及び、その対応に追われた米国財務長官ルービンは自著で「二年前のメキシコ危機のときほど自国の対応に関心を示さなかった」米国の当時の状況を振り返りながら、つぎのようにふれている。「ほとんどのアメリカ人がベトナム戦争以来あまり考えたことのない小国で起きた、一見取るに足らない出来事が……全体としてみれば、この出来事は国債経済の安定を大きく脅かし、関連諸国に大きな経済的打撃を与えたのである。」ルービン・前掲書。

製造業部門の停滞にもかかわらず、株価バブルとなった背景には、短期金利の実質引下げによって超低金利資金の利用が可能になり、巨額の資金が株式市場へと流れ込んでいたことがあった。そして、高株価が低金利の巨額資金をさらに引き寄せた。連邦準備制度による低金利策は一九九四年末からのメキシコの金融危機(*)で一時中断されたことはあったものの、その後再度利下げを行った。

*クリントン政権はメキシコの金融危機が単に金融市場の問題だけではなく、米国南西部へメキシコから経済難民が流れ込むことを恐れ、メキシコに対する総額四百億ドルの債務保証案を連邦議会へ提案した。国内のさまざまな団体からの反発を恐れた議会は可決に消極的であった。こうしたなかで危機は深まったが、急遽、クリントン政権は財務省の為替安定基

金から二百億ドルの債務保証を行い、IMFなどの国際機関が三百億ドルの支援策を実施することで、危機は回避された。クリントン政権がメキシコ救済に乗り出したのには、カナダ、メキシコと進めてきた北米自由貿易協定（NAFTA）行き詰まりの国内外の批判をかわす目的もあったと思われる。当時の財務長官ロバート・ルービンも自著『不確かな世界で――ウォール街からワシントンへのタフな選択――』（邦訳『ルービン回顧録』）でつぎのようにふれている。「NAFTA（北米自由貿易協定）に加わったことで、メキシコは経済改革を進める発展途上国のひとつのロールモデルと見なされていた。このモデルが失敗だったと知れわたれば、市場を基盤とした経済改革とグローバリーゼーションの拡大にとって非常に大きな妨げになりかねない。……NAFTAが一九九四年一月一日に発効したばかりだった。一年後に、外国資本の流入をきちんと管理できなかったせいもあってメキシコがデフォルトということになれば、アメリカ内外で、さらなる改革を進める論拠が成り立たなくなるかもしれない。」

この時期、日本は公定歩合を引き下げた。米国の投資家などは日本の超低金利を利用した円キャリー・トレードで資金を調達して米国株式市場で活用したため、さらに株価が上昇した。円キャリー・トレードとは、株価大幅下落以降の低金利にもかかわらず企業の資金需要は高まらず、また、銀行も不良債権で積極的な貸出も行わないなか、日本の金融市場で低金利の短期資金を調達し、より金利の高い米国市場で運用する動きであった。円・ドルの為替レートが安定しているかぎり、円キャリー・トレードは投資家に着実な利益をもたらすことになった。

他方、日本や東アジア諸国の機関投資家や金融機関なども株式投資だけではなく、米国財務省証券の買入れを増加させた。その結果、米国金融市場の金利は低下した。米国長期債券利率も低下したことで、株式市場がより魅力的なものとなった。IT企業の新規公開株も株式市場の活況に拍車を懸けた。

こうした状況にもかかわらず、連邦準備制度は株式市場の高騰に対して金融市場の引き締めを見せなかった。投資家だけではなく企業もまたこのような低金利時代が長期化することを予想するようになり、米国企業は財テクに走り、自社株の株価を高く維持あるいは上昇させるような経営態度を示すようになる。とりわけ、低金利資金を借り入れ、自社株を買い戻して株価を高めに誘導するなどの動きが見られた。金融機関からの借入資金で他社を合併・買収する、いわゆるレバレッジ・バイアウトも盛んになった。

製造業企業までもが、生産設備への投資によって生産性を高め収益を確保するという経営方法よりも、レバレッジ・バイアウトなどによって自社株を高く維持し市場シェアを高めたり、あるいは、企業資産を売却しバランスシート上の改善によって株価を高めるといった経営方法を優先させるようになった。

自社株のストック・オプションによる役員報酬に依存する経営者や従業員――むろん、すべてではないが――にとって、自社株が上昇することは望ましいことであった。米国の会計制度や税制では、ストック・オプション費用は控除対象となり、企業にとっては節税効果が生まれるので、ストック・オプションは企業側にとってますます魅力的なものとなった。

このように、米国の株式市場は、一九九〇年代後半には明らかに過熱化していた(*)。株価高騰は企業のみならず家計にもキャピタル・ゲインをもたらし、また、株価高騰による資産価値の上昇感覚は米国の購買力を拡大させた。反面、家計の貯蓄は減少し、人びとは借入れによって消費を続けることになる。米国経済の加熱化は欧州諸国、日本などアジア諸国の経済をけん引した。だが、過熱化したブームはやがて冷める。

＊この背景には新産業の旗手と期待された情報通信企業の興隆があった。一九九五年八月には、それまで無名であったシリコンバレーのネットスケープ社の株式が設立後二年にかかわらず、新規公開された。同社は当時、まだ売上額がわずかであり、利益も挙げていなかったが、新規公開の株価はあっと言う間に二〇ドル後半から七〇ドル台へと上昇した。その後、情報通信技術関係の若い企業が次々に高値で上場され、ハイテク株ブームが訪れることになる。この点については、つぎの拙著を参照。寺岡寛『指導者論――リーダーの条件――』税務経理協会、二〇一〇年。

高株価ブーム下の米国経済の拡張は、金融市場の規制緩和を進めていた東アジア経済にも大きな刺激を与えた。韓国などは規制の多い国内金融市場ではなく、海外の金融市場で短期のより安い金利の資金を調達しつつ、米国市場などへの輸出を拡大させていた。新興成長市場となった東アジア諸国へ低金利政策を続ける米国や日本から巨額の短期資金が流入し、東アジアの証券市場は活況を呈した。

だが、一九九七年に韓国の財閥企業が資金繰り——借入金の債務不履行——で破綻すると、株価と自国通貨が急落した。(*) 自国通貨の下落は、対外債務支払額を拡大させ、自国通貨の防衛を迫られるようになった。同様の状況はその他のアジア諸国にも波及した。ＩＭＦは米国財務省の要請を受け、この事態に介入し、アジア各国に金融引締め、財政緊縮、規制緩和を促した。翌年にはロシアやブラジルなどで債務不履行問題が顕在化するなど、世界経済は不安定な状況となった。

＊韓国の通貨危機の経緯について、当時の連邦準備制度理事会議長アラン・グリーンスパンは自著でつぎのように回顧している。「わたしがアジア通貨危機に深く関与するようになったのは、十一月、日本銀行の幹部からの電話で、つぎは韓国経済が崩壊しかねないと警告されてからだ。『ダムが決壊しかかっている』と日銀の幹部は語り、日本の銀行が韓国への信任を失って、数百ドルの融資の更新を拒否しようとしていると説明した。……どの指標をみても経済は強固で、急速な成長を続けていた。韓国の中央銀行である韓国銀行は二百五十億ドルの外貨準備を保有しており、アジア通貨危機の波及を防ぐのに充分な規模だ。そう考えられていた。

だが、われわれが知らない事実があって、すぐにあきらかになるのだが、韓国政府はこの外貨準備を流用していた。保有するドルの大半を国内の銀行に売るか貸し出していて、銀行はこの資金を不良債権を支えるために使っていたのだ。……この混乱の解決には数週間がかかった。ルービン長官のタスク・フォースが事実上、一日二十四時間働き、ＩＭＦが総額五百五十億ドルという過去になかった規模の金融支援策をまとめた。(中略) 韓国ほどの規模の国が債務不履行に陥った場合、世界全体にわたって市場が混乱する。……韓国の危機の際に想像した最悪のシナリオが八カ月後に、……ロシアが巨額のドル債務で不履行に陥ったのである。」アラン・グリーンスパン（山岡洋一・高遠裕子訳）『波乱の時代――わが半生とＦＲＢ――』上巻、日本経済新聞社、二〇〇七年。

この時期、日本は円安と政府の財政出動によって不況から脱してはいたが、日本政府が一九九七年三月に消費税率を五％へと引き上げたことから、国内需要が落ち込んだ。財政均衡を優先させた日本政府は財政出動を抑制し、金利引下げによる景気刺激策をとった。しかしながら、資金の流れは従来型の製造業などの先行き不安を抱え込んだ実物経済には向かわず、米国債券やＩＴ分野の新興企業の株式――実際に大きな収益を生んでいた企業はその一部であったにもかかわらず――へと向かったのである。

この年には、ゼネコン企業の倒産、京都共栄銀行、北海道拓殖銀行、徳陽シティ銀行、三洋証券の倒産、山一証券の自主廃業が続いた。金融・証券会社が破綻したことは、日本の金融・証券市場の不安定性を印象づけ、アジア諸国からも資金が引き上げられた。日本経済は再び不況へと落ち込んだ。

翌年、大蔵省は不良債権を抱える大手銀行二一行に公的資金の投入を決定した。また、同年、金融庁が開設された。

その後も、日本長期信用銀行系ノンバンクの日本リースが破綻、その影響から日本長期信用銀行も破綻、さらに二カ月後には、日本債権信用銀行が破綻した。とはいえ、一九九八年には外国為替管理法が改正、外国為替専門銀行制度が撤廃され、資金の国際取引自由化の流れが着々と進められていった。同年、日本銀行法も改正され、日銀の大蔵省からの独立性が強化された。また、銀行業務への制限が緩和され、銀行も投資信託商品の企画・販売がより自由にできるようになった。

このように、一九九〇年代の日本は、金融市場などの自由化が一層進められるなかで、バブルが発生し、その宴――ブーム――が終盤に近づくと銀行や証券会社の破綻を迎えた。(*) インフレ抑制のための金融引締め策は放棄され、一九九九年にはデフレが懸念されるようになった。このため、ゼロ金利政策が実施され、大手一五行への二回目の公的資金注入が行われた。しかし、低金利政策は日本の経済回復への大きな刺激にはならず、各国政策担当者からは日本経済が「流動性の罠」(**) に陥ったとその後も長く指摘されることになる。

*日本の銀行を中心とする金融システムがこの時期に不安定化して、その後の日本経済回復の足かせになった理由は、銀行などの不良債権処理の遅れであり、早期に公的資金が注入されていればこの遅れはかなり短縮できた。連邦準備制度理事会議長のアラン・グリーンスパンは自著で、二〇〇〇年一月に当時の宮澤喜一蔵相との、この問題についてのやり取りをつぎのように紹介している。「アメリカが整理信託公社（RTC）を設立して、経営危機に陥った約七百五十の貯蓄金融機関（S&L）の資産を処分したこと、売れる見込みがないと思えた不動産が売却できると、まもなく不動産市況が回復し、規模が小さくなった新生貯蓄組合業界が活気づきはじめたことを話した。アメリカ政府の戦略が参考になるだろうと話した。……わたしの話を辛抱強く聞いていた宮澤蔵相は、穏やかな笑みを浮かべながら、こういった。『アラン、日本の銀行について、じつに鋭い分析をしてくれた。対策についてだが、それは日本のやり方ではない』。……日本が従う文明の慣例では、体面を失う行動は、ほとんど考えられないことだった。日本経済が停滞していた一九九〇年から二〇〇五年の間に、RTCのような方式を採用していれば、調整期間はもっと短くなり、何年も前に通常の経済に復帰していたはずだと確信していたし、いまも確信している。……見えていなかったのは、経済的なものではなかった。文化的な要因だった。日本人は、多くの企業や個人の体面が傷つくのを避けるため、あえて巨額のコストがかかる経済の停滞を受け入れたのだ。……戦後三十年、急成長をつづけた日本では、大規模な人員削減の必要がなく、銀行が債務不履行に陥った債務者を破綻に追い込む必要もなかった。『体面』が傷つくことはなかったのだ」（アラン・グリーンスパン（山岡洋一・高遠裕子訳）『波乱の時代――世界と経済のゆくえ――』下巻、日本経済新聞社、二〇〇七年）。問題は先にみた不良債権処理の遅れと、財務省の銀行に対する護送船団政策の下で、自ら経営判断を下せない、民僚化した銀行トップにあった。

**流動性の罠――ケインズが『雇用・利子・貨幣の一般理論』（一九三六年）で、一九三〇年代前半の金融市場の現状分析において提示した概念である。期待利子率に対して実際の市場金利が低いときに、人がそのうちに金利水準が上昇するであろうとみなすときに陥る状態である。この場合、人は債券などを購入するよりも手元流動性――現金――を確保しようとする。このような状況の下では、金融当局が金融を緩和しても、実物経済には大きな刺激を与えないことをケインズは指摘した。この場合、金融政策が流動性の罠に陥ったといわれる。

だが、金融市場に関する問題の核心は、むしろ、「流動性の罠」の背景にあった。それは日本の政策当局の不良債権処理への取組みにあった。不良債権処理への対応が優柔不断でその場しのぎに過ぎず、処理スピードがあまりに遅かったことが、その後の日本経済の回復を決定的に遅くしたのである。(*)

*当時の米国財務省長官ルービンも自著で同様の見方をとっている。ルービンは当時の日本の政策当局の優柔不断さに、つぎのような手厳しい評価を下している。「日本政府は債務超過の銀行を閉鎖しようとせず、帳簿上の不良債権を処分するよう指示も出さなかった。同族企業や関連銀行からなるいわゆる『系列』システムによって、債務超過した企業に、その場しのぎの融資が使われることで大きく妨げられていた。」（ルービン・前掲書）

明らかに政策上の取り返しのつかない大失敗であった。結果、いまに至るまで、わたしたちは大きな代償を支払うことを余儀なくされている。株価や地価が上昇しているにもかかわらず、物価が安定していたこと(*)もあって、金利引上げのタイミングが先延ばしされたのであった。その後、国民銀行や幸福銀行が破綻した。東邦生命の自主再建放棄も行われた。

*政策当局がバブル抑制のための金融引締めの時期を誤った原因の一つは、資産価格の上昇が消費者物価にきちんと反映していなかった統計上の問題があったのではないだろうか。資産価格の上昇を反映させる新たな物価指数の導入が課題である。

こうした日本経済の苦境にもかかわらず、米国経済は高株価に支えられ二〇〇〇年半ばまで好調を維持した。米国ではバブル経済がまだ持続していたことに加え、政府は住宅金融公庫や連邦住宅公庫を通じて住宅購入のための貸出額を拡大させるなど景気を持続させた。

だが、住宅融資の拡大は、株価などの資産効果で恩恵を受けた中間所得層より上の社会層が支えていたわけであって、やがてその景気拡大効果は薄れ始めた。そのため、低所得層の購買力の掘り起こしが必要となっていった。そのような動きが、やがて二〇〇〇年代のサブプライム・ローン問題と住宅融資破綻によるリーマン・ショックを呼び起こすことになる。

金融資本と貨幣の商品化

一九九〇年代の米国経済の幕開けは、一九八〇年代に相次いだ貯蓄金融機関の倒産や経営悪化への対応から始まったといってよい。金融機関の破綻にともなう預金者保護のための連邦貯蓄貸付保険公社の基金は、一九八〇年代末にはすでに枯渇し始めていた。一九八九年に、破綻した貯蓄金融機関の清算業務を行うために設立された清算信託会社の基金も同じ状況であった。

金融機関の破綻は、銀行倒産の急増に伴う混乱を鎮静化させるため導入された預金金利規制の緩和によっても、引き起こされていた。一九八三年にレーガン政権が預金金利を完全自由化したことで、銀行間の預金者獲得運動が過熱したことが背景にある。

他方、証券会社も高金利預金を選好する人たちを引き付けるために、銀行よりも有利な高金利商品を開発して金融機関との競合を強めた。

証券会社は投資信託部門を強化し、顧客——投資家——は証券会社の開設口座で証券売買の決済だけではなく、クレジット決済、短期借入、小切手の振出しをカバーできるようになった。投資家の口座残高は投資信託で運用され、その高収益が宣伝された。こうして証券会社は投資銀行となっていった。

投資銀行の成長拡大は貯蓄金融機関からの預金流出を促した。米国金融証券市場のこうした変化は投資銀行間だけではなく、商業銀行や貯蓄金融機関との預金獲得競争を一層激化させた。

貯蓄金融機関は、預金者を引き付けるために預金金利を高率に設定するようになり、自らの資金調達コストを高める皮肉な結果となった。資金運用面においては、運用先である住宅担保融資を従来の固定金利性から変動金利制へと移行したことで、預金金利との逆鞘となるケースもでるなど、苦戦を強いられる金融機関が増加した。

むろん、短期的な逆鞘だけで貯蓄貸付組合などの金融機関がすぐに倒産に至るわけではない。問題は貯蓄貸付組合が回収不能に陥っていたいわゆる不良債権の規模とその増減であって、その影響の多寡は地域金融機関である貯蓄貸付組合の立地する、地域産業の盛衰に大きく左右されていた。たとえば、レーガン政権二期目に、テキサス州など南西部州の貯蓄貸付組合の破綻が急増したのは石油価格下落による地元企業の倒産と失業率上昇による焦げ付きの影響である。

貯蓄貸付組合は、高金利設定の無理な預金獲得運動を繰り広げながら、従来の住宅融資だけではなく商業不動産融資にも進出し、それまで商業銀行が得意としてきた消費者金融、コマーシャル・ペーパー、企業向け融資などへも積極的に進出することになった。しかしながら、短期間でそのノウハウを確立し収益を確保できるはずもなく、貯蓄貸付組合のなかにはかえって経営を不安定化させたところも出てきた。

では、投資銀行——証券会社——との競争を強いられた商業銀行の方はどうであったのか。メキシコの不良債権を抱えていた商業銀行は、レーガン政権の投資促進政策の導入、とりわけ、不動産投資への税控除枠引上げなどによって、商業施設などの不動産投資へと積極的な展開をみせた。だが、レーガン政権二期目に、不動産投資税の控除などの制度改革によって、商業銀行の過剰融資体質が顕在化することになる。

不良債権問題は一九九〇年代へと持ちこされることになる。一九九〇年代の米国経済は金融不況によって始まり、この問題を中心に展開する。

一九九七年のアジア通貨危機は、翌年、巨大ヘッジファンドのLTCM——Long Term Capital Management——の破綻につながる。(＊) 米国政府は金融市場安定化のために「大きくて潰せない」原則に従った。連邦準備制度理事会は投資銀行などに協力を求め巨額の資金を投入して同社を救い、その後、数度にわたる利下げに踏み切った。

＊一九九八年八月、ロシア政府が短期国債の利払い停止を発表したことから、ロシア国債は暴落した。この影響がやがて世界の債券市場にも波及し、米国債が買われる結果となった。大部分を巨額の借入れで投資——いわゆる高率レバレッジ——していたLTCMは、ロシア金融危機の影響によって多額の損失を被った。LTCMは同年九月だけで一日に五億ドルの損失を被り、その破綻が迫っていた。LTCM破綻による損失額は一兆ドルを軽く超えるとの見通しが発表され、世界の金融市場がパニックに陥ることが懸念された。連邦準備制度がLTCMへ融資を行っていた銀行とともに、実際の損失額四五億ドルのうち、三五億ドルにも及ぶ損失額を肩代わりすることで、ようやく市場のパニックは収まった。なお、イタリア中央銀行も三〇〇〇億ドルをはるかに超える資金の運用をLTCMへ委ねていたことが判明した。

その後のタイ・バーツなどアジア通貨危機の背景には、流入資金が長期の利潤確保を目的とする生産設備などへの投資に向かわず、貨幣が貨幣の増殖を求めるような短期に収益を上げうる株式、不動産、消費者ローンへと向かったことがあった。この時期、バンコクなどの不動産価格は急騰し、それが海外から短期資金をさらに呼び込んだのである。そうした構図はタイだけではなく、韓国、インドネシア、マレーシア、フィリピンでもみられた。海外からの流入資金の中心はタイと同様に短期資金であった。

タイの不動産価格がピーク後に下落しはじめると、短期資金の引揚げが始まり、その動きは他のアジア諸国にも波及し、アジア通貨はその影響をうけて変動し、ヘッジファンドの通貨への投機がそうした動きをさらに煽った。そして最後に、ヘッジファンドもまた大きな損害を被ったのである。(*)

*ヘッジファンド行き詰まりの根本原因は、鳴物入りのノーベル経済学者とその教え子たちのポートフォリオの宣伝効果にあったのではなく、あくまでも従来から繰り返されてきた古典的なものである。それは投入された投機資金に比べて、余りにも小さな自己資本の脆弱性にあった。彼らの空買いと空売りのバランスが崩れると、損失額はたちまち巨額となり、拡大し支払期限がきた信用取引額がそのちっぽけな自己資本をとてつもなく上回ったのである。この意味では、市場の混乱を回避するためには、ヘッジファンドに対する自己資本規制が必要である。

むろん、外為市場で通貨投機を仕掛けたのはヘッジファンドだけではない。米国のトップクラスの商業銀行や投資銀行、ドイツ、スイス、英国、カナダの金融機関も投機を行っていた。(*)

*宴が終わってみれば、いろいろなことがわかるものである。ヘッジファンドにはスイスやドイツなどの大手銀行も投機資金を提供していた。こうした大手銀行もヘッジファンドの破綻で損失をこうむっていたのである。

このような状況にもかかわらず、一九九八年以降も続いた米国経済の成長は、実物経済から金融経済へのシフトのなかで展開した。米国の消費市場を支えたのは家計資産、とりわけ、それまでの貯蓄ではなく保有株式の株価上昇、いわゆる資産効果による中間所得層より上層の消費の拡大であった。それが中間所得以下の層にも消費喚起を及ぼした。同様に、企業も低金利の金融市場から借り入れ、株式市場で運用した。そこでは金融資本の論理、つまり、貨幣にさらなる貨幣を生み出させる運動が優先された。貨幣そのものが商品化される時代となったのである。

しかし、貨幣そのものを商品化した証券バブルはやがて終息に向かった。バブルを押し上げた力が資産価格の低落を通じて逆方向の力へと転じたのである。日本のように巨額の貯蓄と経常収支の黒字を保持しない米国経済にとって、景気刺激策としての金利引下げ措置は、借金による消費を続けてきた家計の負担は軽減させたが、同時に米国市場から投資資金を逃避させる問題を浮上させることになった。

資本主義と新しい経済論

一九九〇年代前半はドル安傾向の時代となった。結果、日本やドイツの製造業の為替換算上での競争力は後退した。一九九五年四月の七カ国蔵相・中央銀行総裁会議でドル安是正が決定されて以降、ドル高が進行する。これ以降、ドル高となり米国製造業の停滞が懸念された。だが、実際には日本から米国金融市場への資金流入が起こり、株価高騰による米国経済のバブル化が進展したことは先にみたとおりである。

一九九〇年代の米国経済に代表される実物経済と金融経済の遊離は、それまでの伝統的な資本主義イデオロギーに代わる新たなイデオロギーを登場させた。「新しい経済」論――「ニューエコノミー」論――である。

情報通信分野での技術革新やＩＣＴ――Information and Communication Technology――企業の新たな勃興に、それまでの重工業に代わって米国経済をけん引する役割としての期待感が高まった。情報通信技術により設計から部品調達、生産、販売までのサプライチェインが最適化され、より安定した経済成長が可能とされたのである。

同時に、さまざまな分野でのイノベーションが強調されるようになった。起業家精神とベンチャービジネスによって米国経済があらたな起業家経済として発展することも期待された。とりわけ、ベンチャーキャピタルの台頭はニューエコノミーにおける起業家経済の進展の期待を高め、それまで金融・証券市場での資金調達が困難であったベンチャービジネスなどへも資金が流れるようになった。

米国株式市場は新興企業の新規株式公開で活況を呈することになった。だが、そうしたベンチャービジネスは、実態経済と金融経済の遊離の上に存立したものも多かった。設立間もなく、売上額を実際に計上していないにもかかわらず、そのパテントやビジネスモデルが将来急成長すると見込まれて先買いされたのである。そのようなかたちで株価だけが高騰し、株価高騰が投資家をさらに呼び寄せ、店頭市場の株価は一時的に著しく引き上げられた。

ＩＣＴ企業の興隆、情報通信技術の普及に加え、この時期、労働賃金が低く抑えられたことで米国産業の生産性は向上した。また、過剰生産による製品価格の下落などによりインフレなき成長が新たな経済をもたらしているかのように見えたのである。その後、株価下落によって実態経済と金融経済との遊離が縮まったことから、ニュー・エコノミー論は過去のミラノ・ファッションのカラーのように忘れられていった。米国経済は再び実物経済への刺激を必要とするようになっていた。

振り返ってみれば、一九九〇年代は米国と他国との金利差、為替変動によって資金が激しく流出入した時代であった。結果として、実態経済よりも金融経済を肥大化させた。冷静に考えてみれば、加熱が冷めれば、以前よりも深刻な落差をもたらす不況を呼び寄せることになる。

それは、新興企業や財務証券、企業の社債・株式への投資であって、球根の投機に翻弄されたわけではなかった。だが、わたしたちは一七世紀のオランダで起こったチューリップ・バブルを笑うことができようか。(*)

*オスマントルコからオランダに輸入されたチューリップの球根がもてはやされたことで、球根に異常なほどの高価格が付けられた。チューリップは、当初はオランダの裕福な一部の愛好家の趣味の世界のものであったが、やがて庶民にも広がった。入手困難な珍しい品種である球根が高値で売買されることになり、そこに投機が発生した。しかし、熱狂的なブームが終わってみれば、借金をしてまで高値による鞘取りを期待して買い求めた者たちと、貸した者たちの間で債務不履行をめぐって果てしない裁判となり、当時の行政や議会が介入して球根の売買を一時的に棚上げするまでになった。結果、チューリップ・ブームとバブルは終息した。

一九九〇年代のバブル経済についてみても、ある時点から株価はその企業の収益には関係なく、株価の変動のみを期待して株式売買が行われるようになっていた。しかし、企業の実際上の収益がいつまでも株価に反映されないわけはなく、企業の粉飾決算が行われたケースも増加した。後で取り上げるエンロン事件についてみれば、二一世紀のチューリップ・バブルのようなものであった。

エンロンやICT企業の破綻は、企業とニュー・エコノミー論との関係の再考をわたしたちに迫っている。ニュー・エコノミーとの関係でオールド・エコノミーとは何かと問われれば、従来型の素材、中間財、加工組立型のそれぞれの製造業を意味する。本来、各国のそうした製造業の国際競争力は生産性に関わる賃金、原材料価格に大きく規定される。だが、いまでは、変動相場制の下での、為替レートの短期的な不安定な動きで大きく変化する。

実質的な生産性の向上が、しばしば為替レートの変化により名目的に生産性の低下となる。しかも、為替レートは中長期的にはともかく、短期的には、生産面の需給関係とは全く関係なく変動が起こるようになってきている。

為替市場の不安定性が、それぞれの国において資本コストそのものの不確実性を高め、企業の借入コストを乱高下させ、製造業のような投資効果の懐妊期間が長い分野から資金をより短期的な金融取引に引き寄せる結果となる。それがまた為替市場を不安定化させる悪循環になっている。このことは、わたしたちに、そもそもモノづくりとは一体何であるのかという根本的な課題を突き付けるのである。モノづくりは、国内外の資本市場や金融市場の安定なくしては困難である。

プラザ合意以降、それまでの円安是認論は現実性を失った。一九九〇年代に入っての超円高は、日本の産業資本のみならず消費者、機関投資家の行動に大きな影響を与えた。強い経済を象徴する円高のもつメリットは、それまでの利権構造が絡まった流通経路や系列取引のために生かされ、日本産業の競争力の向上にはうまくつながらなかったのではあるまいか。

米国側の為替調整型資本主義の下での円高(*)は、短期的には輸出の停滞や不振をもたらした。一方、非効率な流通構造や利権が複雑に絡み合い円高メリットが十分に反映されない規制、利権に埋もれた官僚主義に深く結びついた省益主義、時代遅れとなった保護的規制から抜け出せない業界主義からは抜けきれず、イノベーションを生み出す潜在能力や新産業の創造力がバブル経済という宴のなかで消失したともいえよう。それこそが実は危機ではなかったろうか。いずれにせよ、日本では新しい経済論＝ニュー・エコノミー論は生まれなかったのである。

＊円高という表現と実質はあくまでも対米ドルとの関係においてである。このことは、円高に対応するドル安、つまり世界的ドル安を意味してはいない。当時、米ドルは隣国のカナダ・ドル、メキシコのペソ、英国のポンドなど欧州通貨に対し

て交換レートで安くはなっていなかった。

通貨調整型の資本主義の時代が到来したにもかかわらず、日本政府や産業界は為替市場に対し対症療法的で行き当たりばったりの介入だけを行い、輸出主導から脱却してアジア地域などの経済発展をも視野に入れて、国内経済の安定的発展を意識した適正な円レート政策を戦略的に行うことを目指していたとは思えない。円の国際化のためには、従来の産業空洞化——その後現実化するが——を回避するためにも、アジア地域や欧米地域との水平分業を強く意識した産業再編成という痛みを伴う改革と新産業を必要としていた。わたしたちの未来を切り開く分野への経営資源の再配分をいかに効率的に行うのかを強く共通認識化させたのが、一九九〇年代ではなかったろうか。この課題はいまも継続している。

第四章　二〇〇〇年代以降論

いまの新しい世界には、実に多数の人にとって恐怖の対象になる点がたくさんある。たとえば、アイデンティティと安全とをもたらしてきた安定した基盤の多くがくつがえされている。とくに変化が急速な国では、所得分配での格差拡大が最大の問題となっている。現在はまさに波乱の時代であり、激動がもたらす人的なコストを軽視するのは賢明ではないし、道義にも反している。世界経済の統合が深化するなか、世界の人びとは大きな選択を迫られている。

（アラン・グリーンスパン（山岡洋一・高遠裕子訳）『波乱の時代』）

商業や金融の危機は、法律や領域（この領域は不明確だが）を踏み外した取引と密接に結びついている。いかさまを行ったり、それに引っかかったりする気質は、ブーム期の投機と裏腹のものである。

（キンドルバーガー（吉野俊彦・八木甫訳）『熱狂、恐慌、崩壊――金融恐慌の歴史――』）

金融危機か国家的詐欺か

二〇〇〇年代の米国経済は不況で幕開けした。二〇〇一年、株式市場が急落し、連邦準備制度理事会は短期金利を引き下げ景気の回復をはかろうとしたが、それまでのように企業や家計が借入れをしてまで証券に投資することはなかった。いや、できなかったのである。結局、米国政府と連邦準備制度理事会が住宅融資の金利を引き下げ、住宅用不動産への投資を促したことで、住宅価格が上昇し始めた。将来の住宅価格の高騰を予想して米国民は住宅を新たに取得し始め、あるいは借換えを行い、必要以上に消費を拡大させた。こうして住宅投資を中心としたバブルにより、米国経済は二〇〇四年ごろまで住宅価格の急上昇と低金利のシーソーゲームによって景気を拡大させた。

そのような成長を支えたのは住宅価格急騰による資産効果であった。人びとはバランスシートの上で豊かになった——資産効果——と思い、新たな住宅を買い、家具を新調し、自動車も買い替えた。金融機関の住宅担保融資は大きく伸びた。一九九〇年代後半の株式バブルは二〇〇〇年代に入って住宅バブルに引き継がれたのである。結果、住宅を中心とする実物消費の拡大が、米国の輸入額を拡大させ、他国経済にも大きな刺激を与えた。この時期に、米国へ資金が流れ込んだことによって、ブッシュ政権は経常収支の赤字と財政赤字にとらわれることなく景気刺激策を行っている。

だが、ブッシュ政権最後の年に、米国はかつてない規模の金融危機に見舞われた。二〇〇八年九月一五日、米国の投資銀行リーマン・ブラザーズが破綻したのだ(*)。ベア・スターンズやメリル・リンチも身売りされた。保険会社であるはずのＡＩＧ——American International Group——も手持債券の損失で経営危機に陥った。

ここに至るまでに連邦準備制度理事会（ＦＲＢ）は公定歩合を短期間に小刻みに引き下げ、景気後退をなんとか未然に防ごうとしたが、ニューヨーク株式市場の金融株は暴落した。

＊リーマン・ブラザーズの正確な損失額はいまも不明であるが、当時の新聞報道などでは、連邦破産法に基づいて会社更生手続きを行ったときには六一三〇億ドルであり、デリバティブの時点での取引残高は七〇〇〇億ドルとされた。その後、リーマン・ブラザーズは二〇一二年三月六日に連邦破産法第一一条による法的管理から離れたことで、二〇一一年に破産裁判所が承認した同社の総額六五〇〇億ドルに及ぶ債務返済計画を実行することになった。

リーマン・ブラザーズ破綻の一年前の二〇〇七年八月一八日に、ＦＲＢは住宅融資会社のカントリー・ワイドの苦境が報じられたことに呼応して、公定歩合の〇・五％引下げに踏み切っている。しかし、四日後に別の住宅融資会社が破綻するなかで、自動車融資などの焦げ付きが顕在化し始めた。前回の引下げから一カ月後に、ＦＲＢは再度〇・五％の引下げを行い、公定歩合は四％台を割り込んだ。同年一二月一二日に、さらにＦＲＢは〇・二五％の引下げを行った。

その後、モルガン・スタンレー、ベア・スターンズ、メリル・リンチ、シティなどが次々とサブプライム・ローン関連で被った損失額を明らかにした。年明け後の一月二二日には、ＦＲＢが一挙に〇・七五％の利下げを行い、九日後に、さらに〇・五％の引下げに踏み切り、公定歩合は三％となった。サブプライム・ローン問題は米国内だけではなく、スイスや英国の銀行にも飛び火し、米国内の失業率の悪化がさらに続いた。二〇〇八年三月一九日にも、ＦＲＢは〇・七五％の引下げをしている。にもかかわらず、リーマン・ブラザーズは行き詰った。

リーマン・ブラザーズの破綻は金融危機をもたらし、世界経済を一挙に縮小させた。破綻するまでずっと最優良の格付けを受けていたリーマン・ブラザーズが、突然破綻することなど誰が予想しただろうか。リーマン・ブラザーズの危機は、毒がゆっくりと体内を回るように徐々に進行した。

リーマン・ブラザーズの破綻はあらためて米国の投資銀行などの「暴走」と金融制度のほころびを明らかにした。チェック・アンド・バランスという商業銀行を対象にした従来の金融システムが投資銀行に働かなかった。一九三〇年代の大恐慌時代の遺産として金融機関への規制などは米国にもあった。商業銀行については投機への預金転用が厳しく規制され、証券取引の投資銀行——日本でいう証券会社——といえば、元々は、少数の共同経営者が運営する小さな会社であった。

そうした投資銀行が巨大化し始めたのは、一九八〇年代のレーガン政権の時代からである。レーガン政権が金融市場の「改革」に手をつけたことがそのきっかけとなった。レーガン大統領（一九一一～二〇〇四）は財務長官にメリル・リンチのトップであったドナルド・リーガン（一九一八～二〇〇三）を選んだ。リーガンは金融制度や税制度などの規制緩和を積極的に進め、一九八五年には大統領首席補佐官——後任の財務長官はジェイムス・ベイカー（一九三〇～）——となった。

金融制度の緩和については、一九八二年に貯蓄貸付組合——S&L——への規制が撤廃された結果、預金がリスクの高い投資へ投ぜられた。一九八〇年にはS&Lの破綻が問題となる。レーガン政権はS&L救済のために税金を投入したが、多くの預金者は預金を失った。

レーガンの後に大統領になったビル・クリトン（一九四六～）もレーガンの金融制度改革を実質的には踏襲した。クリントン大統領は最初、大統領選挙中の副大統領候補の一人であり上院金融委員会の委員長を務めたロイド・ベンツェン（一九二一～二〇〇六）を財務長官に選んだが、翌年にはゴールドマン・サックスのトップを務めたロバート・ルービン（一九三八～）を財務長官に選んでいる。ルービンはクリントン政権の二期目途中で降板し、ハーヴァード大学の金融経済学者で世界銀行のチーフ・エコノミストを務めていたローレンス・サマーズ（一九五四～）が次の財務長官となった。

ウォール街の出身者たちが金融政策のかじ取りにかかわり、一連の金融規制緩和の下で金融機関同士の大型合併が進んだ。一九九八年にはシティーコープとトラベラーズが合併し、シティーグループが生まれた。連邦上下両院の銀行委員会への四半世紀にわたるロビー活動だけでなく、政府の中枢にルービンたちが座ったことでウォール街の政治運動が実を結んだのである。

シティーグループの誕生は、銀行業務と証券業務を厳しく分離させたグラス・スティーガル法――「一九三三年銀行法」――に明らかに抵触していた。だが、シティーグループはその違法性を問われることなく、一年後、この大型合併を認めるグラム・リーチ・ブライリー法――「一九九九年金融サービス近代化法」――が制定され、この巨大銀行にリスクの高い投資を促して行くことになる。（＊）

＊連邦準備制度理事会議長のアラン・グリーンスパンはグラス・スティーガル法に批判的であった。グリーンスパンは自著でつぎのように述べている。「グラス・スティーガル法は、誤った歴史的解釈に基づいたものである。……第二次大戦後、コンピュータで銀行システム全体を評価できるようになって初めて、証券子会社をもっていた銀行は、そうでない銀行よりも一九三〇年代の危機を乗り切れることがあきらかになった。……わたしは何度も法律の改正の必要性を訴える証言を行った。グラス・スティーガル法がグラム・リーチ・プライリー法に取って代わられたのは、一九九九年のことである。幸い、金融業界に必要な柔軟性を回復したグラム・リーチ・プライリー法は、例外的なものではない。行き過ぎた規制の悪影響と、経済の適応性に関する意識は、近年、著しく向上している。後戻りしてはならない。」アラン・グリーンスパン（山岡洋一・高遠裕子訳）『波乱の時代――世界と経済のゆくえ――』下巻、日本経済新聞社、二〇〇七年。

米国金融業界は、何から何まで揃えた超大型百貨店が誕生したことで、小さな商店や中堅スーパーがやっていけなくなった小売業界のようになった。大店舗法のような規制は撤廃され、米国の金融業界は大きくて潰せなくなった金融巨人を中心とする業界となったのである。のちに、当時のルービン財務長官はシティーグループの副会長に就任する。米国のさまざまな行政法をみれば、関連政策の制定や公職任命における利害相克に制約を加える細かい規則があるが、そのような原則はどこかに吹き飛んでしまった。

ウォール街を中心とするインナー・サークル――利益グループ――が形成され、ウォール街の利害にそって、(*)それまでの金融市場に関わる規制が緩和された。四〇一Kなど確定拠出年金制度の導入やIT分野などいわゆるハイテク企業の新規上場と相俟って、各国の資金が米国の証券市場に流れ込み、株式市場は活況化を呈した。公的年金などの大衆資金もリスクの高い証券投資に投ぜられ、明らかに米国経済はバブル化した。しかし、過熱した市場はやがてその熱を下げる圧力に晒される。事実、米国の株式市場は二〇〇一年に暴落を引き起こした。

*レーガン政権以降、政府の金融財政関係の官僚たちの主たる供給源はウォール街の投資銀行であり、そうした人材だけで政府の財務関係官僚たちのPTAや同窓会が結成できるほどである。とりわけ、ゴールドマン・サックスの歴代経営幹部たちは、政府機関の高官となった後に再度ウォール街へと舞い戻り、政府での人脈を利用してロビー活動を展開している。ウォール街の大手投資銀行のトップたちが財務省や大統領の経済担当主席補佐官となったことは、ウォール街の利益が優先されるような経済政策が形成されていくことを意味したといってよい。高田保馬は『勢力論』で、経済と政治との結合についてつぎのような示唆に富む分析を行っている。「今日経済的活動が他の活動から全く分化したと思はれる時期に於ても、権力との結託は営利の最も有力なる方法として考へられる。……利権というのは営利に利用せられうる特権であり、此権利そのものが一定の効用による価格をもつものである。鉅富は政権を全くはなれて成立することは稀であると証せられる。権力は昔も今も富の獲得の最も有力な方法である。ただ以前の段階に於ては、そのことが直接に行はれ、従って明

白であったが、今日に於てはそれが極めて迂回的に行はれて居り、表面には明でない。従って時代のたつにつれ、此点著しく変化したやうであるが、其真相に於てはさほどのことではない。」必然、そのためのイデオロギーが必要とされる。金融自由化とグローバリズムも「極めて迂回的」に利用されることになる。

株の大暴落によって、証券会社などをめぐる汚職や不正経理が次々と明るみに出た。結果、一九九〇年代末から金融証券市場の規制を求める声が高まった。投資銀行の行き過ぎた株式売買の勧誘などが問題視され、ウォール街と米国規制機関との綱引きが始まった。この間、高度な数学処理を取り込んだ金融工学によるデリバティブという、あらゆる商品や企業の盛衰までを対象にした金融派生商品が導入され、規制緩和された金融市場で大きな位置を占めるようになった。

このデリバティブ(*)については、政府のなかでは商品先物取引委員会(CFTC)——Commodity Future Trading Commission——が議会に働きかけ規制を打ち出したが、財務省のサマーズ長官はこの動きを封じ込めた。その後、連邦議会でデリバティブ規制を求める法案をめぐる動きもあったが、ウォール街側の強力なロビー活動で規制案は棚上げされた。

＊デリバティブはあらゆるものの変動から「派生」する価値をもつ資産であり、この変動ゲームに参加したプレーヤーの間で当初試算の想定上の変動価値に基づいて利益と損失を負担する。デリバティブそのものの考え方はかなり以前から存在した。穀物などの先物取引も或る意味で古典的なデリバティブ取引である。それが現在ではありとあらゆるものに適用されるようになった。こうしたデリバティブ手法が生み出された背景には、岩井克人が「現代の資本主義が資本主義であり続けるためには、差異そのものを意識的に創りだしていくほかはない。新技術の開発、新製品の導入、新市場の開拓と、たえざる新たな差異を生みださなければ利潤は生まれない」と指摘するように、通貨やあらゆる商品から派生する差異をテコにせざるをえない資本の法則性があるのではないだろうか（岩井克人『二十一世紀の資本主義論』岩波書店、二〇〇

〇年)。

経済学者のイートウェルとテイラーは、『危機に立つグローバル金融——国際的規制のケース——』(邦訳『金融グローバル化の危機——国際金融規制の経済学——』)でつぎのように問題点とデリバティブ取引額の規模を指摘する。「デリバティブ取引は、金利や為替レートの変動、株価指数ベースとすることができる。……デリバティブは、一方ではリスクをヘッジする手段となるが、他方では、利益を求めてリスクを引き受けること、すなわち投機の手段となる。商品先物や通貨先物のように規格され、先物取引所で取引されているのはデリバティブ全体の三〇パーセント以下にすぎない。残りは買い手と売り手が、一方がリスクをヘッジしようとし他方がそれを引き受けることに合意した、個別特殊なリスクに関する取引で、それは店頭デリバティブと呼ばれる。ただし店頭デリバティブは、その価格が公開の取引所で継続的に評価されているわけではないため、規制上の問題を含んでいる。……金融デリバティブの想定元本残高は、一九八六年には一兆ドル余りに過ぎなかったが、一九八八年には一〇〇兆ドル(世界のGDPの三倍)を超えている。この途方もない拡大は、民間部門がますます大きな為替リスクを引き受けていることと、ほとんどすべての金融市場でボラティリティが上昇していることの、直接的な反映である。」

たとえば、一九九〇年代後半に、商品先物取引委員会——CFTC——ブレックスリー・ボーン委員長は、相対取引で外部への透明性が極端に低いデリバティブのような金融派生商品はやがて大きな損害をもたらすとすでに警告を鳴らし、新たな立法などによる規制対象とすべきことを財務省や議会に働きかけていた。これに対して、当時の財務長官のロバート・ルービンや副長官のラリー・サマーズ、グリーンスパン、連邦議会のウォール街族議員は猛烈な反対運動を繰り広げた。一九九九年にクリントン政権下の大統領作業部会は店頭デリバティブについて、規制対象とする政治的メッセージを発表していたのである。このツケは二〇〇〇年代にわたしたちに戻ってくることになる。

ウォール街人脈がトップにすわるようになった証券取引委員会やウォール街支持派のグリーンスパンが

トップの連邦準備制度理事会は規制案に強く反発した。規制反対の猛烈なロビー活動が展開するなかで、連邦議会ではデリバティブ規制を無効とする法案が通過している。こうした動きの背景には、デリバティブがすでに投資銀行の大きな収益源となっていた事実があった。

二年後の二〇〇一年、株式市場の大暴落が起こり、結局のところ、表面にあらわれた不正融資行為、粉飾決済、不正な海外送金、エンロンの粉飾決算へのほう助――エンロンについてはあとでふれる――などが摘発され、投資銀行は罰金を支払うことになった。だが、投資銀行は罰金を支払ってもあり余るほどに巨額の利益をため込んでいた。

投資銀行業界では独占がさらに進み、上位五行が巨大な力を持った。彼らは新たな高収益商品として債務担保証券（ＣＤＯ――Collateralized Debt Obligation――）を導入した。ＣＤＯは社債や住宅融資（ローン）などを担保として発行した証券である。低所得者向けの住宅融資であるサブプライムローンを組み込んだＣＤＯは後に大きな問題を引き起こすことになる。「サブプライムローン」は、過去一年間に借入金の返済延滞が二回以上、あるいは過去二年間に六〇日間以上の延滞があった者、また、そのために強制失効、抵当物件の差押えなどが行われた者、過去五年間に破産した者、所得に占める借入金の割合が極めて高い者のような「信用力の低い借り手」への融資を指す。そのような借り手が住宅資金を手にできたのは、変動金利を組み込んだ住宅ローン商品が「開発」されたからである。

変動金利の採用によって、たとえば、二～三年間は返済額を金利分だけに設定して支払額を極端に抑えたことで、低所得者や先に見た「問題あり」の借り手でも住宅ローンを組むことができた。自分たちがそうして購入した住宅価格が上昇するかぎり、この「マジック」は通用したのである。(*)

＊サブプライムローンの拡大はITバブル以降の米国経済の景気後退を防いだ効果もあったと善意に解釈しても、実態はスーザン・ジョージがつぎのように指摘したとおりのものであった。「CDOの担保になる債務を一層大量に提供するため、正規の銀行も、住宅抵当ローンに特化した新会社も、借り手の社会階層は次第に下へ下へと降りはじめた。支払能力のある借り手に対してリスクの低い『プライム』ローンを組むだけでなく、アメリカンドリームの実現を切望する脆弱な貧困層という『サブプライム』領域に足を踏み入れた。ジョージ・ブッシュは夢を手に入れろとあおり、政権者側は、もしこうした人々が政務不履行になっても、抵当に入った住宅を差し押さえ、住人を放り出して不動産を転売できると踏んでいた。ここまでは指摘の話。実態は少し違った。多くの場合マイノリティに属する貧しい借り手へのローンは、詐欺同然だった。……銀行も住宅抵当ローン会社も、こうした顧客の履歴チェックなどわざわざやらなくなっていた。……二〇〇五年から二〇〇七年の間に、サブプライム住宅抵当ローンを提供した諸機関のうち『高利の課し手』と分類された機関が七二〇万件近いサブプライムローンを組み、その総額は……約一兆四〇〇〇億ドル近くになるわけで。大手二五機関だけで、そのうち一兆ドル近くを占めている」スーザン・ジョージ（荒井雅子訳）『これは誰の危機、未来は誰のものか――なぜ一％にも満たない富裕層が世界を支配するのか――』岩波書店、二〇一一年。

後にサブプライムローンは、世界経済に破壊的な影響を及ぼした。問題の本質は、住宅融資のような長期にわたる債権の保有に慎重になるべき貸し手に、債権を証券化させることでそのリスク感覚を麻痺させた点にあった。つまり、貸し手である銀行がすぐに証券化された住宅融資債券を投資銀行に売却し、投資銀行はそれをさらに投資家に売却したのである。まさにロシアン・ルーレットのような金融商品であった。しかも、投資銀行はそうした住宅融資債券を売る際に、自動車融資、学生への学費融資などさまざまな債権を組み入れたCDOとして販売していた。

投資銀行が、あたかもクッキーの詰め合わせのようにしてCDOを販売した場合、それらを買う投資家は、クッキーを個別に食べて味を確かめて買うことが出来ないように、CDOのもつリスクの峻別など出来ない。

そこで登場したのが格付会社による各種ＣＤＯの格付けであった。しかし、販売されたＣＤＯにはトリプルＡの評価が下されていた。きわめて高いリスク商品にトリプルＡを下した格付け機関の責任は十二分に問われてよい。

問題は、格付けの根拠そのものが、政府統計など明示されたデータの分析の結果ではなく、きわめてブラックボックスであり、格付けそのものが検証できない点である。のちに、破綻寸前の銘柄に高評価を与えていた米国の代表的な格付機関の責任者が米国連邦議会公聴会に召喚され、その責任が追及された。彼らは一様に「あくまでもわれわれの見方にすぎない」という発言を繰り返すにとどまった。

投資利回りの高さから、投資先債券の安全性を重視する年金基金や個人投資家が、トリプルＡのお墨付きを得たＣＤＯを購入し始めた。問題はさらにこの先にあった。銀行などの貸し手は、本来自ら融資先から毎月返済を受け、返済が滞ることがあれば、自ら調査し、返済条件を変更するなど対応を打ち出さなければならない。また、返済が滞る借り手が増えれば、新規の貸出にきわめて慎重になるはずである。

だが、住宅融資が証券化されたことによって、貸し手の銀行はすぐにそのリスクから自由になる。結果、銀行が、返済能力に問題がある低所得層や収入が不安定である貧困層には積極的に住宅融資を行っていった。そこにサブプライムローンの落とし穴と問題の本質があった。

二〇〇〇年代半ばまでＣＤＯ総額は急増し、サブプライムローンが大量に組み込まれたＣＤＯの比重も急速に増していった。ＣＤＯ販売の手数料収入は投資銀行を大きく潤した。これはこの間の投資銀行のトップの役員報酬にも表れている。

投資銀行はサブプライムローンを組み込んだＣＤＯに付随したリスクの高さについて、充分な認識があったに違いない。長期間続いた米国市場における住宅ブームにも陰りが見え始めていたからだ。だが、FRB、証券取引委員会や政府当局は規制には乗り出してはいない。

もし、貸し手である銀行が自己資本の範囲内でCDOを組んでいたならば、負債額が自己資本を超えた段階で問題解決の見通しはある程度見当がつくものである。だが、投資銀行などは自己資本の範囲をはるかに超えて、資金を借り入れてCDOの販売を促進した。この背景には、ウォール街の強力なロビー活動の下で、自己資本をこえて巨額の借入れを可能にさせた証券取引委員会によるレバレッジ規制の緩和があった。とりわけ、メリル・リンチやモルガン・スタンレーなどの借入れはこの時期に急増した。

二〇〇一年一月、G・W・ブッシュが大統領に就任した。ブッシュ政権の一期目にはCDO問題は顕在化しなかった。だが、二期目に大きな問題が顕在化する。それは、CDOの破綻の際の補償を組み込んだきわめてリスクの高いデリバティブ商品であるクレジット・デフォールト・スワップ（CDS——Credit Default Swap——）を、大々的に販売していた生命保険会社のAIG——American Insurance Group——の経営悪化が引き金となった。

手持ち債権が破綻したときにその損害額を保証するCDS——債権破綻保険——は、債務者が債務不履行にともなうリスクを負うことから免除させる保険である。CDOにCDSを付けリスク割増分の保険料を支払えば、その破綻リスクを文字通り保険者にスワップすることができたのである。こうして銀行が潜在的に抱えていた不良債権リスクは、CDS購入者に容易にかつ安易に転化されていった。

このCDS取引は当初こそ小規模であり、そのリスクの詳細は一般には知られず相対取引でやり取りされたが、もしCDOの破綻が相次げばCDSがもたらす損失負担額は巨額に達することが一部の専門家たちを驚愕させつつあった。だが、米国連邦議会の上院議会住宅都市委員会で、本来ならば商品先物取引委員会の規制対象とすべきであったものの、当時の委員長の裁量で規制対象外となった経緯があった。さまざまな債権の破綻に付随したCDSの底知れない破壊力は、その後の金融危機を一層深刻なものとさせた。CDSは金融危機に埋め込まれた地雷であった。

振り返ってみれば、CDSという導火線に火が付いたままCDOという爆弾が爆発するのを恐れて、それぞれが投げあっているようなものであった。爆弾を投げあっている間に導火線の火は着実に爆弾本体へと近づき、だれかのところで爆発し、その周りの人たちも爆死する。

保険会社がそのようなハイリスクの保険証書を引き受けてしまったのは、金融商品への規制を欠いていたからである。ただし、金融機関の関係者の一部にはハイリスクへの懸念と破綻した際の影響の大きさへの自覚があったにちがいない。CDOの破綻はCDSの破綻へと連鎖する。CDOが破綻すれば保険会社のAIGの経営状況はさらにきわめて深刻なものになる。事実、そうなった。二〇一一年の欧州金融問題の深刻化の背景にもCDSの影響がある。

二〇〇六年五月、G・W・ブッシュ大統領は、ゴールドマン・サックスのトップとしてCDO販売で業績を上げていたヘンリー・ポールソン（一九四六〜）を財務省長官に指名し、CDO崩壊の対応を委ねた。この時、サブプライム・ローンによる住宅ブームは終わりを告げつつあった。だが、ポールソンの出身元であるゴールドマン・サックスは、CDOの破綻を予想し、AIGからCDSを購入し、さらにAIGの倒産に備えた別のCDSを購入していた。そして、ゴールドマン・サックスなどはCDOを販売し続けていた。投資銀行やヘッジファンドは悪質な確信犯といわれても仕方がないであろう。FRB議長はグリーンスパンからＧ・Ｗ・ブッシュ政権で経済諮問委員長を務めていたベン・バーナンキ（一九五三〜）へと替わったが、バーナンキもボールソンもサブプライム・ローン問題へ明確な対応策を打ち出さなかった。

二〇一〇年、ウォール街からロビー活動の圧力を受けていた連邦議会は事態の重大性に気づき、ようやく重い腰を上げることになる。住宅融資への返済が滞り、住宅の差押え件数が急増し、サブプライムローンがもはや放置できないほど深刻な社会問題となっていたからである。ウォール街の金融機関にはその二年以上前から資金繰りに窮するところも出ていた。

たとえば、戦前の大恐慌からの回復策の一環として、民間銀行の不動産融資債券を買い取り、銀行の個人向け住宅融資を促進することを目的として設立され、一九六〇年代末に民営化された連邦全国住宅抵当公庫——通称、ファニー・メイ、ＦＮＭＳ、Federal National Mortgage Association——も多額のサブプライムローンを保有していたことで行き詰まり、二〇〇八年、連邦政府の管理下に入った。同様に、もう一つの住宅融資促進機関の連邦住宅融資抵当公庫——通称、フレディ・マック、ＦＨＬＭＣ、Federal Home Mortgage Corporation——もほぼ同時に行き詰まり、連邦政府の管理下に入った。(*)

＊民間株主をもちながら政府系機関でもあるこれらの公庫は、その株式が米国債なみに安全で、しかもより高い利回りであったと信じられていたため、外国政府——石油産出諸国も含め——が保有していた。米国政府はこれらの機関を破綻させれば、その影響は単に経済面だけではなく外交問題にも波及し、最終的にはドルの暴落にもつながりかねないと判断して破綻させるわけにいかなかった。

中小の金融機関の破たんが相次いだ後に、ウォール街の大規模金融機関は合併や買収などを通してさらに巨大化した。連邦政府にとって巨大すぎて潰せないウォール街となったのである。だが、大統領選挙運動期間中の二〇〇八年半ば、名門リーマン・ブラザーズの資金繰りが急速に悪化し、同社は九月に連邦倒産法第一一条の適用を申請し、倒産した。その世界的影響の大きさはここで取り上げるまでもない(*)。

＊たとえば、欧州経済をみておくと、二〇〇一年の米国のITバブル崩壊によって、欧州諸国の景気も減速し、財政赤字が拡大している。赤字はドイツやフランスでもEUの財政規律基準であるGDP比三％を超える事態となり、緊縮財政を迫られるものの、他方で失業者増大などによる財政支出が拡大した。その後、景気後退への財政出動とユーロ安による輸出増加などによって二〇〇四年ころから景気の改善がみられた。しかし、赤字財政削減に乗り出した矢先の二〇〇七年に、サブプライム・ローンなどの証券化商品を購入していたドイツなどの金融機関が苦境に陥り、翌年にはリーマン・ショックの影響を受け、欧州諸国の金融機関の多くは不良債権問題を抱えるに至っている。こうした金融危機への対応によって、欧州諸国は不良債権問題と赤字財政（＝国債）問題を抱えることになる。

当時、民主党の大統領候補であったバラク・オバマ（一九六一〜）はリーマン・ブラザーズ倒産の二週間後の演説で、リーマン・ショックをかつての大恐慌以来の最大の金融危機と位置付け、その原因をウォール街の強欲と現政権の無責任さに求めた。オバマは当時の政権がウォール街への監視が不十分であったと非難し、大統領就任後にはウォール街への規制を強めることを示唆した。

二〇一〇年七月、オバマ新大統領は、消費者金融保護局を設立し、金融機関が自己資本の範囲をこえてリスクの高い金融商品を販売することに規制を加えることなどを求めた金融規制法案に署名したが、ウォール街を暴走させた制度的欠陥の抜本的な是正にはいたっていない。オバマ政権を支える財務省、FRB、商品先物取引委員会などのトップは依然としてゴールドマン・サックスなど規制反対派の関係者である。

G・W・ブッシュ政権下で財務長官を務め、金融危機の沈静化に深く関わったヘンリー・ポールソンは、回顧録『破滅の瀬戸際に立って』（邦訳『ポールソン回顧録』）で規制についてふれ、「粘着テープや荷造り用の紐のように時代遅れで威力や権限がかぎられていた」うえに、財務省などの危機回避のための介入はあくまでも暫定的なものであり、「時機が来たら早急に介入を打ち切らなければ、経済に深刻な害を及ぼすだろう」と指摘する。ポールソンは、「世界の主要な経済間に構造的な不均衡があり、そのせいで国境を越えて凄まじい資本移動が起きたこと」を重視し、米国についてみれば貯蓄率の引上げと財政赤字の削減の必要性を説いている。

ポールソンのこうした考え方に立てば、金融市場への規制は必ずしも金融危機の原因の是正にはつながらず、悪いのはむしろ金融市場の発展段階に呼応しない過去の規制の存在であることになる。ポールソンが説くのは、規制ではなく、複雑化しそのリスクが開示されていない金融商品の透明性をどのようにはかるかというテクニカル的な課題——格付けも含め——と、高くなり過ぎたレバレッジを一定限度に抑える「ルール」の必要性になる。ポールソンはつぎのように述べる。

「巨大な金融機関が相互につながる状況によりよく対処できるよう、恐ろしく無力な規制体系を改善するだけでなく、複雑な金融商品の監督、格付機関の改革、時価会計の維持、MMFの組成・販売方法の見直し、証券化事業の再活性化などに力を入れなくてはならない。これらはすべての前提として透明性を向上させる必要がある。……一般に信じられているのとは裏腹に、CDSなどのデリバティブは資本市場の効率化に寄与するものであり、危機の原因となったわけではない。ただし、金融機関の貸借対照表に隠れたレバレッジを忍び込ませるため、取引相手にとっては資産査定が込み入ったものになり、効果的な規制も難しくなる。……CDSは標準化されていて公開市場で取引するのが望ましい。」(有賀裕子訳)

かつて、アイゼンハワー大統領は米国産業界の行方を不安視し、その原因を「軍産複合体」に求めた。戦争が儲かるビジネスとして米国の産業界を潤すことで、米国が好戦的国家となることを恐れたのだ。これはいまにいたるまで米国の現実である。

この軍産複合体に、「金産複合体」が加わったのが現在ではあるまいか。金産複合体とは、ウォール街と金融業界の結合体である。この金産複合体は、投資銀行、規制を緩和した公的監視機関、そして格付け会社で強固に支えられている。そして、金融機関は「大きくて潰せなく」なり、米国経済は、国家を背後にもつ国家金融独占資本主義というべき存在になった。

株主資本主義と粉飾決算

米国歳入法の一九七八年改正法――Internal Revenue Code of 1978――の四〇一K条項で、営利企業に働く人たちの退職年金積立については、優遇措置が認められるようになった。雇用者が支払う従業者の退職後年金は、退職後の所得補償とみなされ、一般所得への課税とは区別されその運用益への課税を繰り延べることが認められたのである。

民間企業の従業員――被雇用者――は雇用者に対して、給与扱いか四〇一K扱いかを選択することができるようになった。雇用者は四〇一K年金資産の受託先を選択し、その運営を委ねることになる。従業員が退職して四〇一K年金から金銭を引き出すときに――途中で解約の場合には、通常の所得税より重い税金が課される――、それまで繰り延べされた税金を払うことになるのである。

こうした年金基金の運用について、一九七四年の「被雇用者退職所得保障法」――ＥＲＩＳＡ、Employment Retirement Income Security Act of 1974(*)――は、年金加入者や受益者の利益保護のために、年金基金運用受託者に対してリスクの高いベンチャー企業などへの投資に注意を促し、「慎重人の原則」――Prudent Man Rule――を求めたのである。

＊この法律の背景についてはつぎの拙著を参照。寺岡寛『アメリカの中小企業政策』信山社、一九九〇年。

しかしながら、一九八〇年代になって、株式投資などによって四〇一K年金基金の高利回り運用を行った運用受託者が出てきたことで、米国の株式市場へ年金基金の資金が投入され、株式市場は活況化した。やがて、エンロンの行き詰まりが四〇一K年金のもつ危うさを一挙に表面化させることになる。

ここでエンロンという企業にふれておく。同社の歴史は大恐慌下の時代にまで遡る。天然ガス、電力、石油パイプラインの関連企業が合併して創始されたノーザン・ナチュラル・ガス会社がエンロンの始まりである。

一九七九年に、同社は持株会社のインターノース社を設け、事業再編を行った。一九八〇年代のレーガン時代の規制緩和の下で、同社はヒューストン・ナチュラル・ガス社を吸収合併し、ここにテキサス州ヒューストンに本社を多くエンロン社が成立する。エンロンは二〇〇〇年に売上高で一〇〇〇億ドルを達成し、全米トップ一〇位に入る優良企業となり、米国株式市場のなかで最優良株とされた。株価は同年一月二〇日の六八ドルから八月二三日に九〇ドルまで急騰した。しかし、翌年に、エンロンはあっけなく破綻する。

同社のトップを長年務めたケネス・レイ（一九四二～二〇〇六）は牧師の家に生まれ、大学で経済学を学んだ。レイはレーガン政権下の内務省に入り、エネルギー担当補佐官として天然ガス事業の規制緩和を推し進めた。この時、ワシントンで築いた政財界ネットワークを利用して、レイはその後も米国エネルギー市場の規制緩和を政治家などに働きかけ続けた。

一九八五年、レイはエンロン社のトップとなり、後に大統領になるブッシュ父子ときわめて緊密な関係を結びつつ、規制緩和の方向を睨んで、全米の天然ガスなどのパイプラインの買収や、翼下のエンロン石油を通じてリスクの高い原油取引にも乗り出す。

エンロン石油は最初こそ巨額の収益を上げたが、デリバティブ手法を入れた取引などでやがて大きな損失を出すことになる。大胆でお粗末な粉飾決算の事実も表面化し、関係者は逮捕された。レイは多額の損失を新規事業で埋め合わせることを迫られた。会長となったレイはハーバード大学ビジネススクール卒でマッキンゼー・アンド・カンパニーのコンサルタントであったジェフリー・スキリングをトップに据えた。

スキリングは新たなビジネス・アイデアをレイに持ち込んだ。時価会計の導入と天然ガス取引の証券化である。後者は、エンロンがガスなどエネルギー市場を左右できるだけの独占力をもち、取引が自由化されれば、価格を支配できるということになる。スキリングは社員のなかに競争システムによる賃金制度を持ち込み、ガス取引での稼ぎ頭競争を煽っていった。

ブッシュ政権による規制緩和の下での時価会計の導入も、エンロンにとっては追い風となった。ここでいう時価会計は、将来の時点で発生する損益を現時点で計上するやり方である。問題は将来の予想困難な損益を現時点で計上することができるのかどうかである。エネルギー関連の取引は複雑で、きわめて長期にわたり、必然、計上額はきわめて主観的なものとなる。要するに、エンロン主導の時価計算がそのまま計上されるのである。このやり方は粉飾決算をあまりにも安易に手元に呼び寄せた。

表面上は巨額の収益を上げ株価も上昇し続けたエンロンだが、さらに株価を引き上げるためには四半期ごとにより大きな収益を確保することを迫られた。トップのレイやスキリングの経営上の関心はもっぱら高株価維持に向けられ、投資家を強く意識した新規事業の発表など、さまざまな話題作りと広告宣伝に熱心になっていった。しかし、この間にも粉飾決算は膨らんでいった。また、エンロンは四一カ国で事業を行っていたが、海外で展開していたエネルギー開発のなかには行き詰まる計画も出始めていた。

その後、エンロンは新規事業として、電力市場が規制緩和されたオレゴン州の電力企業――ポートランド電力会社（Portland General Electric）――を買収して電力事業へ参入した。悲劇はポートランド電力会社の従業員たちが自分たちの四〇一K年金の運用にエンロン株を取り込んだことであった。後に、エンロン株はただの紙くずになる。

むろん、その時点では、だれもエンロンの破綻を予想していなかった。ウォール街のアナリストたちは値上がりが期待できる優良株としてエンロン株を推奨していたのだ。エンロンの実際の経営は悪化していた。株価下落を恐れたスキリングたちは、新規事業としてITなどの通信事業分野――ブロードバンド・サービス――への参入をすすめた。エンロン株は急騰したが、不慣れな分野のブロードバンド・サービスは行き詰まることになる。

エンロンの幹部たちは、技術的な展望もないままに、思いつきだけで参入したブロードバンド・サービスは失敗すると予想していたといってよい。エンロンの株価急落と破綻の前に、同社のトップは自社株を高値で売り抜けた。

米国のビジネス誌『フォーチュン』は二〇〇〇年に、「もっとも革新的米国企業」として六年連続してエンロンを選んだ。しかし、翌年一二月、エンロンは倒産し、二・一万人の従業員は突然職を失った。司法当局は調査を開始したものの、多くの関係資料は破棄処分された後であった。

エンロンが行き詰まった経過をたどれば、そのままエンロンの粉飾決算史となる。ブロードバンド事業の失敗のあと、エンロンはカリフォルニア州の電力需要に目をつけ、充分な電力供給能力があったにもかかわらず計画停電を働きかけ、カリフォルニア州の電力を他州に売却し、カリフォルニア州の電力価格を上昇させ、電力を再供給するという取引を繰り返した。

こうして電力までを投機の対象として巨額の収益を確保し、株価の維持に成功したが、カリフォルニア州での度重なった停電は人びとを混乱させた。G・W・ブッシュ政権に政府介入を求める声が強くなったものの、エネルギー規制委員会はエンロンを問題視しなかった。だが、歪んだ収益構造をもつ経営体がいつまでも持つはずもない。やがて、エンロンのカラクリが白日の下に晒され、その反社会的行為――犯罪――が明らかにされることになる。

突如、スキリングは二〇〇一年八月に個人的事情を理由に挙げ、トップの座を降りた。レイ会長が社長を兼任したものの、四カ月後に倒産した。(*) ようやく、証券取引委員会はエンロンの調査に乗り出した。疑惑はエンロンの会計審査にあたっていたアーサー・アンダーセン会計事務所にも向けられた。

*この翌年に、大手電気通信企業のワールドコムがニューヨーク連邦破産裁判所に連邦破産法第一一条適用を申請した。ワールドコムの負債額はエンロンの破綻額を大きく超えた。ワールドコムでも株価高値維持のための粉飾決算が行われていたことが明らかになった。

アーサー・アンダーセンは、エンロン関連資料を破棄していたことによる司法妨害で起訴され、ヒューストン連邦地裁で有罪判決――後に連邦最高裁に控訴し逆転無罪となる――を受け、二〇〇二年に事務所解散に追い込まれた。適正監査を行っていた多数の会計士を巻き添えにして、会計監査への信頼と信用を失ったアーサー・アンダーセンは高すぎる代価を支払ったことになる。

エンロンの社内でも犯人探しが行われ、会計担当役員が逮捕された――後に一〇年の実刑判決を受ける――が、会計担当者単独で会計操作が出来るはずもない。スキリングなど幹部も連邦議会の委員会に召喚されたが、彼らはいずれも関与を否定した。

四〇一K年金基金のためにエンロン株を購入した個人株主や倒産後に売買が凍結され自社株を売却できなかった元従業員たちは、多くを失った。他方、エンロンの幹部たちがエンロン沈没前に売り抜けた株式売却額は一〇億ドル以上ともいわれる。

スキリングは二〇〇四年にインサイダー取引や投資家への詐欺行為などで起訴されたものの、無実を主張し法廷で争うことになった。二年後、スキリングは二四年余の実刑と罰金の有罪判決を受け、保釈を求め控訴したものの、認められず服役した。レイは詐欺罪で起訴され、有罪判決をうけたものの保釈中に心臓麻痺で死亡している。

エンロンは、自社の決算に計上されることを恐れたリスクの高い事業を、連結決算対象とはならない別会社――特別目的事業体（SPE、Special Purpose Entity）――を設立して、そこで行っていたことが、裁判のなかで明らかになった。ウォール街の金融機関は、エンロンからの出資が三％以下で連結決算対象外となるSPEへ出資していた。

SPEはエンロン株を担保に融資を受けていた。多額の融資を行い、エンロンを支えたウォール街のJ・P・モルガン・チェースとシティーグループは、エンロンの株主から集団訴訟を受け、それぞれ二〇億ドルほどの和解金を支払った。また、メリル・リンチについては、エンロンの会計操作幇助で、関与した社員が起訴され有罪判決を受けた。

もともと、エンロンは天然ガスを扱うきわめて地道なパイプライン・ビジネスに従事するローカルな企業であった。それが、ケネス・レイやジェフリー・スキリングたちによって、テキサス州ヒューストンのローカルな存在から米国を代表する存在へと駆け上がり、アメリカン・ドリームを体現する大企業となった。彼らは天然ガスから電力までさまざまなエネルギー商品の卸売・小売業へ事業を拡大させ、子会社などを通じて石炭、鉱物資源、パルプ、ブロードバンド、天候――天候によって収益が影響を被りやすい産業向けに、一定の収益を保証するデリバティブ取引――などさまざまなものを商品化＝市場化していった。

エンロンのビジネスは、株主資本主義と規制緩和主義の二つの柱の上に立っていた。赤字を隠蔽し粉飾決算に支えられた事業経営の資金繰りは、さまざまな話題づくりで高株価を維持することで成り立つ、ある種の自転車操業のようなものでもあった。幹部の報酬は株式などで支払われ、エンロンとその社員は運命共同体のようになり、株価を上げるためにあらゆるアイデアが実行に移された。そこには企業が社会的存在であるという意識はきわめて希薄であった。企業は社会的公正と市場での営利主義の均衡の上に立っているものだが、エンロンについていえば、きわめて不均衡化することで成り立っていた。

エンロン本社前にあるエンロンの社章である「Ｅ」のモニュメントはこのことを象徴しているようである。このＥは実に不安定なかたちで、すこしの力で尻もちをつきそうである。社会的公正を欠き営利主義一本に走った時、エンブレムが倒れるように、エンロンも倒れ去ったのである。

エンロン倒産事件を通して見えてくることは、取締役会と株主の利益が一致し、互いにチェック・アンド・バランスの作用が必要だということである。とりわけ、短期収益を重視するファンドが大株主になり、また、取締役会を構成する役員たちがストック・オプションによって多額の報酬を手にするようになると、さまざまな手法で株価を引き上げるようになる。たとえば、長期間の投資を必要とする研究開発費を削減し、工場やその関連資産を売却し、それにともなって余剰となる従業員を削減して、企業収益を上げれば、株価は上昇することになる。ファンドはそのように株価を上げて売却し、他方、経営陣は自分の在職中にストック・オプションの権利を行使して巨額のボーナスを得て、やがてつぎなる企業へと移っていく。こうした姿が米国経済社会で日常化したのが二一世紀である。

グローバル経済の資本論

グローバル経済の意味と範囲を資本主義体制の世界的統合という点からとらえると、世界経済のそのような動きがますます加速されたのが、二〇〇〇年代の特徴であった。日本では、二〇〇一年四月、「改革なくして再生なし」と訴え、市場原理と民営化を重視した小泉純一郎（一九四二〜）が首相となった。だが、東京市場の株価でみるかぎり、小泉政権下でも株価は下がり続け、地価の下落に歯止めがかからず、倒産件数も増加した。

株価や地価の下落は、金融機関の不良債権処理を遅らせ、バブル崩壊後の日本経済の回復に大きな足かせとなったままであった。結局は公的資金の導入による不良債権の処理を受け入れたが、株価や地価の反転と回復を期待して公的資金導入を先延ばしにしたことで金融機のさらなる破綻を引き起こし、生き残った金融機関の体力は奪われ、企業の倒産を増加させる結果を招いた。

内実が問われないまま、グローバル経済の言葉だけが独り歩きした。「グローバリズム」の名の下で、積極的な資本主義論が語られたが、足もとで地方金融機関や中小企業の倒産が相次いだ。たしかに、グローバル経済化は、それまでの日本企業の存立基盤と経営方法の変更を促していた。それは、上昇を続けた地価と株価を含み益とした経営手法の変更であった。また、メインバンクや関連・系列企業などが安定株主として株価を支え、長期投資が可能であった大企業のあり方も大きな影響を被りつつあった。

バブル崩壊後の地価急落によって含み資産を失い、そのために不良債権が一挙に巨大化し、さらに、株式をＢＩＳの自己資本比率に組み込んだことによる保有株式の下落で苦境に陥った銀行は、大手企業などと従来の取引関係を維持することが困難となっていた。放出された株式は、株式の相互持ち合いといった性格の従来の「モノいわぬ」株主だけでなく、「モノをいう」株主を組み込んだ株主資本主義論を登場させることになる。

株主資本主義は、従来型の日本的経営というイデオロギーに代わり、グローバル時代の新たなイデオロギーを登場させた。次節でふれることになるが、結論を先取りしておけば、その資本主義イデオロギーは竹中平蔵（一九五一〜）たちによって担われることになる。

グローバル化は国境にかかわりなく推し進められてきた金融の自由化・国際化の「制度化」であり、一九八〇年代には米国株式市場のブラック・マンデー、一九九〇年代には東京株式市場での暴落を引き起こした。その後も金融の自由化の「制度化」はさらに進められ、二〇〇〇年代にはリーマン・ショックを引き起こした。

これらは、財やサービスを中心とした実態経済と、それ以上に巨大化した国際的な資金の流れを中心とする金融経済との摩擦熱が引き起こした、高い代償を伴った調整過程であったのではないだろうか。それは実態経済における在庫調整や事業再編というミクロ的な手法や、金利引下げや財政出動による有効需要創出などのマクロ的な手法だけは倒底克服できないものであり、直接的には個々の金融機関が、自らの資金の範囲で、処理困難となった巨額の不良債権の処理を優先せざるをえない性質のものである。

また、金融の自由化とは国際化を伴ったものであり、不良債権処理は一国に止まるはずはなく、多国籍におよぶまさにグローバルな対応を必要とする。必然、中央銀行の金利政策やマネー・サプライ政策は他国の中央銀行などとの協力関係なくして、所期の効果を得ることが困難となった。

金融の自由化・国際化には各国の足並みをそろえたルール作りと世界中央銀行のような国際的機構を必要とする。だが、はたしてそれが可能なのかどうか。

資本主義とイデオロギー

イデオロギー(*)は「規範命題」——あるべき姿——と「現実命題」——実態——との差異によって生じる。両者が一致すれば、そこにはイデオロギーなどはほとんど生じない。だが、あるべき姿と実態がかい離する場合、その理由を説明し、そのかい離を肯定する理屈が要るのである。それがイデオロギーであるといってよい。

＊イデオロギー論については、つぎの拙著を参照。寺岡寛『経営学の逆説——経営論とイデオロギー——』税務経理協会、二〇〇八年。

そうしたイデオロギーは、二つの命題がある範囲の差異にとどまることにおいて有効である。たしかに、ニューディール期までの小さな政府と市場原理主義を結び付けた自由主義は、レーガン政権以降に金融規制緩和の下で登場してきた新自由主義と原理において同一であっても、その属性は大いに異なるイデオロギーである。

新自由主義のイデオロギーは大衆化の装いをもっていた。とりわけ、大衆化された株主資本主義という装いである。人びとは以前のように余剰資金を預金ではなく、株式で運用していた。四〇一Kなど年金と税制に関する制度変更もあり、米国民は年金などの運用について株式市場を優先させた。ただし、株主資本主義に連動した新自由主義というイデオロギーは、株価が高騰している限りにおいて有効であった。

ところが、理屈あるいは論理で埋めようもないほどに、規範命題と現実命題のかい離が大きいとき、イデオロギーはプロパガンダへと容易に昇華する。それはナチズムの出発時とその後の展開に典型的に表れている。ナチズムは社会変革のイデオロギーとして始まり、プロパガンダとして自壊した。

このような視点から、二〇〇〇年代の米国経済運営に関わる政策イデオロギーを振り返れば、政府の市場への関与——市場規制など——を最低限にとどめ、経済運営を市場原理に任せ、同時に財政削減をはかることを掲げたG・W・ブッシュ政権は、その方針とは逆に、ウォール街の金融機関が破たんするなかで、金融機関が保有する不良債権——不動産——を買い取り、あるいは金融機関の株式を購入するなどして巨額の公的資金——税金——を投入した。

サブプライム・ローンで巨額の損失を抱えたシティーグループ、メリル・リンチ、モルガン・スタンレーは決算報告で巨額の赤字を発表せざるを得なかった。政府の介入を回避し、すべての解決を市場原理に任せるという政策からすれば、リーマン・ブラザーズと同様な措置が妥当であったはずである。だが、実際には、政府の巨額の救済資金が投入された。

この救済劇のちょうど三年前にハリケーンがルイジアナ州を襲った。この大型ハリケーンはニューオリンズ市内の八割近くを水没させ、多くの住人と住宅を押し流した。被害額は、保険会社などへの請求額だけで四〇〇億ドル以上——その支払いをめぐってもめ続けたが——に達し、連邦政府の復旧追加補正予算額は五〇〇億ドル以上に上った。

他方、二〇〇八年の九月から一〇月にかけて、ＡＩＧに対して投下された政府資金は、一五〇〇億ドル、ファニー・メイなどの連邦住宅抵当公社については二〇〇〇億ドルであった。これらの金額の大きさが理解できよう。

自由主義イデオロギーでは、こうした政府救済は一体どのように解釈されるのであろうか。

結局のところ、市場原理主義者が真っ向から否定してきたケインズ政策によって、金融機関の救済と失業率の悪化を防ぐことで危機は一時回避された。次なるオバマ政権はそのような金融危機を解消することを期待され誕生した。黒人層の圧倒的多数の支持もさることながら、ブッシュ政権を支持した共和党の一部がオバマ候補に投票することがなければ、オバマ民主党政権は誕生しなかった。

オバマ政権にとって、焦眉の急は経済回復による失業率の引下げと金融機関への規制による金融市場の安定化であった。これらの政策を中短期的な対応策という視点からとらえ直してみると、失業者の増大は医療保険をかけることができない社会層の拡大をもたらすことから、クリントン政権以来の懸案であった政府管掌医療制度の導入がオバマ政権の下で行われる結果——連邦議会の審議の中で修正を伴ったが——となった。

医療制度改革に関しては、オバマ政権は大きな政府を掲げたとみなされ、医療サービスなども含め選択の自由と小さな政府による財政削減を求めるティーパーティー運動から大きな反発を受けた。ここには先にみたイデオロギーのもつ逆説性がある。

ティーパーティー運動の底流にあるのは、従来の共和党支持者の小さな政府論と市場原理主義というイデオロギーへの信奉である。しかし、そのようなイデオロギーを引き続き掲げることができたのは、ブッシュ政権とオバマ政権の、大きな政府——巨大な財政支出——による景気刺激という、全く逆のイデオロギーの実行があったためである。実際のところ、米国民のマインドには、イデオロギーとしての市場原理主義型資本主義に対し根強い懐疑があったのではないだろうか。

他方、市場原理主義への信奉は、米国社会での経済的地位の向上というアメリカン・ドリームを含むものである。この種のアメリカン・ドリームは、ビル・ゲイツ（一九五五〜）やスティーブ・ジョブズ（一九五五〜二〇一一）の登場によって、容易に再生されるイデオロギーである。

たしかに、アメリカン・ドリームの底流にある市場原理主義や自由企業体制は、米国経済のダイナミックな姿を象徴している。しかし、そうした企業の発展は中国などアジアでの製造、流通、消費の連関性の輪の中に自らを組み込むことによって成立している。

今後は「民主主義」対「人民主義」、「自由市場」対「管理された自由市場」といったイデオロギーをめぐる対立を繰り返しつつも、米国が中国を、日本やその他のアジア諸国と同様に経済循環の周辺国家として取り組む意思を明確にすることで、米中関係は展開することになるだろう。

そして、日本の資本主義であるが、それはどうあるべきか。わたしたちはどのような規範命題をもつ資本主義を目指すのか。わたしたちは、かつての官治主義的で官僚主義的な経済ルールを排することを前提として、人びとの創造的活動と社会的公正——したがって、その帰結としての社会的セイフティーネットの整備も含め――を引き出すことのできる市場ルールを必要とする。それは金融資本主義と産業資本主義の秩序ある姿でなければならない。

第五章　国独資論の現代性

今日に於て、富者のもつ勢力はその内的勢力を中心として拡大している。即ちこれあるがゆえに社会の上層、ことに政権を左右する部分と接触し、そこに複雑なる社会的の網が張られてゆく。政権と富とが接近するところに利権の売買が行われ易い。政権は自らを維持する手段として資力を要し、資本は自ら増殖する為に権力の支援を必要とする。暗黙の売買は此の如くにして進行する。これは民主政治ことに政党政治の行われるところに於て、一般に認められる現象であると称せられる。

（高田保馬『勢力論』一九四〇年）

通貨・国際収支・財政

多国籍企業――超国家企業――の誕生とその成長は、それぞれの国の経済と世界経済の連動性を一挙に高める結果となった。

とりわけ、米国の多国籍企業の著しい成長は、ドルのオフショア・マーケットを拡大させてきた。これは米国の通貨管理政策にとって、あるいは、金融政策にとっても、国内の利子率や規制などの政策の効果が以前ほど効果をもたなくなったことを意味する。その傾向はドルに代わる国際基軸通貨が現れなかったことでさらに促進されてきた。

このことは、米国政府に国内のドル不足を苦慮することなく、財政の拡大をつづけることを許してきた。また、米国政府は、米国にとって望ましいドルと他国通貨の為替比率に近づける通貨調整政策によって、国際収支の改善を探ろうとする誘惑に駆られた。ドルと円などの為替レートを規定するのが、当該国の購買力平価やこれに影響を及ぼす物価上昇率や生産性などであるとすれば、為替レートが激しく変動する短期的理由の解明に新たな理論が必要とされる。

インターネット社会においては、瞬時に国境を越えて行き来する資金の流れを統計的に把握することは必ずしも容易ではない(*)。というよりも、不可能であろう。通貨変動を求めて激しい運動を繰り返す貨幣は、まさに金融資本の本質の姿である。金融資本はより高い短期的利潤を求めて容易に国境を超えるのである。

＊高速化したコンピュータを通しての取引は、為替だけでなく株式取引においても、深刻な問題を生み出すことが危惧されてきた。二〇一〇年五月六日にダウ工業株三〇種平均がわずか五分間で七〇〇ドル近く急落し、投資家がパニック状態となり、危惧は現実のものとなった。ダウ平均株価も結果的には数分間で一〇〇〇ドル急落した。いわゆるフラッシュ・クラッシュである。その後、コンピュータを介して超高速取引が繰り返されていた実態なども判明していった。米国証券取引委員会（ＳＥＣ）などがわずか数秒間に超高速の頻繁な取引を規制できるのかどうかも問われることになった。もっとも、日本でも大阪証券取引所が二〇一一年二月に高速の注文処理速度のシステム――一〇〇〇分の一秒単位の高速取引が可能――を導入した。先物取引市場で三月半ばに急落・急騰が起こったことは、こうしたコンピュータ間の高速取引とは

決して無関係ではないだろう。

一九七〇年代の石油ショックによる石油価格高騰によって、メキシコでは石油への投資ブームが起き、米国からメキシコの石油公社や電力会社へ投資資金が流れるとともに、メキシコの低賃金を求めて工場移転のブームも起こった。米国とメキシコの市場金利の差を利用して、米国で資金調達しメキシコのエネルギー関連企業へ投資するケースも多くなった。結果、メキシコ側の対外債務は急増した。

だが、一九八〇年代になり、米国側の金利上昇によって対外債務の利払いの負担が大きくなった。つまり、高金利ドル高のドル建ての借入れ負担が中南米政府を直撃することになった。メキシコ政府は一九八二年二月に利払いの一時停止――モラトリアム――を宣言せざるを得なかった。この問題は中南米に融資を行っていた日本の金融機関にとっても大きな問題となりつつあった。米国政府は、ＩＭＦや商業銀行とともにメキシコに対し救済措置として緊急融資を行った。

メキシコ政府はエネルギー関連国有企業の民営化、貿易自由化の一層の推進――一九八六年にＧＡＴＴへ加盟――を強く迫られ、結果、国有企業の民営化への株式投資などを求めて海外から資金が流れ込み、メキシコの対外債務は再び拡大した。

その後も、メキシコの国内金利の高さを求めて海外から資金が流れ込んだものの、ペソ高の下でメキシコの貿易収支は悪化した。さらに、一九九二年の北米自由貿易協定（ＮＡＦＴＡ）によって米国からメキシコへの投資ブームが起き、米国製造業のメキシコ移転が促進されたものの、その二年後には貧富の格差拡大にともなう政情不安と通貨危機によって、メキシコ政府はペソの変動相場制への移行を決定した。

この背景には、米国とメキシコとの間の金利差もさることながら、世界的な過剰流動性の下に、短期の利ザヤをもとめる金融資本の激しい投機的動きがあった。また、一九九四年の米国政府の金融引締め政策によって新興国などへの資金が再び米国へ還流したことが、メキシコなどの金融危機を引き起こすことになった(*)。ほぼ同じような構図で数年後にアジア通貨危機が起きる。

*メキシコ金融危機――ハーバード大学出身で一九八〇年代には経済関係閣僚を務めたカルロス・サリナス(一九四八〜)が一九八八年に大統領となった。サリナス大統領は北米自由貿易協定(NAFTA)など経済自由化路線を進めたが、中南米諸国――特に、アルゼンチン――に影響を及ぼすような金融危機が起こりテキーラ危機と呼ばれることになる。当時のメキシコ政府はそうした危機に対し通貨を切り下げたが、下げ幅が充分ではないとみた海外投機筋の投機をさらに煽った。また、景気後退――倒産件数の増加と失業者の急増――による財政悪化にともなって、メキシコ政府は国債発行に踏み切らざるを得ず短期負債を増加させてしまった。テキーラ危機は世界の資金の流れを変え、より安全とされた東南アジア諸国へと資金が流れたものの、その後、アジアの金融危機が起こることになる。

一九九〇年代に日本や欧米各国、米国からの投資を引きつけ、中国を含むアジア諸国の経済は目覚ましい成長を続けた。アジア各国通貨とドルとの関係を振り返ると、アジア経済の成長鈍化が、アジア各国に自国通貨の通貨調整を促すことが予想されると、米国のヘッジファンドはそこに利ザヤの機会を見出し、為替市場に空売りを行った。たとえば、一九九六年に貿易収支を悪化させたタイの場合、ヘッジファンドはバーツの投機に出た。タイ中央銀行はバーツの大幅下落を防ぐため大規模な市場介入を行ったが、下落は止まらず、タイ政府は変動相場制への移行に踏み切った。

外貨準備不足に陥ったタイは、IMFから二回にわたる緊急融資を受けざるを得なかった。タイ政府はIMF勧告に従って、政府支出の削減、金利の引上げに踏み切った。その結果、企業倒産は増加し、失業率は高まり、それまでの不動産バブルは急速に冷え込み、タイ経済は一挙に不況となった。タイ・バーツ圏の近隣諸国にもその影響は及んだ。ＩＭＦ、世界銀行、アジア開発銀行、日本政府などもタイ政府に対して金融資金援助を行っている。同時期、マレーシアもヘッジファンドの空売り圧力によって変動相場制への移行を余儀なくされた。

一見、好調な経済を維持しているように見えた韓国経済にもその影響は及んでいた。個々の企業の負債と銀行の抱える不良債権の増大に加えて、民間の対外債務の大きさへの不安から韓国の株式市場は大幅な下落を示した。結果、韓国政府の対外利払いの一時停止への不安が広がった。このため、ＩＭＦが介入した。日本政府も国内主要銀行に対して韓国への債務支払いの繰り延べの実施を取り付け、欧米金融機関も同様の措置に踏み切っている。ＩＭＦはメキシコと同様に、韓国政府にさまざまな規制緩和を促した。これにより韓国の金融・証券市場の自由化がすすむこととなった。

こうしてみると、一九八〇年代のレーガン政権以降、共和党や民主党の別なく、金融・証券規制を強めたニューディール体制の解体が進み、米国政府は、そうした米国国内と同じ金融・証券システムを、ＩＭＦとともに全世界的に拡充させてきたことになる。すなわち、広義にはニクソン政権下の金・ドル交換禁止と変動相場制への移行、狭義にはプラザ合意以降の為替調整型の経済運営がその後の米国政権に継承されていった。

為替調整型の米国の経済政策は、為替変動をめぐる国際的な投資、さらには投機、関係国の製造業の国際競争力の短期変動を通じて、輸出市場をめぐる椅子取りゲームのような状況を作り出していく。そこにあるのはゼロサム・ゲームであり、ある国において通貨が切り上げられると輸出減少と製造業の低迷がすすみ、通貨が切り下げられた他の国において輸出主導の景気拡大が起こった。

為替調整が世界経済のゼロサム・ゲーム化の傾向を強く推し進め、各国経済間の連動性はますます緊密化してきた。こうした世界連動性が強まった金融システムは、一端、リーマン・ショックのような破綻劇が始まると、制御不能となる。わたしたちはそのような新たな資本主義の時代に生きている。

この新たな資本主義の時代では、多国籍企業――超国家企業――もそれまでと異なり、文字通り多国籍にわたり経済活動を繰り返すことにより、課税などに関してもさまざまな選択肢をもてるようになっている。個人としても、富裕層は、中低所得層などと比べてはるかに海外資産を活用して節税できる選択肢をもっている。

多国籍企業は、無数の関連会社や子会社など――さらにその孫会社なども含め――を通じた越境的な国際取引額が取引全体のかなりの割合を占め、国際金融取引に大きな影響を行使しうるだけではなく、課税率が緩い、あるいは免税となるタックス・ヘイブン――租税回避地――で関係会社などを設立して、それらの企業を通した複雑な会計操作によってさまざまな節税措置を講じている。各国の税務当局にとって、そうした多国籍企業――いわゆるマフィア企業も利用しているが――への課税問題はますます複雑化してきている。

とりわけ、登録商標や特許など知的財産権に収益の中心をおく世界的な企業は、タックス・ヘイブンを場当たり的に利用しているのではない。たとえば、マイクロ・ソフト社などは、税率が低いアイルランドなどに特許使用料の収入管理を行う子会社を設立して積極的なタックス・プランニングを行うことで節税したり、あるいは、本社の登記を行ったり、統括会社を設立したりしている。

各国における税収不足の一因はそうした多国籍企業などの節税行動にもある。一国のみでのタックス・ヘイブン規制の強化、あるいは法人税率の改定は困難であり、グローバル経済下では、税制やこれに大きく関係する会計基準もまたグローバルな取組みを必要としている。

課税からの公然たる抜け穴――loophole――となっているタックス・ヘイブンについては、各国の協力の下で新たな課税制度の創設や課税に関わる会計基準の見直しが重要である。これは、多国籍企業などが大きな政治的影響力を保持している「国際的」機関や協会といった組織の見直し問題でもある。

会計基準については、ロンドンに本拠を置く国際会計基準理事会――IASB. International Accounting Standards Board――が大きな影響力をもっている。その中心が、多国籍企業に関係の深い米国系の会計事務所からの人材である。このため、各国の税制との関連で会計基準が見直される場合、その決定過程における中立性や公共性などの透明性が十二分に確保される必要がある。

資本は自由に国境を越えて活動している一方で、課税にかかわる規制は容易に国境を超えることができない。こうしたギャップに関しては、国境を越えて租税を回避しようとする傾向が強い富裕層の所得税、相続税や贈与税、タックス・ヘイブンを活用する企業の法人税を国際協力の下で課していこうという動きもある。

このうち、法人税については、原則として国内に源泉をもつ所得に対して課税されることから、本社所在地の移転などで容易に節税が可能になる。先にふれたように、オランダやケイマン諸島などタックス・ヘイブンの存在は、このことを背景にしている。また、企業のグローバルな活動にともないグローバルな節税が可能になると、各国とも法人税収入の減少に見舞われるため、各国が法人税率の引下げ競争を起こす結果となってもいる。(*)

＊こうした動きは法人企業だけではなく、富裕個人層への課税強化などの動きを受けて、個人においても越境的節税の動きがある。二〇一一年の欧州経済危機後には、ユーロー暴落や富裕税の導入などを恐れてスイスに移住する富裕層も増加し

た。結果、国家財政は国内中心の中小企業と中間所得層以下の税収に依存することになる。中小企業も中間所得層のどちらもグローバル化によってその存立は大きく揺さぶられてきている。

また、ファンドなどの事業体――パートナーシップや有限責任組合などの形態――には納税義務が課されていないこと――いわゆるパス・スルー税制――も大きな検討課題となっている。この背景には、二重課税を避け、課税はあくまでも組合員に対して実施すべきであるという論理がある。しかしながら、米国の場合が典型であるが、そうした事業体の所得は通常の法人企業の所得をはるかに超える状況になっている。ファンド＝小規模な事業体という当初の前提がいまでは大きく崩れてきており、現実には、ファンドのなかには大企業法人以上の所得を得るようになっているものもある。

必然、米国においてもそのような大規模事業体については、法人課税と同様の課税制度を適用すべきであるという税制改革案が出ている(*)。金融資本主義が「ファンド資本主義」というかたちをとってきた経済の下では、ファンドなどへの課税が、事業実態の透明性を高めることにもなる。

＊財務官僚出身の経済学者の森信茂樹は『日本の税制――何が問題か――』で、米国については「組合形式等の事業体で行う事業の規模が、世界経済を動かす程度になってきたことは、この税制をそのまま維持することが適切かという問題意識の表れである」としたうえで、日本の課題と検討すべき課題についてつぎのように指摘する。「米国のＬＬＣ（有限責任組合――引用者注）を日本にも、ということで会社法改正による鳴り物入りで導入された日本型ＬＬＣは、その仕組みからパススルー税制ではなく法人課税が適用されている。……基本的な考え方として、構成員が比較的少数で、持ち分などの譲渡が制限された、小規模な事業体に対しては原則パススルー性が与えられると考えるべきであろう。……米国の現状を見ると、パススルー税制が想定をはるかに超えて広がっており、法人税を受ける事業体との中立性・公平性という観点、さらには租税回避という観点から大きな問題を生じさせている。」

さて、実態経済は、政府統計などで追うことができるとされるが、政府統計が果たして現実の自国経済と世界経済を正しく反映しているのかどうか。たとえば、国際収支統計のケースである。一般に、国際収支統計とはＩＭＦの統一基準に基づいて、統計対象期間に居住者（国内）と非居住者（国外）との間で行われた財貨、サービス、証券などの経済金融取引、これに関わる決済資金の流出入をとらえたものである。具体的な構成項目は、経常収支、資本収支、外貨準備増減である。各収支はつぎのように構成される。

経常収支＝貿易・サービス収支＋所得収支＋経常移転収支（＊）

資本収支＝投資収支＋その他資本収支（＊＊）

外貨準備増減（政府の管理下にある対外資産）

＊サービス収支には輸送、海外旅行、建設工事、保険、金融、情報サービス、特許権利用料、興業などが含まれる。所得収支には海外投資からの利子・配当金が含まれる。経常移転収支には政府間の無償資金援助（ＯＤＡ）、国際機関への拠出金、海外出稼ぎ者からの母国送金、海外留学生などへの学費送金等が含まれる。

＊＊投資収支には海外での証券投資、デリバティブ投資などが含まれる。その他資本収支には海外での固定資産の取得・処分にかかわる資金移転などが含まれる。

この式を念頭において、日本の政府統計から国際収支の内容をみてみると、経常収支は一九七九年、一九八〇年と連続赤字となって以降は、現在までずっと黒字基調である。経常収支のうち、その中心を占める貿易・サービス収支は二〇一一年の東日本大震災の影響もあって赤字に転じたものの、それまでは黒字であった。

資本収支は赤字基調である。たとえば、二〇〇八年には資本収支の赤字幅のほうが経常収支の黒字幅を上回った。これは、日本側の海外直接投資の動向を反映しており、日本の対外純資産は着実に増加してきた。

外貨準備増減は二〇〇八年に一〇〇〇億ドルを超えた。こうしてみると日本もまた主要先進国と同様に、財・サービス貿易に依拠する産業資本主義から金融資本主義へとシフトしてきたことがわかる。

貿易収支は通関時点ではなく、実際の所有権の移転をもって計上されるが、そこにはモノが介在する。他方、外貨準備増減額については、ヘッジファンド、ミューチュアルファンド、年金ファンドが為替相場の小刻みな変動に合わせて投資を行っており、それは輸出入ベースの貿易収支の変動とはときに全く関係のない動きを見せてきた。投資ではなく投機といわれる所以である。

外国為替取引市場にたった一日間に流れる込む金額が、世界貿易の年間取引額の一週間分ともいわれる。その小刻みな取引額をある一時点で取り上げるには、統計ではもはや不可能であろう。現在の経済をモニタリングするための新たな統計的取組みを必要とするようになってきている。

一九七〇年代に盛んに論じられた国家独占資本主義論であるが、旧ソ連などがかつての社会主義国から資本主義へ移行したことによって、一九九〇年代以降はその輝きを急速に低下させた。しかし、その後通貨・財政・国際収支の関係が大きく変化したなかで、再びその分析枠組みそのものをとらえなおすことで、かつて国家独占資本主義論が示唆した資本主義の未来像を改めて描くことができる可能性もある。

恐慌回避策として国家による財政政策が以前のような効果を持たず、国家が自国経済を制御しうる余地が少なくなり、国際金融市場のもつ不安定性――ボラティリティー――によって、経済政策における「国家の退場」がみられるようになっている。従来の公債発行などによる財政政策によって、経済成長率を所期の目標を超える水準に誘導することは困難であり、また、社会的緊張を高める失業率などの顕著な改善にもつながらず、結果として財政赤字だけを拡大させる状況となっている。こうしたなか、国家独占資本主義といっても、国家のもつ意味がいまと一九七〇年代とでは大きく異なってきている。

この赤字財政をどのようにとらえるのか。ケインズ政策、すなわち、有効需要のための財政政策が問題視され、ケインズ経済学の考え方はミルトン・フリードマン等によって非難された。だが、経済原理と政治原理はまずは峻別されて議論されなければならない。フリードマンは『資本主義と自由』――一九六二年刊――の一九八二年版の「まえがき」で執筆当時の状況を振り返ってつぎのように回顧する。

「大きな政府を標榜する福祉国家論やケインズ主義の勝利は、自由と繁栄を脅かすのではないか――そう危惧していた私たちは孤立した少数派で、学者仲間に異端視されていた。」（村井章子訳）

フリードマンは、ケインズ主義の下での政府の経済運営は、「自由よりも福祉や平等が重視されるようになり、めざす目標を達成するのに、民間の自主的な取組みより国家に頼ろうとするようになった」と批判し、結果として、不必要に財政赤字を拡大させたことを示唆している。この指摘は一見正しいが誤りもある。正しいというのは、経済活動が容易に政治活動と重なり合い、財政的支援が不必要になってもそこに利権が生じたことで、その後も不必要に拡大されてきた傾向をもつという点においてである。この意味では、「民間の自主的な取組みより国家に頼ろうとするようになった」といえる。

誤りであるというのは、ケインズ主義のすべてが間違っていたという主張である。フリードマンは「政府の役割には、はっきりと制限を設けるべきだ」として、農産物の買取り保証価格からはじまって社会保障制度や有料道路まで一四項目にわたって政府の民間の市場活動への関与を否定し、政府の役割はあくまでも市場経済でのルールの策定と監視だけであるとするが、それにもかかわらずそこには利権が生じて、不必要になった財政支出を抑制できなかった。

この点に関して、フリードマンは貧困問題の解決に果たす政府の役割について言及している。フリードマンが主張するのは貧困だけを減らすことを目的としたプログラムである。フリードマンはつぎのようにいう。

「貧しい人はたまたま農民かもしれない。だが、農民だからではなく貧しいから助けるのだ。特定の職業、年齢層、労働団体、産業に所属する人を助けるのではなく、あくまでも貧しい人を助けるようなプログラムを設計すべきである。」

正論ではある。具体的に、フリードマンは貧困者のみの救済を目的とし、「誰にとってもいちばん使い勝手のいい形、すなわち現金で補助……汎用的である」、負の所得税制度を提案している。わたしもこのフリードマン対案を支持する。たしかに救済すべきは貧困者であって、貧困者が属する産業全体ではない。

貧困そのものをを生み出してきた原因を特定し、除去することが重要である。産業や団体などの「丸抱え的」救済にかかわる補助金が偽装的貧困を恒久化させ、さらには受給特権化させ、その結果として財政赤字を拡大させてきたのである。国家財政の破綻問題においては、この面での真剣な改革こそが不可欠である。

また、従来のケインズ政策一般についていえば、当初予期した勝利のパターンを描くことができなくなった理由は、国民経済のグローバル化によるケインズ政策効果の変容にある。一国内での完結性の高い経済構造の下でこそ、ケインズ政策は一定の効果を発揮できた。いまは状況が全く異なる。とりわけ、流通資本化した国内産業資本が主流となった日本のような経済構造では、有効需要の連鎖は国内だけに吸収されない。ケインズ政策の効果もまたグローバル化したのである。

必然、所得効果の連鎖もグローバル化した。かつての、財政出動→雇用の維持→所得効果→消費拡大→投資拡大→企業の収益向上→雇用の拡大→税収拡大→財政縮小という構図にはそれほどの効果はなく、財政赤字だけが残される結果となっている。

一九九〇年代以降の大規模な財政出動にもかかわらず、財政赤字だけが残されたのは、そうした従来のメカニズムの限界を示してもいる。不要となった政府所管の外郭組織の保有資金の取崩しとその事業の民営移管に加えて、雇用の安定と国内消費に大きな役割を果たす中間所得層の維持・拡大なくして、財政赤字の中短期的な解消などありえない。

各国の赤字財政拡大によって、国債を中心とする債券市場は巨大化し金融証券市場そのものも大きく変わろうとしている。とりわけ、日本の場合、わたしたちの銀行預金のかなりの部分が債券市場で運用されており、今後、さらに巨額の国債発行が予想される。

債券価格がいつまでも安定的に推移する保証はない。もし、国債などの債券価格が下落し、金利が上昇することになれば、政府の国債の償還コストはさらに上昇し、また、その後の国債発行コストも上がり、金利は一層上昇する。国債発行の増大は金融証券市場にも大きな影響を及ぼすことになる。

軍産から金産複合体へ

マルクスの資本主義批判論からその後の帝国主義論、国家独占資本主義論にいたるまで、その前提は資本の集中と独占であり、より大規模の企業形態が成立することであった。必然、企業に関わる組織論においても、大規模組織が議論の対象となってきた。牽引主体が農業から工業へと変化した経済発展は「規模の経済」をもたらし、大量生産が成立した。大量生産は大量販売を前提とするため、単に生産においてだけではなく、流通過程における市場支配をめぐっても資本主義論は展開してきた。

さまざまな市場支配をめぐる手法によって、より規模の大きい企業が生み出された。独占がその維持のためにさらなる独占を必要とし、企業は政府の政策への関与を増大させた。

米国の場合でみると、連邦政府は、生産だけではなく、流通過程、とりわけ、交通における排他的な料金設定や企業合同による価格支配を強めた大企業に対して規制を強め、一八九〇年代には独占行為を規制する州際通商法や反トラスト法――シャーマン法――、一九一〇年代にはクレイトン法、一九三〇年代には流通過程の独占行為を規制するロビンソン・パットマン法などが制定された。

だが、大恐慌と、巨額の国家資金を集中的に投入して短期間に軍需生産力を高めた戦時政策の下で、少数企業による経済集中度は上昇していった。それゆえに、フランクリン・ルーズベルト政権下のニューディーラーたちは、戦後の平時経済への転換を睨んで、戦時中に著しく独占度を高めた大企業への反独占政策(*)を模索していた。

＊詳細についてはつぎの拙著を参照。寺岡寛『アメリカの中小企業政策』信山社、一九九〇年。

その後、第二次世界大戦終結間際にルーズベルト大統領死去のために副大統領から大統領へと昇格したハリー・トルーマン（一八八四～一九七二）――その後、再選――をへて、朝鮮戦争終結後の一九五〇年代に大統領となったドワイト・アイゼンハワー（一八九〇～一九六二）は、米国経済における独占問題にこそ言及しなかったものの、戦時中に巨大化した軍需産業について「軍産複合体」という言葉によって警鐘を鳴らした。

この「軍産複合体」という言葉は、アイゼンハワー大統領が一九六一年の退任演説の際にふれたことで、その後、定着した。アイゼンハワーは、このテレビ演説で、朝鮮戦争後の平和維持と巨大化した軍隊と軍事産業について取り上げ、後半部分でつぎのように語っている。

「平和維持の重要な集団はわたしたちの軍隊である。わたしたちの軍事力は強力で、即時行動もできるため、潜在的な敵は自らの破滅をもたらすようなリスクを冒さないだろう。……だが、……世界的な紛争まで、米国は軍事産業を持っていなかった……その後……わたしたちは大規模で恒久的な軍需産業を創ることを強いられてきた。三五〇万人の男女が直接的に軍事企業で従事している。毎年、わたしたちは全米企業の純収入額よりもはるかに多い金額を軍事に投じている。

いまや、巨大化した軍隊と軍需産業の結合（conjunction）は米国の経験においてはじめてのことである。経済的、政治的、精神的とさえいえるようなその影響力はどの都市にも、どの州議会にも、官庁のどの部署にも及んでいる。……わたしたちの社会構造はこのようになっているのだ。

政府内の取り組みにおいても、わたしたちは好むと好まざるにかかわらず、軍産複合体（military industrial complex）による不当な影響が広がることを阻止しなければならない。この不適切な権力の破滅を招くような潜在力は現在もあり、そして持続する。この結合（combination）の比重を高め、わたしたちの民主的プロセスを危険に晒させてはならない。それを正当化させてはならない。警鐘と知識ある一般市民だけが巨大な国防軍事組織と強大産業の結合を平和的な方法と目標によって調和させることができ、安全と自由がともに保たれるのである。」

G・W・ブッシュ政権下のリーマン・ショックのときに、政策担当者が世界的大恐慌を引き起こさないために「大きくて潰せない」投資銀行に政府資金の投入を決めたように、アイゼンハワーは第二次世界大戦と朝鮮戦争によって米国の軍需産業が「大きくて潰せない」規模に達していたことを恐れたのである。

米国の軍需生産については、第二次世界大戦末期にその独占力を引き下げることなどが連邦議会で論議されていた。その際、政府資金による軍需生産設備の民需転換を、いかに中小企業などにも広くはかるかが重視された(*)。だが、その後の朝鮮戦争の勃発によって、軍需生産体制は維持され、アイゼンハワーの「軍産複合体」演説となったのである。

＊詳細は寺岡・前掲書を参照。

アイゼンハワー大統領の危惧は、その後の米ソ冷戦体制下でも解消されないまま、現在にまで及んでいる。軍事力、経済力、外交政治力、ルール決定力から構成される従来の覇権国家論からすれば、直接軍事力を支える技術開発能力を含む軍需産業はその範囲を武器製造だけではなく、それに付随する軍事サービス分野に広げつつ、企業規模を実質的に拡大させてきた。また、国内での経済活動をはるかに超えて多国籍化した米国大企業は、もはや国民経済に縛られた原理とは異なる行動原理をもつようになっている。

そして、旧ソ連崩壊後の石油利権——天然ガスやパイプライン敷設も含め——をめぐる政治的・外交的・軍事的構図のなかで、アイゼンハワーが警告した軍産複合体はますます複雑化・国際化され、そこから生まれる巨額の富をめぐってウォール街の利害関係がさらに絡まり、軍産・金産複合体制が成立してきたのである。

そうした多国籍企業——超国家企業——は、国民経済と密着した従来の覇権国家とは異なる利害関係をもち、自国政府に対して自らの活動をより一層拡大できるようなグローバルな世界経済ルールを要求するようになった。それは、従来の貿易などの自由化ではなく、資本の自由な移動を許容する金融市場の自由化への強い要求であった。とりわけ、ウォール街の巨大化した金融機関は多国籍——超国家的に——に展開しつつ、金融市場における独占度を高め、自国政府の金融政策など経済政策に大きな影響を持つようになってきたのである。

経済学者のサイモン・ジョンソンは『一三人の銀行家――ウォール街の乗っ取りと次の金融破綻――』(邦訳『国家対巨大銀行――金融の肥大化による新たな危機――』)で、ウォール街の巨大化した政治力をつぎのように的確に捉えている。

「二〇〇九年三月には、ウォール街の銀行はもはや単なる利益団体の一つではなくなっていた。過去三〇年の間に彼らはアメリカ経済史上最大の金持ち産業の一角を形成し、ワシントンで多大な影響力を振るう勢力になっていたのである。……ウォール街流の世界観が、党派を超えてワシントンの常識になったことである。この世界観とは、一言で言えば、『自由な金融イノベーション、自由な金融市場はアメリカにとっても世界にとってもよいことだ』というものだ。このように、選挙献金と官民の流動的な人事交流(回転ドア)によって政府に影響力を持つようになっただけでなく、旧来の通念を自分たちに有利なように変えてきたことが、ウォール街の究極の勝利だったと言えよう。……世界観や価値観といったものを支配する力を持っているのだから、ほとんどのバトルで初めから勝ちは決まっているようなものだった。(中略)高度な技術を持ち、進んでリスクをとり、高い利益を上げる銀行が必要だ、という考えに政府がとらわれ続ける限り、銀行はどんな交渉でも優位に立てる。政治家に浮き沈みはあっても、ゴールドマン・サックスは沈まない。」

彼の指摘をアイゼンハワーの言葉になぞらえて表現すれば、言わば、「軍産・金産複合体」ということになる。より正確には、より独占度を高めた金融資本と国家が結びついた国家独占金融資本といえよう。その主役は強大化し寡占化した金融機関、財務省、そして連邦準備制度理事会の三つである。そうした三つ巴の構造が巨大化したために、経済的だけではなく、政治的――軍事産業業界の巨額のロビー活動費――にも、あるいは、危機を煽ることによる精神的な領域においても、「大きくて潰せない」状況になった。

前述のアイゼンハワーの「いまや、巨大化した軍隊と軍需産業の結合は米国の経験においてはじめてのことである。経済的、政治的、精神的とさえいえるようなその影響力はどの都市にも、どの州議会にも、官庁のどの部署にも及んでいる。……わたしたちの社会構造はこのようになっているのだ。政府内の取り組みにおいても、わたしたちは好むと好まざるにかかわらず、軍産複合体による不当な影響が広がることを阻止しなければならない。この不適切な権力の破滅を招くような潜在力は現在もあり、そして持続する。この結合の比重を高め、わたしたちの民主的プロセスを危険に晒させてはならない。それを正当化させてはならない」とする警告は、そのまま、金産複合体化した、現在の米国の金融経済構造にあてはまる。

現在、世界経済の大きな鍵を握るのは金融資本の動きであって、それは国境を越えてグローバルな展開を示すが、国家への依存なくしては解決しえない問題を抱え込む逆説をもたらしている。リーマン・ショックはそれを象徴していたのではあるまいか。

恋愛と贅沢と資本主義

マルクスの『資本論』に直接、間接に影響を受けつつ、ドイツの地で独自の資本主義観を展開させた同世代の二人の経済学者がいた。禁欲的なプロテスタンティズム精神を資本主義発展における原動力とみたマックス・ヴェーバー（一八六四～一九二〇）と、ヴェーバーとは対照的に奢侈的かつ享楽的精神こそがその原動力とみたヴェルナー・ゾンバルト（一八六三〜一九四一）である。

ゾンバルトは、欧州の初期資本主義から高度資本主義への発展段階において、それを推し進めたのは奢侈的消費の革命的な力とみた。ゾンバルトは第一次世界大戦後の一九二二年に『恋愛、贅沢と資本主義』でこの考え方を打ち出した。彼は女性との恋愛を通して、女性たちの気を引くために資産階級が引き起こす奢侈品需要の増大が、資本主義生産の拡大をもたらすとみた。そうした奢侈品は、取扱い商人たちに高収益をもたらす原料の積極的な購入を通して、貿易を拡大させ、また、多くの複雑で高度な加工を要求される技術の発達が作業過程の協業と専門化をもたらすと分析された。

そうした奢侈品の生産・流通に関わる資本家は、流行に敏感で気分屋の富裕階級のだらしない支払態度といい加減さに耐えるだけの充分な資本を蓄積し、支払いが踏み倒されるリスクにも耐えなければならない。むろん、ゾンバルトは、その他の要因も資本主義発展に作用したと述べつつも、統計数字と富裕階級の生活実態を紹介し、恋愛に結びついた奢侈品の拡大が資本主義発展に大きな影響を与えたことを強調する。

米国の工業衰退のなかで、ニューヨークのディーラーたち新興富裕階層があぶく銭のように気前よくドルをばらまき、奢侈的消費需要を盛り上げ、米国産業を潤したのだろうか。わたしは自問して、このゾンバルトの『恋愛、贅沢と資本主義』で展開される欧州社会の富裕階級の状況を思い浮かべてしまった。それは、ヴェーバーのいう禁欲精神とは異なる資本主義のもつアニマル・スピリットの表出である。

ゾンバルトはより広義の恋愛の形態として娼婦の世界なども紹介している。ウォール街にもその種のビジネスが興隆をみたともいわれる。数世紀前とは異なり、現在の投資銀行の幹部にとっては、プライベート・ジェット、高級車や絵画が、そうした奢侈的消費の一部であった。

すべてのものを商品化＝市場化させ、規制緩和あるいは規制撤廃のなかで無人の野を行くように成長したウォール街では、企業の売買＝吸収合併もまた従来以上に展開された。ゾンバルトが自身で観察することができなかった資本主義の行く末が現在の米国型資本主義であったとすれば、この先にさらに何があるのか、その手がかりをみておく必要があろう。

従来の資本主義論や国家独占資本主義論の本質は、国家が市場経済に関与することで、古典的資本主義の帰結である恐慌を回避することがはたしてどの程度まで可能であるかという点にあった。この点を米国型資本主義に引き寄せて分析を加えておけば、フランクリン・ルーズベルト政権下のいわゆるニーディール体制は、明確な市場ルールの下での自由な競争を認める一方で、市場の失敗が予想される分野においては政府による公共サービスの提供、労働者保護立法による中間所得層の形成によって、戦後の米国経済の成長に道筋をつけた。

その後、一九八〇年代以降の小さな政府、規制緩和、民営化の推進の下で、市場ルールなど規制緩和が政治的利害の下で進み、公共サービスの民営化によって巨大な市場が民間企業――実際には少数企業――へ解放されてきた。米国経済におけるこの動きは、資本が求めて止まない運動、つまりあらゆるものを商品化しそれらを市場で交換価値――貨幣――に転換させる拡大運動でもあった。そこには、あらゆるものを商品化し公共サービスまでもが商品化され市場化された世界がある。それは、国外においては湾岸戦争、イラク戦争、さらには地域紛争までを民間企業に開放――外部委託――し、国内においてはルイジアナ州のハリケーン災害からの復旧事業までを開放させた。

カナダ人ジャーナリストのナオミ・クラインは『ショック・ドクトリン――惨状便乗型資本主義の正体を(*)

暴く――』でＧ・Ｗ・ブッシュ政権下の「政府の民営化」についてつぎのように指摘する。

「ブッシュ政権下、アメリカは国としての体裁だけは――立派な庁舎、大統領の記者会見、政策論争など――なんとか保っている。だが、実際の政府の統治機能という点で言えば、（自社工場を持たず生産を丸ごと外部委託している）ナイキのオレゴン本社の従業員なみなのだ。

政治家が国民に選ばれた者としての責任を放棄し、それを組織的に外部委託しようとすれば、その影響はひとつの政権をはるかに超えたものとなる。いったん市場が形成されれば、その市場を保護する必要が生じ、惨事便乗型資本主義複合体の中核をなす企業は政府や非営利団体をますます競争相手とみなすようになる。政府や慈善団体が従来の任務を果たすために行うことはすべて、企業の立場からすれば、利益につながる見込みのある契約仕事とみなされるからだ。（中略）……

民間企業がこうしたアグレッシヴな姿勢を取る背景には、政府からいくらでも獲得できた黄金時代はもはや長く続かないとの認識がある。惨事便乗型経済の民営化に多大な資金を注ぎ込んだことが大きく響いて米政府の財政赤字は急速に増大しつつあり、外注契約が激減するのは時間の問題だ。」

＊惨状便乗型資本主義（Disaster Capitalism）――市場暴落、災害、戦争、クーデターなどの危機を利用して、急進的な自由市場改革を推進する行為を指す。

あらゆるものを商品化し市場化するレーガン以降の市場原理主義は、日本のみならず韓国や中国などのアジア近隣諸国、欧州諸国、さらにはロシアなど旧社会主義諸国にも大きな影響を与えてきた。それまでの福祉国家主義に代って、市場原理主義――小さな政府、規制なき市場、すべての営利事業の民営化――に全面依拠する資本主義体制の進展は、最終的には政府自体の民営化に行き着かざるをえない。

かつて、米国においても、政府の機能は軍事と外交に求められたが、軍事についてはすでに民営化が進んでいた。外交についてもその担い手である政府関係者には従来から実業界、とりわけ、ウォール街からの人物——以前は製造業界や流通業界の関係者も多数いた——が多かったが、いまではそれが定着し、さらに増加している。経済外交は一層民営化されつつあるといえないこともない。

前述のゾンバルトは、初期資本主義段階が奢侈的消費によって著しく促進され、それはやがて高度資本主義へと展開するとみた。そうだとすれば、現在は、途方もないストック・オプションなどの所得をもつ富裕層の奢侈的消費による、初期資本主義段階に舞い戻ったような錯覚を引き起こす。

これは「遅れてやってきた」資本主義国であるロシアなどの場合にも妥当する。一九九一年末に旧ソビエト連邦が崩壊し、その六カ月後にロシア連邦の初代大統領となったボリス・エルツィン（一九三一～二〇〇七）は、新憲法の下での強い権限とＩＭＦの指針によって市場経済体制への移行を推し進めることになる。問題はその担い手であった。まず資本家層が必要となる。旧国営企業の管理者やヤミ経済——地下経済——のなかから親政権派の人物たちがオリガルヒ＝新興財閥を形成し、彼らの利益を中心にさらに民営化と市場経済化が展開した。

このオリガルヒたちの消費は、まさに新生ロシア資本主義の象徴となる。不透明なプロセスによる民営化で巨額の富を手にしたオリガルヒは、ロシア国民に資本主義とは何であるかをまずはわかりやすいかたちで示した。

民営化によって、起業家を目指す若者が多数生み出された一方で、貧富の格差が従来の社会主義体制下とはまったく異なる範囲とスピードで拡大した。やがて、さらなる民営化が展開するが、その過程で、ロシア各地にある石油などの未開発天然資源をめぐり、モスクワという中心部のオルガルヒと地方の民族官僚派との間で紛争が絶えなくなっていった。

二〇〇〇年に大統領となったウラジミール・プーチン（一九五二〜）は、国家の政策に自らの利害を大きく取り込んだオルガルヒの排除と市場の安定化に取り組まざるを得なかった。強い国家としてのロシアの再建を掲げるプーチンにとって、石油や天然ガスの国家統制による財源確保は重要であった。その後、ロシアは世界的なエネルギー価格の上昇もあり、外貨準備高を着実に増加させ、高度経済成長をリーマン・ショックあたりまで維持した。

先にゾンバルトの奢侈的消費が資本主義を促進し、中間階層にまで拡大されて高度資本主義へと移行するという見方は、ロシアにも当てはまる。

ただし、プーチンのあとを受け大統領となったドミートリ・メドヴェージェフ（一九六五〜）は、民営化プロセスの透明性という主権民主主義の課題を掲げ、政治的に出来上がった新興の大企業ではなく、中小企業や中間所得層の育成を重要視し、理念ある資本主義路線を打ち出さざるをえなかったのである。

金融資本主義の制御棒

ニューヨーク・タイムズのアンドリュー・ソーキン記者は、リーマン・ブラザーズの破綻に至るまでの経緯を、多くの関係者に丹念なインタビュー取材を重ねて、『大きくて潰せない——ウォール街とワシントンは危機から金融システムと自らを救うためにいかに戦ったかの内輪話——』（邦訳『リーマン・ショック・コンフィデンシャル——追い詰められたウォール側のエリートたち——』）としてまとめた。

二〇〇八年七月、米国の住宅融資保証会社ファニーメイとフレディーマックの経営状態が危険領域にあることが、政府関係者から意図的にリークされ、ニューヨーク・タイムズの第一面に報じられた。ファニーメイとフレディーマックの行き詰まりに直面した当時のゴールドマン・サックス出身の財務長官ヘンリー・ポールソンは、この時の状況をつぎのように述べた。

「まもなくファニーとフレディーが制御不能になる可能性に備えて、ポールソンは午後四時一五分に部下の頭脳集団を呼び、週末、GSE（引用者注—ファニーとフレディー両社）の安定化策を考えておくようにと言い渡した。ポールソンの計画はシンプルだった。両社に資本注入する権限を得ておいて、あとはそれを使わないですむように祈る。『日曜日にアジア市場が開くまえに計画を発表したい』。ポールソンはそう指示した。」（加賀山卓朗訳）

筋金入りの「共和党員で市場重視」信奉者で、政府の市場介入を嫌うポールソンが、「社会主義者なのか」と批判されつつ、住宅ブームに野放図にのめりこんだ両社に、国民の税金を投入することを迫られたのは、あまりにも皮肉な巡り合わせであった。ポールソンは納得のうえでそうしたわけではなかった。

ポールソン自身も回顧録『瀬戸際に立って』（邦訳『ポールソン回顧録』）で、「金融恐慌」が起きれば、単に金融機関の破綻だけではなく、事業会社などのコマーシャル・ペーパーの借換えやMMFの換金などが困難になることを強く危惧したと、率直に述べている。ポールソンは不良債権買取りに関する共和党下院議員への説明について、「おおぜいの議員を前にして、コマーシャル・ペーパー（CP）市場が機能しておらず、大小の企業が資金調達に窮して通常をつづけられないおそれが生じていると説明した。だがいくらこう説いたところで、大がかりな政府介入を社会主義への第一歩と見なして反対する人々にとっては、すこしも意味を持たなかった」と述べ、当時の雰囲気を伝えている。

また、彼は金融危機への対応で多忙を極めていたが、予定されていたレーガン図書館での講演を中止すれば、状況が深刻だという印象を与え金融市場をかえって混乱させると判断し、予定どおりに南カリフォルニア州に出かけたと、自らの心情をつぎのように吐露している。

「レーガン流保守主義者を前にしてスピーチを行おうという段になって、自分が置かれた皮肉な状況に気付いて愕然とした。わたしは自由企業を柱として資本主義を守るために財務長官に就任したのだが、後世には政府介入と金融機関の救済を行った実績とともに記憶されるのだろう。危機が凄まじいスピードで襲ってきたため他に選択肢はなく、いくつもの欠陥を持ちながら他のどの制度よりも優れた制度を守るという高次の目的を果たすためには、厳密なイデオロギーは脇に置くしかなかった。」（有賀祐子訳）

だが、この時点で、ポールソン等の財務省やウォール街の関係者たちには、制御困難な本格的な危機の主役はＡＩＧであり、ウォール街のいずれかの投資銀行の破綻、あるいは最悪のシナリオとしての共倒れ――取引関係にある商業銀行を含め――が足早にやってくるだろうことに気づいていた。

やがて、リーマン・ブラザーズの資金繰り悪化が明らかになり新聞などにも報じられ、その株価が急落した。ベア・スターンズのケースも取り沙汰されるようになった。前年に行き詰まったベア・スターンズはニューヨーク連邦準備銀行の緊急融資の下でＪ・Ｐ・モルガンへ救済買収されたが、リーマン・ブラザーズもまた公的資金の下で「民間部門」によって救われるのかどうかが焦点になっていた。果たしてどの銀行が火中の栗を拾いリーマン・ブラザーズを救済するのか。それはバンク・オブ・アメリカか、あるいは外国の金融機関なのか。

二〇〇八年八月、財務省のファニーメイとフレディーマックへの公的資金注入に関する一時的権限を求める法案が上院を通過し、ブッシュ大統領がすぐに署名した。民間投資家たちは投資後に政府管理となる両社に投資をすることなどはしない。その時点で、両社は自力で民間金融市場から資金調達することはきわめて難しくなっていた。その後の公的資金による救済は、両社の活動を一層困難にさせた。だとすれば、金融資本主義の暴走を止める制御棒とはいかなる制度の整備なのだろうか。

リーマン・ブラザーズの危機は一層拡大し、収まらなかった。ファニーメイとフレディーマックの場合と同様に、公的資金によってリーマン・ブラザーズを救済することはブッシュ政権にとって大きな政治的な賭け(*)となっていた。

*この背景には、リーマン救済に関わるブッシュ政権関係者の利益相反の問題もあった。ニューヨークタイムズのアンドリュー・ソーキンは『リーマン・ショック・コンフィデンシャル――倒れゆくウォール街の巨人――』で、ブッシュ大統領の実弟で前フロリダ州知事のジェブがリーマンのプライベート・エクィティ事業の事業アドバイザーに就任していたほかに、ブッシュ大統領の親戚筋のジョージ・H・ウォーカ四世がリーマン執行委員会のメンバーであり、財務長官ポールソンの実弟のリチャードもリーマンの社員であったことを紹介している。

結局、他の投資銀行などとの合併、収益がまだ見込める個別事業の売却、ニューヨーク連銀からの緊急借入れの可能性がだんだんと遠のき、リーマン・ブラザーズは二〇〇八年九月一五日に連邦倒産法第一一条の適用を申請し倒産した。同日、メリル・リンチもバンク・オブ・アメリカの支配下に入ることを発表した。さらなる問題は、不良債権化した巨額のサブプライム・ローンや、世界各国の金融機関向けの高リスク金融商品のCDSを抱えていた保険会社AIG――American International Group――の行き詰まりであった。

ブッシュ政権は民間によるAIGの救済を期待したが、リーマン・ショックに喘ぐゴールドマン・サックスにその力はもはやなく、連邦準備制度理事会はＡＩＧ保有資産を担保に緊急融資を行い、米国政府もＡＩＧの過半の株式を取得し、政府主導下で再建が図られる方向で危機が回避された。

だが、金融市場関係者は投資銀行などのつぎなる行き詰まりに疑心暗鬼となり、ヘッジファンドなどが急いでカラ売りを行ったことにより、モルガン・スタンレーやゴールドマン・サックスの株価が下落した。ニューヨーク・タイムズのソーキン記者は前掲書で、大統領執務室に集まったポールソン財務長官、バーナンキ連銀議長、ボルテン大統領首席補佐官、チェイニー副大統領たちの緊急会談の様子をつぎのように描いている。

「ポールソンはブッシュに、金融システムが崩壊しかけていると明言した。『大統領、大胆な行動をとらなければ、世界大恐慌よりも深刻な不況になりかねません』その予測にはバーナンキも同意した。ブッシュは、ことの経緯を正確につかみかねていた。『どうしてこんなことになったのだ』

答えがあまりに長くなると思ったポールソンは、この質問をかわした。ほぼ一〇年に及ぶ過剰な規制緩和（その一部はポールソン自身が推進したものだ）、熱を上げすぎた銀行家、分不相応な暮らしをする住宅所有者、そういった軽率さが相まって、この結果につながったのだろう。ポールソンは答える代わりに話を進め、不良資産を買い取るために、議会に最低五〇〇〇億ドルを要求する予定だと大統領に伝えた。この計画によって金融システムは安定するだろうと。……ブッシュは同意するようにうなずいたが、それでも五〇〇〇億ドルという金額に戸惑っている様子であった。『それで足りるのか？』……」

振り返ってみれば、レーガン政権以降のそれぞれの政権の下で行われた規制緩和は、決して金融分野についてだけ進展したわけではなかった。ただ、そうした規制緩和のなかでもっとも解き放たれたゆえに、もっとも経済全般に大きな影響をもったのが金融規制緩和であった。そうした規制緩和は弱小の金融機関を淘汰する一方で、吸収合併などを通じてより大規模な銀行と投資銀行の成立を着実に促してきた。しかし、生き残った投資銀行などもまた危機に瀕していたのである。

財務省のポールソン長官主導の銀行救済計画案は当初、連邦議会で否決され、その後、株式市場の急落が続いた。修正が加えられ、ようやく議会を通過し、ブッシュ大統領が署名したが、さらに株価は下落した。救済資金を借り入れた銀行はその後返済したものの、金融システムそのものの問題点と安定化策が未解決のまま残された。前掲のソーキン記者は、リーマン・ショックが残した問題点についてつぎように指摘している。

「二〇〇八年九月の出来事がどのようにして起きたのかを理解するのは、重要な課題である。その教訓が金融システムを強化し、将来の危機を防ぐために使われた意味がない。いまワシントンは、基盤となる規制構造を検証し、改革を導入するめったにない機会に恵まれている。けれども、この一世代に一度あるかないかの機会が、無駄にされかねない危険がひそんでいる。

巨大な金融機関のレバレッジの厳しい制限、無責任なリスクを奨励する報酬構造の抑制、風説の流布や、株式会社、デリバティブ市場における価格操作に対する取り締まりといった手段の導入を含めて、規制が劇的に変わらないかぎり、大きすぎてつぶせない企業は存在しつづける。そして避けられない次のバブルがはじけたときに、同じサイクルが繰り返されるだけだ。（中略）……その一方、曲がったものの折れはしなかったウォール側は、新たな利益を求めてまた突き進んでいる。システムにはリスクが導入されつつある。ハゲタカのような投資が復活し、誰もが商業不動産の値崩れを予測して、生涯一度のバーゲンセールにあずかれるかもしれない。なかんずく気がかかりなのは、いまだにウォール街のマシンの中心に位置するのが、エゴであることだ。金融危機は多くの人のキャリアや評判を破壊し、さらに多くの人々を打ちすえ、傷つけた。崖っぷちから生還した人は、自分が不死身であるかのように感じている。いまの環境に欠けているのは、純粋な人間性だ。」

ここらあたりで、かつて規制緩和の輝ける国として登場したニュージーランド――人口約四三〇万人――にふれておく必要がある。ニュージーランドは、もともと、ポリネシア系の子孫であるマオリ人が住む島で、オランダ人に発見され、やがてイギリス人が入植した。ニュージーランドの経済は、元々はその豊かな土壌を利用した農業や林業、周辺の海を利用した漁業を中心とするものであった。

二〇世紀初頭にイギリスから独立したが、ニュージーランドは農産物輸出国としてイギリスとの貿易関係を中心に経済成長を遂げ、福祉国家を築いていくことになる。その後、イギリスが欧州連合との結びつきを強めたことで、ニュージーランドはそれまでの農業国から工業国への転換を迫られた。そして、一九八四年、労働党政権が誕生した。

当時のデビット・ロンギ政権は規制緩和、小さな政府、公的部門の民営化など経済改革を打ち出した。さまざまなインフラ事業、電信電話、鉄道、航空、電力、林業、金融サービスなどが民営化され、その株式が外国資本に売却されていった。それまでほとんど無料であった大学の授業料なども有料化されて、医療サービスの国民負担も引き上げられた。他方、規制緩和によって政府の許認可権は縮小され、政府部門の雇用は減少していく。

多くのニュージーランド国民が、労働党政権がその支持基盤であった労働組合の役割と機能を実質的に弱体化させ、多くの失業者を生み出すような政策を改革の名の下に打ち出すことを予想していたかどうかは問われてよい。大きな政府は小さな政府に生まれ変わり、住宅などへの補助金削減などによって、たしかに、財政赤字は削減され、当初の三年間ほどは外国からの資本流入などによって、ニュージーランド経済は甦ったような印象を与え、規制緩和の成功事例の代表国家として喧伝された。だが、やがてその失速は国民に跳ね返り、成功事例として華々しく取り上げた外国メディアからニュージーランドの名前は忘れられていった。

六年後、労働党政権は保守政党の国民党に引き継がれ、規制緩和の不十分さこそが経済を失速させたとさらなる規制緩和策がとられた。農業から金融業まで幅広い分野に及んだ規制緩和は、概してニュージーランド企業の競争力を引き下げ、教育など公共サービスの質を低下させ、自由な資本移動が保障されるようになった金融市場には、変動の激しい投機資金が流れるようになった。(＊)

＊米国のG・W・ブッシュ政権は、サブプライム・ローン問題が深刻化したにもかかわらず、二〇〇八年に入って、ニュージーランドなど四カ国が参加する環太平洋戦略的経済連携協定（TPP）の作業部会で、金融・投資サービスのさらなる自由化を求める動きを打ち出した。この方向は金融取引におけるさらなる規制緩和である。金融サービスに関しては、米国のシティコープなどは一九七〇年代から米国通商代表部を通じて規制緩和と自由化を求めてきた。その後、米国の金融機関は同じような要求をWTOを通じて実現しようとしてきたが、その進展スピードに満足できなかったのか、二国間あるいは地域間の貿易障壁や外資規制の撤廃に関する自由貿易協定（FTA）、さらにはTPPへと関心を移してきた。ここでの問題は、当該国の金融システムや銀行制度が寡占化した巨大金融機関の影響を受けることに加え、巨大銀行や外国人投資家が当該国の法的規制とは関係なく、あるいは自国の関与もなく当該国の政府へ直接訴訟など行えることが可能になる点である。訴訟制度もまた同一化──米国化──される結果は、いかなるものであるかは自明である。こうした金融取引などの自由化要求の背景には、それぞれの国における年金基金などへのより自由なアクセスへの期待がある。ニュージーランドの事例については、短期的資金の移動などの面だけでなく、金融をめぐる法的規制自由化の結果とその問題点など

にも十二分に注意を払っておく必要がある。

他方、累進課税は見直され、消費税が導入された結果、高所得層が生み出された反面、低所得層が急速に拡大し中間所得層の厚かったそれまでの社会構成は、大きく崩れた。深刻であるのは、当時も現在も、失業率の高さである。高齢者、マイノリティー、女性など社会的弱者の雇用機会と雇用条件の改善はみられていない。

規制緩和という点からは、アイスランド――人口は約三二万人――についてもみておく必要がある。その地理的位置からもわかるように、アイスランドは元来、漁業と水産加工業、農業の比重が高かった国であり、とりわけ輸出産業としての漁業を中心に、小さいながら福祉国家として発展してきた。それが、ＩＣＴ産業やバイオ関連産業の育成に加えて、それまで国内市場中心の金融業の規制緩和により国外からの資金を引き寄せ、それらの資金を不動産投資などを通じて高収益産業化させる戦略が取られた。

しかしながら、二〇〇八年九月のリーマン・ブラザーズの破綻によって、アイスランドの銀行の不良債権が一気に膨らみ、金融危機が顕在化した。アイスランドの通貨であるクローナは大幅に下落し、こうしたなか、アイスランド議会――一院制――は銀行の国有化法案を可決させた。しかし、金融システムは依然として不安定である。

ここで二〇年余りの間に資本主義体制へ移行したロシアや東欧諸国についてもとりあげておく必要があろう。一九八九年から一九九一年にかけては中東欧地域の旧社会主義諸国にとって激動の時代であった。市場経済体制への移行は、それまでの社会的価値観の転換と民族的利害の再編成を伴うものであり、政治が不安定化し、また、封印されていた民族闘争も激化し、国民経済を混乱させた。二〇〇〇年以降はＥＵ諸国からの投資によって、経済成長が加速し、そのような問題は一時的に棚上げされたかたちとなった。投資に積極的であったEU諸国の関心は、市場経済体制へと移行した中東欧諸国を欧州域内の分業体制へと組み込むことであって、労働コストの低廉な加工組立産業をそれらの地域に押し出す結果となった。また、中東欧諸国の金融機関にも外資が入るようになった。相対的な低賃金と西側諸国——特にEU——からの直接投資が二〇〇〇年代の中東欧諸国の高度経済成長を支えたのである。

とりわけ、ハンガリーなどへのドイツからの直接投資額が、短期間に巨額化した。そのため、リーマン・ショックのあと、EU諸国の金融機関が手元資金確保のためにハンガリーなどから短期間に資金を引き上げた。また、EU諸国への輸出依存度の高さゆえにEU地域の消費低迷の影響を直にうけ、リーマン・ショックの翌年には、ポーランドなどを除き、ハンガリー、エストニア・ラトヴィア・リトアニアのバルト三国、ブルガリア、ルーマニア、スロヴェニアなどの南欧諸国、チェコやスロヴァキアもマイナス成長に陥った。米国など主要経済国の経済減速が「新興国経済」によって下支えられ、その景気後退を軽微なものにさせることが期待されたものの、自由な資金の移動に支えられた金融資本主義がもつ本来的な不安定性が改めて証明された結果となった。

皮肉にも市場経済体制への移行が緩慢であった国や地域、外資——海外への出稼ぎ労働者の送金も含め——を引きつけるほどの「魅力」を持たなかった国や地域では、金融資本主義の猛威はきわめて限定的であった。たとえば一九九七年の世界的通貨危機下で失業率が急上昇した韓国では、労働市場を通した正式な就職が困難な一方、地縁・血縁的ネットワークによる再就職、家族や親族などによるセーフティーネットの提供が行われた。市場経済体制の行き詰まりと欠陥が、非市場経済体制で補完されたといえる。

市場経済というメイン・システムは、破綻の際には、市場経済化されていない家族や地域といった伝統的共同体や共同体意識などのサブシステムによって、バックアップされざるを得ないのである。それは市場経済体制へと移行し、外資によって輸出市場を中心に成長軌道に乗ったものの、外資の移動によって大きな影響を受けざるを得なかった諸国に共通する特徴ではあるまいか。

だが、市場経済体制は、そのような伝統的な、いわば公共財的なサービスや助け合い制度も商品化、市場化し、解体する。そのようなサブシステムが消失した諸国においては、最終的には国家がその代行をせざるをえない。だが、二〇一〇年春以降に顕著となったギリシャの財政危機のように、国家財政を無限大に拡大してセーフティーネットを張り直すことが可能であるのかどうか。そこには国家間のセーフティーネットの構築を必要とする。

本来ＥＵの結成は、関税なき共通市場圏の形成、為替リスクのない共通通貨の導入と定着、人とモノの自由な移動を妨げる市場障壁の撤廃による資源の最適配分、軍事上の安全の拡大等々のイデオロギーの下に、各国の安定的経済成長を目指すものであった。だが、ギリシャのソブリン危機――政府債務への信認危機――が、ＥＵ体制の課題を明らかにした。ＥＵ域内においても金融機関などの自己資本規制の強化、資本の国際的移動への各国政府の協調的介入、市場経済の自律的回復のための政府の財政的テコ入れが行われざるを得なくなったのである。

だからといって、ＥＵそのものの解体や旧体制への復帰などは現実的ではない。問題は明示化されつつある。ＥＵの共通通貨ユーローを維持するには、単に救済基金の創設だけではなく、救済基金と欧州中央銀行（ＥＣＢ）との連携、その下でのＥＵ共通債の発行(*)、ギリシャのような野放図な財政赤字を抑制できるようなEU全体の財政統合が検討されることになる。経済面だけを考えれば、EUという新たな統合国家が登場することになる。だが、それが欧州連合加盟各国において政治的に可能なのかどうかである。

＊欧州経済に占める比重からいえばそう大きくない、ギリシャの財政破たんが明らかにしたのは、各国政府によるバラバラな国債——ソブリン債——ではなく、EU共通国債の発行の必要性ではなかったろうか。共通通貨であるユーローを導入している加盟国のうち財政危機に苦しむ国にとって、自国通貨を切り下げ、輸出を振興し国際収支を改善させることが不可能である以上、救済基金による援助や緊縮財政も重要であるが、低利のユーロー共通国債の発行によって産業構造などの変革をはかる方向が確保されるべきではないだろうか。

欧州金融市場でのユーロー危機は、あらためて国際的な金融システムのあり方に検討を迫っている。だが、IMFの統計では、世界の金融市場に流通する資金量の半分すら把握できていないともいわれる。さまざまな金融商品の複雑な組み合わせにより、瞬時に変動し、差分——デリィバティブ——を利用して移動しつづける巨額な資金の流れについてのルール作りの時期を、わたしたちは迎えている。

そのような状況は、東日本大震災で大きな被害を受け、制御できなくなった福島第一原子力発電所の状況になぞらえることもできよう。制御できなくなった原子炉には放出されつづける強い放射線でだれも近づけず、状況の把握すらできなかった。ただ、状況を推測し、その場かぎりで対応するしかなかったのである。問われたのは、制御の技術的困難性への正しい理解と、今後の制御技術や廃棄物処理の問題などであった。

金融資本主義の場合、そうした制御技術の一つは、高速コンピュータを利用し頻繁に取引を繰り返す短期資金の規制である。この規制には二つのやり方を想定できよう。一つめは投資——あるいは投機——された資本を、投資国において一定期間留めおく規則の適用である。これによって短期間に繰り返される資金の流出入のスピードを低下させることができる。ただし、こうした取決めは関係国との協議を前提とし、そこには外交の力関係が反映される。実際、アジア通貨危機の際に、マレーシア政府が通貨のリンギ防衛のためにこの種の手段を取ったが、その後、米国政府などの厳しい非難を浴びた。

二つめは米国の金融学者でケネディー政権下の大統領経済諮問委員でもあったジェームズ・トービン（一九一八〜二〇〇二）が、一九七〇年代に提唱した外国為替取引への低率課税、いわゆるトービン税――通貨取引税――である。その目的は、わずかな変動幅を狙って頻繁に繰り返される通貨取引の抑制と為替市場の乱高下の防止である。低率課税――〇・五％まで――としたのは、短期投資だけを対象にして長期投資などに影響を与えないためである。

トービン税の意味は、貨幣の増殖を求めるためだけに利用される金融資本主義の是正であり(*)、わたしたちの社会が本来必要とする財やサービスへの投資を重視する産業資本主義への復帰である。だが、たとえトービン税のような低率課税であっても、世界各国の協調が必要であり、国際政治のなかの勢力・利害関係もある。また、タックス・ヘイブン諸国やオフショア取引を許容する諸国の参加が必要となる。

＊トービン税も含め国際的投機資金に対する規制には根強い反発がある。たとえば、連邦準備制度理事会議長のアラン・グリーンスパンはヘッジファンドなどへの規制には反対の立場を取ってきた。「実際のところ、ヘッジファンドは世界の資本市場において決定的に重要なプレーヤーになってきている。……ヘッジファンドは基本的に政府の規制を受けていないが、今後もそうあって欲しいと、わたしは願っている。コストのかかる規制の網をかけても、ニッチの利益を追求しようとする熱意をくじくだけであろう。……それにより世界経済は打撃を受ける。現在は、いわゆる取引先による監視によって市場自体がヘッジファンドを規制している。言い換えれば、ヘッジファンドに出資する富裕な投資家や融資する銀行によって、歯止めがかけられている。こうした貸し手には、株主保護の観点から、ヘッジファンドの投資戦略を注意深く監視しようとする動機がある。」（アラン・グリーンスパン（山岡洋一・高遠裕子訳）『波乱の時代――世界と経済のゆくえ――』下巻、日本経済新聞社、二〇〇七年）。確かに、投資家はヘッジファンドによって大きな損失をこうむったが、彼らはきわ

めてリスクの高い日常的な取引の実態を本当に知らされていたのであろうか。また、「大きくてつぶせない」リスク感覚が、極めてリスクの高い投機行為を生んだ側面もある。複雑なコンピュータ取引は、たしかに政府規制を実質的に困難とさせ、事後的に帳簿上で監視することの意味が大きく変わってきた。では、自己責任原則というルールの下ですべての金融取引が許容されるべきなのか。「大きくてつぶせない」原則は、時間切れで救済されなかったリーマンは別格として、その前のベアスターンズなどにも適用されている。規制するにしても、その手段と効果をめぐる問題はそう単純ではないが、人の感性に合致する取引スピードの確定は重要である。

EUでは、ドイツやフランスを中心に、単に国際金融市場での投機取引抑制と市場の安定のためだけではなく、赤字財政是正のための新たな財源確保の意味からも通貨取引税の導入が具体的に検討されてきている。他方、英国や米国では根強い反対がある。

しかしながら、ブレトン・ウッズ体制崩壊後、一九七九年以降の中南米、一九八二年の発展途上国、一九九二年のスウェーデン、一九九四年のメキシコ、一九九七年のアジア、一九九八年のロシア、一九九九年のブラジル、二〇〇九年の米国、そして、二〇一一年の欧州というように金融・債務危機は次々に起こった。「管理された」国際金融市場の必要性は明らかである。

では、いったい誰がどのように管理するのか。金融危機が繰り返される度に、望ましい為替相場論(*)が登場し、各国が国際収支の不均衡是正に努めることが主張されるが、これは一国での対応の努力と範囲をはるかにこえる課題である。

*たとえば、一九八四年のインターバンク米ドル中心相場は一ドル＝二四三・九三円であったが、翌年のプラザ合意以降に円高が進展した。一〇年後の一九九四年には一ドル＝九九・三〇円となり、その後は一ドル＝一〇〇円台となり、二〇〇二年の円ドルレートは一九八四年から半分程度切り上がっている。この間、日本経済のファンドメンタルズは根本的に大

きく変化していないにもかかわらず、ドル価でみれば日本の国際競争力は大きく変化したことになった。それでは、日米の国際競争力——実際には産業別に異なるが——を反映する正しい為替レートは一体何であったのか。このことを問う前に、そもそも為替レート自体が物価上昇率や生産性上昇率などを考慮に入れた国際競争力を正しく反映するメカニズムにそって決定されていたのかどうか。それがむしろ両国通貨への投機的な動きを反映したものであったとすれば、その投機筋は誰であるのか。また、両国の為替相場に影響を及ぼすだけの規模の投機資金が一体全体どこから生まれているのか。

しばしば、IMF主導の下に努力目標が掲げられるが、実際には主要通貨国間で為替相場の安定のための協議と場合によっては為替市場への介入が行われてきた。当初その場は、主要七カ国の蔵相・中央銀行総裁会議であったが、いまでは二〇カ国へと拡大している。ただし、有効なルールがうみ出されてきたわけではない。課題はいまも残されたままである。

国際的な協力が強調されるが、こうした危機の最終的救済者として市場への介入を余儀なくされるのはまずは各国政府であり、その救済資金には実質、税金が充てられてきた。何度もふれてきたことだが、こうして最終的な救済が補償されるがゆえに、より高いリスクを求めた投機的な動きが生まれることになる。

政府による救済が危機の事後的措置であるとすれば、先ほどのトービン税は事前的措置の一端である。事後コストの巨額さを考えると、トービン税などははるかに少額の予防的コストになる。にもかかわらず、短期資金の規制につながるトービン税を忌避する声は強い。そういった規制が市場の自律機能を阻害し、かえって市場の混乱を招くとされる。本当にそうだろうか。

たとえば、二〇〇七年にサブプライム・ローン問題による米国の不動産バブルが崩壊し始め、これに関連して関連金融機関等の破綻が顕在化しはじめたころ、連邦準備制度は金融機関への貸出金利である公定歩合の引下げに踏み切っていたが、これで充分ではないと判断して、銀行間の短期貸借金利であるフェデラルファンド（FF）金利が頻繁に引き下げられていった。

二〇〇七年半ばから、FF金利は〇・二五〜〇・七五％の幅で半年間ほどに六回にわたって引き下げられ、五・二五％から二・二五％となった。この利下げが各国の通貨に大きな影響を及ぼしたことはいうまでもない。にもかかわらず、翌年にはリーマン・ブラザーズが破綻し、その影響はさらに甚大であった。こうしてみると、金融市場の安定は政策金利の変動だけで果たして可能なのかどうか。

連邦準備制度は公定歩合やFF金利の引下げだけではなく、二〇〇七年八月に公開市場操作で国債を買い上げ巨額の資金を市場に供給し、銀行間の取引金利の引下げも同時に図っていた。(*) 市場は明らかにその自律的回復性を失い、巨額の公的資金を必要としていた。実際のところ、供給できるのは中央銀行だけであった。

＊これを受けてカナダ、EU、ノルウェー、スイス、日本、韓国、マレーシア、インドネシア、フィリッピン、オーストラリアの中央銀行も自国金融市場に巨額の資金を供給している。

その後の連邦準備制度をめぐる動きをみていると、彼らが最後の貸し手となってきている。とりわけ、投資銀行へは米国債などを担保に資金を直接貸し付ける傾向を強めてきた。だが、そうした実質的な不良債権は最終的にどのように処理されるのだろうか。

事後的救済コストはますます巨額化する傾向にある。事前的措置のあり方が問われている。金融取引への単なる直接規制ではなく、取引税のようなかたちで何らかの対応策が必要となっているのではあるまいか。

安全と安心の資本主義

最後に、わたしのたちが安全と安心を感じるような経済体制について取り上げる必要がある。資本主義のすべてが悪いというわけではない。だが、社会と経済の論理が均衡していないシステムはやがて自家中毒を起こし行き詰まる。

自家中毒（autointoxication）とは、生物体内に生まれる代謝産出物のなかで毒性をもつ物資が体外に分解・排出されず、体内に蓄積して起こる病状である。最悪の場合は、胃腸障害、頭痛、心臓機能の低下にとどまらず、昏睡状態にいたる。たとえば、尿毒症や妊娠中毒症などである。

この自家中毒症にたとえれば、経済的な歪みが社会によって中和・分解され無害化される場合、中毒は本来は起きない。だが、社会の変容によって、かつてのような社会のもつ中和・分解作用が低下すると、経済的な問題がそのまま社会の問題として起きうる事態となる。

社会と経済との均衡を図れるのは政府などの公共部門であり、企業がそれぞれの経済論理において行うことには一定の制約と限界がある。その社会的実験が一九三〇年代の世界大恐慌であったといえよう。その後は社会と経済の均衡をはかる混合経済体制が模索されてきた。だが、今日の経済を中心とする文字通りの経済社会体制は、それまでの社会を中心とする社会経済体制とは大きく異なる。

今日の経済社会を大きく進めたのは、聖域なき規制緩和であり、その下で無人の野をゆくように動いた金融資本である。規制緩和には一定のルールが必要である。ルールなき規制緩和は、ルールあり規制と皮肉にも全く変わらない。規制緩和の下での金融資本の動きによる資本主義の変容は、まずは金融市場――金融・証券市場――の変化としてあらわれ、ほどなく労働市場にもあらわれていた。

日本でもそれまでとは異なる光景が見られるようになった。正規雇用者と非正規雇用者のうち、後者の比重が高まったのである。きわめて身近なところでは、役所など公共部門についても同様である。財政危機などによって正規雇用の採用に制約があることから、そうした職場でも派遣、パート、臨時採用などの職員が増加した。

これは正規職員の給与を保証するために、それよりははるかに低賃金の非正規職員を雇用せざる得なくなった結果でもある。だが、ほとんど同じような仕事をこなしながら、その半分にも満たないような給与を受け取らざるを得ない非正規職員の現状に、正規職員の労働組合等はどのように反応しているのであろうか。

一人の正規職員が仮に六〇〇万円の年収であったとする。ほぼ同じような仕事を行っている非正規職員の年収は三〇〇万円にも満たない。解決策のその一は非正規職員を正規職員なみに扱うことで、その場合、さらに三〇〇万円の人件費の追加が必要となる。その二は正規職員を非正規職員並みに引き下げ、もう一人の職員を雇用する。その三は両方の雇用形態をもつ職員の賃金の平準化を行い、正規職員の給与を一五〇万円引き下げ、非正規職員の給与を一五〇万円引き上げる。ただし、雇用者数は変えない。その四は現行通りである。

さて、具体的な話として、わたしたちはどのような方向を選択しようとしているのか。現行通りの歪んだ給与制度ならば、やがて自家中毒症を起こすように、わたしたちの社会の公正・公平観そのものに大きな影響を与え、社会そのものを非常に不安定にさせることはまちがいない。

方向の一つは、米国で顕著であった役所の民営化や、公共サービスの民営化である。しかし、これは公務員制度のあり方を問いなおすことでもあり、民営化という単純化・単線化されたイデオロギーで片付けられるはずはなく、わたしたちがどのような社会を望むのかという問いに連動している。

つぎに通貨についてである。なぜ、輸出型経済を推進してきた日本が、為替差損を受けない円建て決済にこだわらなかったのか。なぜ、固定相場制を不思議なほど過信し、円を国際通貨にする意欲に欠けていたのか。日本のＩＭＦ八条国への移行条件には、自国通貨による対外決済、非居住者の保有残高への交換性確保があった。日本はこの条件を満たすことが可能であったからこそ八条国となったのではなかったのか。

だが、米国の占領時代からずっと、対外支払いにおける米ドル決済が行われていたことに加え、輸出促進のためのドル建て制の定着から積極的な円の国際化が図られなかった。円の国際化のためには、主要諸国と連動した税制度、規制の緩い金融・資本市場の整備、為替管理の大幅な自由化など、円を貿易や資本取引において流動化させやすくするための、国家戦略が必要であった。

それはまさに、ヘゲモニー国家としての米国が、ドルの国際化のために国内基準の他国への適応を求める過程であった。やがて、グローバル化とイデオロギーが日本にも押し寄せてくることになる。しかし、日本社会は、自主的かつ自立的な戦略思考の確立と実行において極めて受動的である。

円高傾向になれば、すでに、輸出減少による景気悪化という単線思考的イデオロギーだけが飛び跳ね、円安になれば輸出増加という面だけを突出させて景気回復のシナリオが描かれる。円高が日本の経済構造あるいは産業構造において、どのような影響を及ぼすのかという視点が見事なまでに欠落している。

強い円はもっぱらドル建てとなっているエネルギー、原材料、消費財などの輸入物価を押し下げ、他方で日本の輸出価格を引き上げる。だが、円がすべての通貨に対して強くなっているわけではなく、価格調整が日本製品の市場シェアによっても行われ、円高が直接に輸出困難には結びつかない。また、日本はかつてのような高い輸出依存度の構造から変化し、輸出品目も価格競争力を中核とする消費財から非価格競争力を中心とする資本財・中間財へと比重が変化している。

この背景には、プラザ合意以降の日本が現地生産あるいはアジアを中心とする海外生産を拡大――いわゆる日本経済のアジア化――したことと日本との製品分業体制を進展させたことがある。さらに、底流には、デジタル処理を中心とする生産方式面での技術革新の一層の進展、高速かつ安価となった情報通信網の整備とこれを支える技術革新、商品の小型化・軽量化の進展、大量に消費財を輸送できるコンテナ輸送情報システムの発展、資本・金融・情報・技術の流動性の越境的進展が、短期間に行われたことがある。(*)いまや人びとの物理的距離感と心理的距離感は著しく縮まったのである。

＊技術進歩の経済への影響を、とりわけ、ニュー・エコノミー論のように情報通信技術について過大評価することには、ある程度禁欲的であるべきである。技術は人びとの生活を変えるが、それがわたしたちの経済生活全般を根本的に変えてしまったかどうかは問われるべきである。

各国経済のグローバルな展開は、その相互連関性を極端なまでに推し進め、個別経済主体の市場への関わりを白日の下にさらすことになる。換言すれば、輸入価格の下落がそのまま国内市場におけるある種の利権構造――系列取引や闇カルテルによる価格下落も含め――を明らかにさせるのである。

開かれた世界市場から逃れることのできない体制においては、閉鎖的な利権構造をもつ自国中心主義は行き詰まることになる。そして、それまでの自国中心主義と開放的世界市場での位置確保の間の軋轢に苦しむ。このグローバリズムを象徴化するのが各国通貨をめぐる動きではあるまいか。

ここでドルに戻る。国際的基軸通貨としての米ドルの信認が著しく低下するなかで、安定した決済通貨、さらには金本位制への復帰が論議されるようになってきている。前者については、欧州連合のユーロでは未だ不安定性が強い。将来的には中国の人民元がその一つの候補となりうるが、(*)その前に国家介入という要素が撤廃される必要がある。これは中国の国内政治の問題である。

＊この種の議論の前提には、中国が香港の金融機関に人民元建て債券の発行許可を与えたこと、あるいは、南米やインドネシア政府との間で通貨スワップ協定を結んだことがある。もし、中国が国家戦略的に人民元をドルに代わる国際的な基軸通貨にしようとすれば、為替市場の完全自由化――資本自由化――を図りつつ、米国と同様に、現在の国際収支が黒字から赤字に陥っても国内事情よりは国際事情を優先させるだけの政治外交力を保持しうることが必要となろう。

過去の事例では、ＩＭＦが金融危機に見舞われた諸国にさらなる資本移動の自由化を要求し、それを受け入れたことで中期的に危機が拡大した。中国のような資本移動を管理できる体制が、とりわけ、通貨暴落などの影響をもっとも受けやすい途上国などにとって、防火壁――ファイアー・ウォール――として必要なのである。

地球規模に拡大されきわめて短時間に移動するようになった資金の、とりわけ、その投機的な動きを、どのように解釈すべきなのであろうか。一時期その成長がもてはやされた中南米諸国やアジア諸国の経済が、突然、短資の流出入や通貨変動への投機によって不安定化する状況をわたしたちはどのように解釈し、対応すべきなのだろうか。

いずれにせよ、貿易取引など実物経済にとって通貨の安定は不可欠であり、アジア域内貿易の拡大をめざすかぎり、アジア共通通貨圏の構想が今後確実に提唱されるだろう(＊)。共通アジアの通貨バスケットには円と人民元の大きな働きが不可欠であり、それ以上に日中両国とその他アジア諸国のさまざまな信頼・協力関係が必要である。投機の時代こそ、そうした各国間の協力と信頼がいままで以上に重要にならざるをえない。

＊ユーロという欧州共通通貨の経験は、わたしたちに地域共通通貨の抱える課題を明らかにしてくれた。投機筋からの投機の影響を最小限にさせ、共通通貨価値の安定を図るには、参加各国が自国経済における財政赤字や物価上昇率をより厳しく管理することが前提になる。そのためには、参加各国に規律ある財政運営などを促す規則が必要である。では、それが守れない国に対してどのような対抗措置が可能であるのか。この問題は政治や経済運営における自律性ではなく、他律性を是とする強力な各国政府の連合体といった、あらたな地域制度の創設が現実に可能なのかどうかの問題である。そうした体制が政治体制や文化の異なるアジア諸国でそもそも可能であるのかどうか。

第二次世界大戦終結前の一九四四年七月、米国ニューハンプシャー州ブレトン・ウッズに四四カ国の代表が集まって、戦後経済の安定的発展の枠組みについて会議を開き、そこで戦後の各国通貨の固定為替制度が決定された。そのとき、新たな通貨体制をめぐる英国ケインズ案と米国ホワイト案をめぐる対立と妥協があったことはよく知られている。

ジョン・メイナード・ケインズ（一八八三〜一九四六）は、世界中央銀行のような金融機関が管理する世界共通の準備通貨の創設を主張した。

米国代表の財務次官補ハリー・ホワイト（一八九二〜一九四八）はケインズ案に反対し、ドルを金にリンクさせた国際通貨とする体制を主張し、ドルを中心とする戦後の国際通貨体制が始まることになる。(＊)そして、固定相場制の監視とともに、各国通貨の交換性を高め、各国が決済資金に窮する場合に緊急融資を行う機関として国際通貨基金（ＩＭＦ）が設けられた。

＊米国の国内通貨であるドルを基軸通貨——国際準備通貨——とすることに対しては、ケインズのほかにもベルギー生まれでハーバード大学で学び、後にＩＭＦの幹部となったロバート・トリフィン（一九一一〜九三）などは、ドルの国外流出によってドル危機が顕在化することを警告した。トリフィンの指摘通りに、一九七一年にニクソン大統領はドルと金の

交換停止を打ち出さざるをえなくなる。

このＩＭＦの設立と機能をめぐっても、ケインズとホワイトは対立した。すなわち、ケインズは国際収支の赤字に苦しむ国の輸入抑制措置の導入を防ぐため、無条件の融資を認めることを主張したが、ホワイトは一定額の融資のみの権限を主張し、結局ホワイトの主張するようになった。

戦後国際金融体制をめぐるケインズとホワイトの対立からわかることは、ケインズが国際間の自由な資金移動に必ずしも楽観的ではなかったことである。ケインズのほうがホワイトよりも資本の国際移動の規制に関心をもっていた。現在、資金の国際移動が自由になり、とりわけ短期資金の変動が国際的な金融体制に大きな混乱を与えていることからすれば、ケインズとホワイトの対立点まで遡って、世界経済を安定させるための枠組み作りを再考せざるをえない。

二人の対立点に遡ってＩＭＦという機構を考えることは、現在のＩＭＦ体制のあり方を再考することでもある。問題は、ＩＭＦが融資決定やかなりの強制力をもった勧告へ至るまでの意思決定過程の透明性がきわめて低いことである。インフレ抑制と規制緩和という半ばイデオロギー化した目的のために、当該国についてどの程度までの実態調査が行われ、一律的な市場主義原理がもたらす経済社会的な影響をどの程度まで把握したのか。あるいは、ＩＭＦ決定において理事国のどのような政治利害が反映されたのか。わたしたちはこれらのことをしっかりと見据えておく必要がある。

現在、一八〇カ国以上の加盟国をもち、伝統的に欧州出身者が代表――専務理事――を務めてきたＩＭＦであるが、その意思決定は国連などの国際機関とは大きく異なる。財務大臣や中央銀行総裁など各国二名から構成される総務会が最高意思決定機関であるが、その投票権はＩＭＦへの出資金の多寡によって決められている。そのため先進諸国が過半の選挙権をもち、実際には米国の意向が最大に反映されてきたのがIMFの歩みであり、現在の姿である。IMFの姉妹機関である世界銀行――総裁は慣例で米国出身者――も含め、政策決定はまったくのブラックボックスのままである。

IMFが主張する世界経済の発展という所期の目的が達せられなかった場合、その責任の所在はどこにあり、説明責任はだれが負うのか。IMFに代わる国際中央銀行のような公平・公正な原理に基づく新たな国際組織を創設するのか、あるいはIMFを改革するのかが問われている。ここで公正・公平という原則に言及したのは、政策意思決定における加盟国の公正・公平な取扱いという面だけではなく、環境問題など市場原理では到底補うことのできない目的のための社会資本支出への積極的支援も含んでのことである。

さて、わたしたちにとってのあるべき社会と経済体制の問題である。中国の経済的躍進によってその経済体制が注目されたが、それはロシアの場合と同様に新たな資本主義モデルとは現在のところみなされてはいない。中国の場合、政府の大きな関与による国家資本主義といえなくもない。ロシアのオルガルヒと同様に、中国の新興資産階級はそれまでの国家資本主義体制との対立を高めつつ、資金の流出入の自由な金融市場を求め、中国のもつ巨大な資金は国際金融市場との連動性を高めるだろう。

それとは別に、中国国内においても金融資本主義の登場は、多くの国で見られたように、短期的な利ザヤをめぐるマネー・ゲームを加速化させてきた。そうしたなかで、国内余剰資金について、国内の貧富格差の是正に関わる公共財・サービスの整備へどれほどの資金を流入させることができるのか。金融資本主義はむしろさまざまな格差を生み出すことでより一層の発展をみせる可能性もある。貧しいアジアやアフリカの地域では社会的起業家のボランティア活動だけに頼っていられるはずもない。

実物経済については、財という目に見え、確認できるモノの通関——むろん、通関しない密輸もあるが——を通してその実態を統計的に把握することができるが、金融はそうではない。グローバル経済の下で、従来の国家間ベースの統計数字が果して現在の世界経済の状況を把握するのに適しているのだろうか。巨大化した多国籍企業の動向やその組織内取引が各国経済に与える影響や、財貿易と異なり瞬時に移動する金融取引に関する統計の妥当性が問われている。各国における新たな統計づくりの枠組みが最重要課題となっている。

各国において広がった階層間の所得格差、あるいは資産格差が高所得層の遊休資金を巨大化させ、そうした資金がより高い利潤を求める貨幣資本として容易に国境を超える動きをみせてきた。グローバル化＝規制なき金融市場の下で、他国に巨額の資金を保有することになった各国の投資家たち——機関投資家やファンドも含め——は、一国の金融市場が不安定な動きをするとすぐさま他の国へ資金を移動させるようになった。こうして一国の金融危機が他国の金融危機をもたらし、金融危機の連鎖を生み出していった。

リーマン・ショックのケースを思い起こしただけでも影響の大きさは理解できるだろう。わたしたちはもはや地球の裏側の国での金融危機を対岸の火事として傍観できなくなったのである。金融市場はまさに経済のグローバル化の象徴的な存在となった。いまや、金利差を利用したキャリー・トレード(*)も含め金融ゲーム化しカジノ化した国際金融市場では、カジノ同様ゼロサム・ゲームが展開されるかぎり、敗者がいて勝者が存立できる。そうした金融ゲームに参加できるのは富裕層だけではない。機関投資家が個々人の資金を集めて巨大な投資ファンドをつくり上げ、さまざまな裁定取引に資金を運用している。

＊とりわけ、日本銀行のゼロ金利政策のもたらした影響は大きかったといわざるをえない。一九九七年に三洋証券や山一証券、北海道拓殖銀行などが破綻したが、日本銀行は金融市場の混乱を回避するために緊急措置としての政策金利を〇％近くまでに引き下げた。だが、緊急措置であったにもかかわらず、一時的な引上げはあったものの基本的にはその後八年近くにわたって、日本銀行は超低金利を継続させた。このため、外国の金融機関などが超低金利の円を日本で調達して、自国も含め外国で投資運用する動きを強めた。韓国なども日本で調達した資金で高金利のタイなどで投資を行う円キャリートレードを盛んに行った。これが後の韓国金融危機の付箋となった。同様のことは他の国の金融機関でも行われた。

機関投資家間の運用益をめぐる競争は激化し、しばしばよりリスクの高い短期的取引を先行させてきた。そうした裁定取引においては一瞬にして数億ドル、場合によっては数十億ドルの資金が行き交い、鞘取りが発生する。そのような取引において巨万の資金は一体全体どこへと向かっているのだろうか。統計的にその動きを的確につかむことが可能なのかどうか。そうした資金がさらなる裁定取引に費やされ、そして最終的にどのようにわたしたちの経済に利用されているのだろうか。

これからの資本主義は、安心と安全への取組みを前提にしなければ、自壊するであろう。金融資本主義の再生には市場原理と市場の失敗を厳密に峻別することが必要となる。前者については市場ルールの明示化と明確化が必要であり、後者については地域通貨の積極的な活用などが鍵を握るにちがいない。

カジノ化した金融資本主義を支える貨幣増殖のみに偏した拝金主義は、著しい所得（フロー）と資産（ストック）の格差を生み出すが、同時に非貨幣領域を拡大させ、あらゆるものの市場化を妨げる傾向を生み出す。それは、わたしたちに、かつての農村社会的紐帯をもった社会や家族を取り戻すことはできないものの、インターネットなど技術革新がもたらず新たな紐帯を基礎とする協同社会の形成を促す。その鍵を握るのが、かつての大恐慌下で普及した地域通貨なのかもしれない。

財ではなく、人的サービスなどの交換を基礎とする地域通貨は、民間企業という営利組織とは別の協同主義的な経営主体を生み出していく可能性がある。このように、金融資本主義的な貨幣経済は同時に非貨幣的な経済を内包せざるを得ない。いずれ世界各地でさまざまな試行錯誤が行われなければならないであろう。

戦後の世界経済をあらためて振り返ってみると、戦禍に疲弊した日欧——ロシアや中東欧を含め——やアジアと異なり自国が戦場となることがなかった米国は、旧ソ連を中心とする社会主義経済圏との対立のなかで、突出した経済力を基に世界経済を再編しうる力を発揮した。覇権国としての米国は、その後、日本や欧州、とりわけ、ドイツの復興と急成長により、大きな転機を迫られることになった。さらに、旧ソ連の崩壊によって、米国はそのへゲモニーを支える経済力をいかに保持するかに外交力を集中するようになった。

プラザ合意に象徴される通貨調整と金融制度自由化の要求、公正貿易理念を掲げての市場開放要求政策、さらに日本の経済構造そのものを問題視するような日米構造協議、これらを支えた米国の外交上の大義名分のイデオロギーとは、市場原理の正統性であり、政治や外交において妥当な印象を与えた資本主義理念の強調であった。一九八〇年代の米国側の通貨調整型資本主義は、日本経済の構造を変化させた。とりわけ、海外投資が生産拠点を日本からアジアへとシフトさせ、中国の経済発展を促した。そして、米国の要求はアジアの経済大国となった中国へと向かいつつある。

しかし、いま、日本のみならず、世界各国において資本主義の理念そのものが問われている。金融の世界的自由化によって銀行などの預金受入機関と証券会社・投資銀行の間の垣根は取り払われ、また、各国の金融機関が相互進出することで、各国経済の連動性が高まってきている。そうした経済のグローバルな相互連動性の下で、資本主義のもつ創造的破壊のダイナミズムと、人びとの生活における安心と安全の双方を両立させる制度を組み込んだ新たな資本主義像──自画像(セルフ・アイデンティティー)──が求められている。

そのためには、日本社会においてもつぎのような課題を確認しておく必要がある。

(一)市場経済ルールと政府の役割の再規定──市場経済制度の資源配分機構は確かに優れているが、その成果を公平に分配することまでを保証しているわけではない。むしろ、市場経済制度はその帰結として所得分配の不均衡をもたらす。だが、この制度以外に資源の有効配分機構がないとすれば、政府の役割は社会的公正観に基づいた所得の再分配を行うことである。ここでの問題は社会的公正と正義とは何であるのかである。つまり、余りにも格差が広がりすぎた所得分配の実態がある以上、そこには公平・公正な社会的機会を前提としているのかどうかという点が当然ながら問われることになる。必然、タックス・ヘイブンのような制度についても根本的な見直し──廃止も含め──を必要としている。

(二)独占禁止法の見直し──二〇〇〇年代にリーマン・ブラザーズなどが破綻したものの、AIG、ベア・スターンズ、シティグループやバンク・オブ・アメリカなどの国家救済は、「大きくて潰せない」という金融システムのリスク回避の大義名分の下に実施された。事実上の公的資金が投下され生き残った巨大投資銀行はかつての競合銀行を吸収して、クレジットカード業務から新株・社債などの発行までのあらゆる金融分野で圧倒的な地位を占めるにいたった。米国金融市場で寡占化した超巨大金融機関の世界経済への影響力は半端なものではなくなった。「大きくて潰せない」巨大銀行の存立基盤である金融システム維持の論理は、国家独占金融資本主義以外のなにものでもない。それなら、「小さくすれば潰せる」ことで、金融機関自らがリスクを負担し金融取引を健全化すれば、金融システムそのものの健全性が担保される。組織分割については規模の経済を享受し、大きなリスクを取っても最終的には政府資金――つまり税金――で穴埋めが期待できた巨大金融機関では、さらなるリスクを冒すなどモラルハザードが進行していた。規制なき金融市場は、高リスクのレバレッジ取引の代償は自らが最終的に取ることを前提とする。ゆえに、政府救済を全く期待せず、潰れても金融システムに影響を及ぼしえない規模の金融機関が必要である。そうした金融機関と投資家との間には健全な緊張感とリスク感覚が根付く。そのためには、ほとんど空文化してきたに等しい独占禁止法による巨大金融機関の分割化も真剣に検討される必要がある。(＊)

（三）産業金融の再確立――金融の目的は一体何であろうか。国内金融市場は国際金融市場にますます連動するようになり、その規模は巨大化し、取引経路は複雑化し、取引は高速コンピュータの導入とあいまって極めて短い時間に繰り返されるようになった。資金の流れがかつての投資から投機へと変化したことで巨額化し、改めて実物経済と金融との関係、つまり産業金融のあり方そのものが問われるようになってきている。金融危機の都度繰り返されてきた「最期の貸し手」論は、金融業界や金融機関にとって、モラルハザード(＊＊)が危惧されつつも、最終的には政策的救済論につながっていった。では、産業金融における「最期の貸し手」論は巨大企業のみに適用され、地域経済の雇用に大きな役割を果たす中小企業には適用されないのだろうか。この意味でも、日本の産業振興における産業金融のあり方が問われている。

（四）通貨政策――日本において強い円（円高＝輸出減少と不況）、弱い円（円安＝輸出拡大と好況）というパラダイムが定着し、円為替の変動ごとにこの構図が一つのイデオロギーとして繰り返されてきた。

果たしてこのパラダイムは正しいのだろうか。強い円は輸入価格の低下を通じて国内物価の安定に寄与し、工業原材料の低下は日本の製造業の競争力を高める側面もある。ただし、こうした強い円によるメリットが享受できないような、利権維持の構図が日本の産業構造や流通構造にあることに、わたしたちは留意しなければならない。また、円高局面で繰り返されてきた、外国為替特別会計から、もっぱらドル買いによって円安に誘導する財務省の為替介入も見直される必要がある。実際のところ、こうした為替介入にもかかわらず、一時的に円高は是正されても、その後の動きをみると、市場は円高の方向に動いてきた。さらに、購入されたドルはそのまま米国債の購入にあてられるので、売却すればドル安・円高の圧力を高め、ドル安になれば日本国民の資産としての為替会計の積立金は実損となる。金利政策に連動させたより機動的な通貨政策が必要となっているのである。そのようにならないのは財務省のもつ利権構造といわれても仕方がないだろう。

（五）投機への対応制度——以前には考えられなかったほどに各国の金融市場が連動した結果、一つの金融市場への投資が他の金融市場への投資によってヘッジされるようになった反面、一つの金融市場の混乱が容易に他の金融市場に影響を及ぼすようになった。結果、混乱が生じた場合の負の影響を沈静化・安定化させる手段が追いついていない現状がある。通貨投機などの混乱を収拾するために投資家たちを救済することは、モラルハザードを招き、他の金融市場への高リスクの投機を煽ることにもなる。いずれにしても、金融市場安定のための「最期の貸し手」は、メキシコ危機から欧州危機にいたるまで政府——国家——なのである。国家の介入は、「困ったとき」の政府というようにいまにいたるまで完全に断ち切れていない。投機には直接規制よりは、何らかのかたちでの取引税の導入が必要となっている。複雑な組み合わせをもつ金融商品あるいは金融派生商品については、その構成の透明性(＊＊＊)とリスクについての十二分な情報開示を発行機関に求めることが不可欠である。金融機関や高いリスクをもつ保有資産に関しては、より透明度の高い会計基準などの採用も考えるべきであろう。また、証券化を支えたのは、金融工学などの金融イノベーション技術だけではない。素人にはおよそわかりづらい金融派生商品のもつリスクを、あたかも公的基準のようにして格付けを行っていた格付機関のあり方も根本的に問われる必要(＊＊＊＊)がある。

(六)リスクの管理と不確実性への警告――産業資本経済から金融資本経済への移行は、それまでの政府の役割と政策手段のあり方を大きく変えた。たとえば、政策手段としての金利政策は、一定資金を設備投資などで長く固定化させる産業資本の場合とは大きくことなり、金融資本のより短期的な利ザヤを求める動きをときとして一層活発化させることになり、金融経済の安定に必ずしもつながらなくなってきている。金融取引に関わるリスクをどのように管理し、また管理がきわめて困難であるリスクに対してどのように警告を発することができるのが、金融政策の大きな課題となってきた。「大きすぎて潰せない」あるいは「潰すとシステム・リスクが巨大化する」ため、最終的なリスクを政府がとると予想されるとき、金融機関は管理が困難である不確実性に対して極めて鈍感になることが明らかになった。大きな問題は、金融取引――とりわけ、いわゆる金融イノベーション商品――に関するリスクが余りにも過小評価されたことであった。金融危機以降の、世界的な超低金利政策が、預金者たちの金融資産を銀行預金からよりリスクの高い資産へと移動させたが、預金者たちはどれほどリスクと不確実性を峻別していたのだろうか。米国についてみても、過剰消費と過小貯蓄による経済構造の是正は、超低金利の下ではますます困難となる。

（七）労働市場の流動化と社会保障性の見直し——すでに競争力を失った産業から新たな産業へ経営資源の移転は、それまでの強固な系列取引や利権構造のなかで円滑に進展しない。人材の流動化を促し、必要な人材が必要な組織へと移動することが望ましいが、この場合には、企業年金などの持回り制度の導入が必要となる。公務員制度の改革では、民間部門から公的部門へ、公的部門から民間部門へと、必要な人材が必要な時期に移動できる制度設計を前提に行う必要がある。

（八）社会的価値創造と企業活動——各国経済の相互連動性が著しく高まり、一国中心の経済運営や経済政策が限界を迎えるなかで、地球規模の価値観と国益との関係が問われている。グローバリズムのなかで、わたしたちが実際に生活する上での社会的価値観はどうあるべきか、また、その下で企業活動がどうあるべきかについて、個々の国民の真剣な取組みが必要となっている。

（九）日本的経済社会観の再確立とグローバルな貢献——米国政府の政策担当者の回顧録などを分析して感じることは、彼らの政策思想や経済観には、グローバリズムといいながらも、実際には自国の経済社会観が色濃く反映されていることである。米国の「市場制度＝ユニバーサル——普遍的——」とする価値基準は、米国の政治的保守層などの宗教観にも深く関連しているのではあるまいか。「市場＝絶対神」(*****)と暗黙裡に捉える考え方はそれぞれの国における文化的背景においてはきわめて相対的なものである。

（十）有効な財政政策の確立——世界経済の相互連動性が強まるなか、財政政策にはかつての効果は期待できず、他方、為替や国際化した公債市場にも影響を与える。財政政策においても、各国の協力が必要となってきている。

＊おそらく、現実の問題として、米国の巨大金融機関の分割には大きな反対が起こるであろう。脱工業化してきた米国金融業の競争力が大きく削がれ、欧州諸国や日本、あるいは中国などの巨大銀行との競争において大きな岐路に立たされるというナショナリズムのイデオロギーが喧伝されるだろう。だが、欧州や日本などにおいても遅かれ早かれ同種の問題が生じるのであって、リスクの高い金融商品の開発やそのような取引は、それゆえに真の金融イノベーションを生み出す可能性がある。国境を超える金融取引に対して投資家はより敏感になり、金融商品やその取引の透明性をより求めるようになる。考えてみれば、この種の考え方はかつてのウォール街の規制緩和を求めるイデオロギーであった。にもかかわらず、投資銀行が「大きくて潰せない」ほどに巨大化したことで、皮肉にも空文化してしまったのである。

＊＊モラルハザード——米国の投資銀行や欧州諸国の金融機関の破綻については、最後の貸し手としてＦＲＢなどが、その破綻の国民経済や世界経済への影響が巨大であり、「大きすぎて潰せない」という理由で公的資金などを投入して救済しつづけた。また、米国などの投資銀行は金融持ち株会社となることで、従来の金融規制の根幹にあった預金者保護の原理にそってさらなる救済を受ける権利を持つことになった。こうしてみると、国家による救済が金融機関をさらに巨大化させ、それらは一層「大きすぎて潰せない」ことになった。この背景には、金融関係者のモラルハザードがある。リスクを自ら引き受ける責任をもつという最低限のモラルをどこかに吹き飛ばし、最終的に自ら責任をとることがないことが、一層高いリスクを冒させた側面がある。そうであるならば、巨大化した金融機関を分割させ、「大きくないので潰れても仕方がない」というルールづくりが必要ではないだろうか。また、そうしたルールの欠除が高いレバレッジを異常とは思わないような金融業界全体のモラルハザードをもたらしたことも、わたしたちの記憶にとどめておく必要がある。こうしたルールづくりの一端として、グラス・スティーガル法などの復活が課題となるが、この場合も、証券と金融の分割も従来通りでよいのかどうか。二〇〇〇年代のバブルと関係が深かったいわゆるノンバンクなどの位置づけと規制なども必要となる。いまは死文化した独占禁止法の検討が必要ではないだろうか。

＊＊＊金融商品の透明性——ＣＤＯやＣＤＳの金融商品や金融派生商品などは、食品偽装問題と類似する。食品の場合は、加工食品の原材料などはきちんと示されていたが、原産地表示などが偽装されていた。一方、金融商品や金融派生商品はそれらを構成する個別金融商品が投資家にきちんと説明されていたとは必ずしも言えない。また、金融商品の場合にはそ

のリスクについてもきちんと示されていたとはいえない。格付機関による評価はあったが、格付機関そのものに問題点があった。

＊＊＊格付機関——一九七〇年代半ばに証券取引委員会（ＳＥＣ）が債券などの格付機関の認定制度を設け、債券の発行機関は債券発行の際にそうした公認格付機関の格付けを受けることを義務づけた。しかし、リーマン・ブラザーズなどの破綻で、そうした格付機関と格付けされる側の利益相反の構造的問題が明らかになった。だからといって、合併を繰り返し寡占化した格付機関が公認を取り消されてはいない。ここにもモラルハザードの問題がある。本来なら免許などの取消しあるいはこれに準ずる措置がとられるべきであった。

＊＊＊＊一口に市場経済制度といっても、それは無色透明の自然法則では決してないのである。また、市場経済制度を資本主義制と言い換えて、資本の運動法則の単一原理性を適用するのもどうであろうか。資本を取り巻く経済社会的な構造はそれぞれの国民経済にあり、資本市場をとりまく規則にはその国の社会構造の影響がある。米国社会の構造、たとえば、ウォール側の中心を為す社会層——投資家も含め——の社会的規範は米国型資本主義を分析する上で重要である。とりわけ、多民族国家である米国の場合、社会的規範としての宗教的信条などが重要な役割を果たしているのではないだろうか。

右に掲げた課題は、一見回り道のようではあるが、現在の資本主義体制を再生させるために必要不可欠であり、その解決の先にこそ安全と安心の資本主義体制の新たな姿があるのではないだろうか。同様の認識は、金融問題をめぐって開催されてきたＧ20などの会議においても、さまざまな関係者から、その都度、宣言やガイドラインというかたちでメッセージが発表され、銀行の適正な自己資本比率、レバレッジ比率、金融商品や金融派生商品の透明性を高める登録義務、格付会社の公共性などに関する実際のルール作りなどが話し合われてきた。むろん、Ｇ20だけではなく、各国の財務省や国会の関係委員会、あるいは、スイスのバーゼルにある金融安定理事会などでも幾度となく論議されてきたことである。

しかし、そうした努力が議論の範囲にとどまり、巨大銀行は自主規制に乗り出すわけでもなく、また、積極的に規制の締結や実行に取り組んで来たわけでもない。このこと自体、世界の金融市場に圧倒的な影響を保持している金融機関の政治力の大きさを示していることに他ならない。金融市場、より直接的には巨大金融機関への規制は一筋縄では行きそうもない。

資本主義が高度に発達した後の経済体制については、かつてレーニンたちは帝国主義ととらえ、ヒルファーディングたちは金融資本主義ととらえ、いずれも社会主義への移行をそこにみた。同時期、シュンペータたちがイノベーションと企業家精神によって資本主義はさらなる発展をみるとを予想したことは序論でふれたとおりである。

社会主義を掲げた旧ソビエト連邦が成立し、一方で米国が世界経済のなかで圧倒的な経済力をもった歴史的事実から、これらの所説を振り返ってみれば、妥当したともいえるし、また、しなかったともいえる。第二次世界大戦後の世界についてみれば、一九三〇年代に深刻化した大恐慌の影響で、米国においてもルーズベルト政権によるニューディール体制が生まれた。これは後に混合体制といわれたが、実態は紛れもなく社会主義的要素の強い資本主義体制であった。同様のことが、欧州諸国では福祉国家体制、旧西ドイツでは社会市場体制と呼ばれた。また、第一章でふれたように、当時のマルクス経済学者はこれを国家独占資本主義体制ととらえた。

いずれにせよ、市場経済体制を基軸としつつも、市場の失敗の現実的可能性を前提に、必要に応じた国家の市場介入が当然視された。だが、旧ソビエト連邦や中東欧諸国の社会主義体制の崩壊と市場経済体制への移行によって、米国社会に浸透した保守主義(*)のイデオロギーである市場原理主義が、普遍的基準として世界を覆うようになってきた。とりわけ、直接投資と国際金融市場の拡大が、世界各国経済の連動性を著しく高め、今日、一国の経済危機、とりわけ、通貨危機は世界に容易に伝播し、世界経済の不安定化をもたらすことになった。

＊これは米国の国内政治、とりわけ、大統領選挙とその中間にある連邦議会選挙の投票構成の変化にも如実に表れている。かつては、社会福祉政策の拡充と大きな政府を支持する民主党支持層と、個人の自由という米国の伝統的価値観、宗教的規律、市場介入に消極的である小さな政府を主張する共和党支持層であったのが、レーガン政権以降、いわゆるキリスト教における保守層——たとえば、福音派など——であり民主党支持であった南部白人層が、ますます共和党支持へと移行し、保守的白人層は共和党を支持する固定層となった。クリントン民主党政権下の一九九四年の連邦議会中間選挙では、共和党がほぼ四〇年ぶりに上下両院の多数派となり、南部諸州選出議員が議会で指導的地位に就き、大きな政府につながるとして、クリントン政権の医療改革などに強力な反対の政治姿勢をとった。G・W・ブッシュも小さな政府と市場原理を主張する保守層に支持され大統領となるが、結果的にクリントン政権が達成した黒字財政を再び巨額の赤字財政にすることになる。米国における保守主義思想のイデオロギーは単に市場原理など経済体制だけではなく、宗教的思想にも大きな関連性をもっている。

資本はより短期の利益を求めて世界を駆け巡るようになった。この背景にはそれぞれの国民経済における格差の拡大があり、特に富裕層の資産が国内投資に向わず、短期で高い収益を求める投機資本となってきたことがある。また、一般に、貧富の格差ばかりが指摘されるが、より正確には格差が広がる一方で、金融資産の所有者である経済主体——個人だけではなく、さまざまなＮＰＯ、企業、政府系ファンドや組合系ファンドなども含み——が増加してきた事実を見落としてはならない。カジノ同様、少数の個人だけが掛け金を巨額化させカードゲームに打ち興じても、繁昌はない。たとえ少額でも、何度も来場してくれるスロットマシーンのファンがいて、はじめてカジノビジネスの成立がある。国際的な投機資金市場の存在もまたそのようなものである。

そして、資本が投機性の高い運動を求める背景には、かつてのような高い預金金利を提供できなくなった金融市場があり、さらに人びとの世界情勢に対する不安感と不安定感があるのではないだろうか。不安定で安心のない社会は、長期投資より短期の資本運動を産み出すものである。

しかし、いまなお、長期の資本投資を必要とする、絶対的貧困解消のための社会的インフラの整備が、多くの国において必要なのである。この意味でも、わたしたちは安全と安心の資本主義を求めている。これは一国だけの突出したヘゲモニーの下ではなく、(*)文字どおりグローバルな協力を前提とする。

＊碩学のキンドルバーガーは、米国のリーダーシップ――ヘゲモニー――はプラザ合意でこそうまく機能したものの、今後、日本やドイツ、フランスのリーダーシップ力には期待できないと述べつつ、「欧州連合は経済面でも金融面でもその強さを拡大し、世界経済の中心を担う可能性はある。しかし、現時点ではアメリカ以上のものはなく、世界はアメリカに依存している。しかし、そのアメリカは国内の政治や経済問題で手一杯で腰が引けていて、国際的な公共財を提供するためのコスト負担には後ろ向きである。平穏な時期にはこの体制が機能するが、危機の際にはもっとリーダーシップが求められる。そして、今後、経済や金融の危機から逃れる可能性は低いように思われる。」欧州連合は加盟国の急な拡大がかえってその結束力を低下させ、ギリシャ問題の解決と通貨危機で脆弱性を改めて示した。歴史家としてのキンドルバーガーの指摘は慧眼である。チャールズ・キンドルバーガー（吉野淑彦・八木甫訳）『熱狂、恐慌、崩壊――金融恐慌の歴史――』日本経済新聞社、二〇〇四年。

ここで一九七〇年代に盛んに論じられた国家独占資本主義論の現代的意義を問えば、最期の貸し手としての国家と国家を超える組織体の存在なくして、金融資本主義化した世界的な資本主義体制を安定的に維持することは困難である、ということになる。また、今日、個別経済において、政府財政によって恒常的に経済拡大を図ることもまた困難となってきている現状がある。

二〇一一年にギリシャ国債の償還に端を発した欧州金融危機は、ギリシャ国内の財政問題であると同時に、ギリシャ国債破綻に関連するCDSなどがもたらす二次被害的な巨額の損失処理の問題も絡んで、EU加盟各国の密接な協力なくしては解決の糸口さえ見つけられないことが明示された問題であった。ギリシャ問題は単にギリシャ一国の問題ではなく、その背景には過大評価された通貨ユーロと不動産バブルの崩壊によって、巨額の不良債権を抱えた銀行などの経営問題が横たわっていたのである。(*)

*とりわけ、スペインや英国では二〇〇〇年代初めから不動産バブルが顕著になり、人びとは競って不動産投資に走った。その後、不動産バブルが崩壊したことで銀行などが苦境に陥ることになる。欧州の金融機関は自国の不動産バブルの崩壊に加え、米国のサブプライムローン崩壊の影響も併せて受けたことになる。ユーロ不安の底流には、各国政府の財政問題のほかに、金融機関の不安定な経営問題があったのである。

ギリシャ救済案に対しては、ドイツやフランスの首脳が賛成を示したが、それぞれの国で議会承認を必要とすることから、各国の経済事情が優先され、迅速な対応が困難であったことはわたしたちの記憶に新しい。ギリシャ危機が象徴するのは、国家独占資本主義論にある、恒常的な財政拡大による各国の国民経済運営には深刻な問題が存することである。同じことが、いわゆる新興国の危機の際にあきらかになった。その国の経済規模をはるかに超える海外からの短期資金の導入は、危機の際その国の財政規模との間に大きな不均衡をもたらす。もっとも、これは米国でも同じである。経常収支と財政赤字が巨額に達している米国の国債と通貨に対する信認が依然として高かったのは、米国政府については自国債が債務不履行――デフォルト――を起こす可能性がゼロに近いと考えられてきたからにほかならない。でなければ、外国政府、政府系ファンド、民間機関投資家たちが為替リスクをもっぱら自分たちで負担して、債務不履行に備え損失予想額に見合った資産を要求せずに、米国財務省証券を購入しつづけるはずはない。ここ一〇数年来、外国政府などの海外保有資産に占める米国債の割合が低下しているのは、米国債の債務不履行よりもドルそのものの暴落への恐怖があるといえる。

米国が今後も長期にわたり財政赤字を埋めるために、国債発行を増やし続ければ、その利回りは上昇し、その他の米国内の債券——住宅融資、消費者融資、自動車融資等々——の金利を確実に上昇させ、米国経済をけん引してきた国内消費を引き下げ、長期的な景気後退を促すことは自明である。

そうした米国の高金利を求めて海外から短期資金が流れ込みドル高となっても、高いドルを維持するためには財政赤字を放置することはできない。これは、日本政府が従来から主張してきたことでもある。現在の日本の財政問題を考えれば、米国が貯蓄率を高め、国内資金でもって財政赤字の削減を行わなければ、やがてドル暴落を恐れる海外投資家のドル離れが加速される。

これは日本社会にとって決して対岸の火事などではなく、アジア通貨危機の際にも経験したことであり、欧州金融危機では日本なども含め世界的な協力関係なくしては早期解決が困難であることが明確であった。世界は貿易、さらには金融を通じて、かつてないほどに緊密かつ瞬時に結び付けられるようになった。日本のより安定した国民経済がどれほど世界経済の安定に寄与できるかも同時に問われている。

では、そのための条件とははたして何であるのか。それを探ることは、機械的かつ機能的な財政均衡主義というイデオロギーや、イノベーションや産業構造高度化というイデオロギーを唱えるばかりではなく、国家の必要以上の市場介入と網の目のように築かれた利権構造優先の官僚的社会主義——実力以上に評価されすぎたが——などに堕することのない資本主義体制を目指すことでもある。

序論で「国家独占資本主義論」について紹介した。この概念は、市場経済において独占を強めた大企業と政府＝国家が一体化したものである。本書では、気づいてみれば、米国経済の分析に多くの紙幅が費やされることになってしまった。米国では欧州や日本などと異なり、封建的遺制がなく、それだけ市場経済制度は無人の野を行くように定着していった。米国の政策史とは、企業の行動に規制を加える制度の制定とその緩和をめぐる歴史であったといってよい(*)。

＊詳細はつぎの拙著を参照。寺岡寛『アメリカの中小企業政策』信山社、一九九〇年。

早期に産業別寡占が形成された米国では——自由経済制度の当然の帰結であるが——、そのときの主導産業における独占企業などが政府の規制導入などに大きな影響を及ぼす政治力を発揮してきた。鉄道、石油、自動車、そして金融である。スモール・ビジネスの時代とは異なり、大きくなりすぎてその行動が注目を浴びるようになった独占企業は、より自由な市場での自由な企業活動を要求し、しばしば政府と対立した。

そこにあった米国的社会規範は、政府の過剰な介入を必要としないポピュリズムであると同時に、自由な利益追求が許されるというアメリカン・ドリームを「良し」とする考え方である。それゆえに、米国の政治において実業界と政府官僚の間の回転ドアがどの国よりも回ってきた。

そしてレーガン時代以降、その回転ドアはウォール街にも設けられた。ウォール街の関係者はそれまでのロビー政治などを通じての間接的な政策形成への働きかけから、彼ら自身が政府高官となり政策そのものを立案し——連邦議員への献金額やロビー活動資金も中途半端な額ではないが——、実行し、さらに監視するようになった。

さまざまな金融商品あるいは金融派生商品が組み合わされ、複雑化された金融商品への理解が難解となり、政府内においてもウォール街の実務家——テクノクラート——でなければ金融政策——規制も緩和も含めて

——を立案することがますます困難となっていたのも事実である。

しかしながら、それ以上に重要であるのは、サイモン・ジョンソンたちが『一三人の銀行家——ウォール街の乗っ取りと次の金融破綻——』（邦訳『国家対巨大銀行——金融の肥大化による新たな危機——』）で、ウォール街の世界観——イデオロギー——の大衆化と普及について、つぎのように指摘した点である。

「一九九〇年代は、不祥事や危機があれこれ発生したにもかかわらず、ウォール街が経済支配力を政治的影響力へと発展させていった一〇年間だった。それはまた、金融イノベーションと規制緩和をよしとするウォール街の世界観が、民主共和を問わずワシントンの信念となっていった一〇年間でもあった。……ウォール街は袖の下を渡して便宜を図ってもらうといった古くさいやり方はせず、完全に合法的な武器を巧みに使って勢力を伸ばしていった。……ウォール街の老練な経営者が政府に登用され、政策を策定し、政権内部に新世代の高官を育てた。……おそらくは最も重要な武器は、思想や価値観といった文化資本である。『高度な技術をもつ大規模な金融産業の存在はアメリカにとってよいことだ』という考え方が広まり、浸透し、支配的になった。」（村井章子訳）

この後の二〇〇〇年代の政府によるウォール街の救済については、前章で取り上げたとおりである。高度な金融工学を駆使し複雑な商品を創造しうるのは少数の投資銀行であり、そうした金融機関は寡占化した金融商品市場で巨額の手数料を手にした。だが、そうした巨額の収益はまた、二〇〇〇年代に入って引き上げられた法外なレバレッジの高さに支えられたものであり、米国住宅市場に連動したバブルがはじけると、とてつもなく大きな津波がウォール街を襲うことになった。ベア・スターンズのあっけない幕引きは、彼らがいかに高いレバレッジ比率で借入資金を運用していたかを示唆している。

米国政府はベア・スターンズの合併などを進め、さらに寡頭化した金融機関に巨額の国家資金を注入した。ウォール街は金融の自由取引を強く要求し、議会、政府、著名ビジネス・スクール、経済学者などを巻き込み、「金融イノベーション」を強調し、「自由で規制のない市場がすべてを解決する」という世界観を普及し、そして、最後に「大きくて潰せない」システム・リスク論を持ちこみ、国家による全面的な介入を求めた。財務省や連邦準備制度理事会は、その救済プロセスにおいて、破綻寸前にあった金融機関の国有化ではなく、経営にくちばしをはさむことが困難な優先株――普通株を購入できる権利もすこしだけあったが――を買い取ったほかに、社債の発行に際してはその保証も行った。そして、「焼け太り」したと揶揄された投資銀行は銀行持株会社となり、連邦準備制度理事会からの救済資金を受ける権利を確実にした。役者はウォール街のほうが一枚も二枚も上手であったのである。(*)

＊序章で紹介したオリバー・ストーン監督作品『ウォール街』の続編には、二〇〇八年の主人公ゴードン・ゲッコーと彼を取り巻くウォール街の光景が描かれている。ベア・スターンズと思われる投資銀行、国からの資金をしたたかに引き出す銀行家たちの姿がそこにある。実際は、J・P・モルガンによるベア・スターンズの買収については、一株当たりの買値を値切り、さらに政府の保証を引き出すなどはおそらく映画よりも実際の場面のほうがもっとしたたかであったろう。

社会的正義や社会的公正を掲げた規制の導入に対して、ウォール街を中心とする金産複合体はこれからも反対を続けるだろう。それは彼らの投機行為が最終的には政府による救済を担保にして大きな利益を挙げ得たからである。

正義や公正というルールを遵守しなければ、大きな損失を招くシステムを探る必要がある。損失のみがウォール街を正常化に導くであろう。政府救済のルールの明示化が必要となる。

ルールなき政府救済が続けば、そのツケは確実に政府の赤字財政拡大へとまわる。序章で紹介した国家独占資本主義論の論者たちが、そのような具体的な構図を描いていたかどうかはわからない。だが、米国などの金融危機の構図は、国家が金融機関をその支配下におくのではなく、金融機関が国家をその支配下におくようなものである。より正確には、金融システムに大きな影響を及ぼしうる少数の金融機関による国家資金のハイジャックである。

序章でも紹介したように、二〇世紀初頭に、ヒルファーディングは『金融資本論』で、当時の金融資本の急成長に着目し、金融資本が信用取引を拡大させつつ資本主義経済において自由競争を制限することができるほどに大きな影響力を持ち、やがて恐慌を引き起こすことを予想した。ほぼ同時に、シュンペータも資本主義の行き詰まりを予想し、それを突破するためのイノベーションとそれを担う企業家・企業家精神の必要性を説いた。この二人の主張には、共通点も多かったのではあるまいか。

イノベーションはなにも工業などの産業分野に固有のものではない。ヒルファーディングが直目し問題視した金融の分野で、多くのイノベーションと、それを推し進めた企業家精神の活発な発露をみた。そこには金融イノベーションと、なんでもありとなった金融市場における信用取引――レバレッジ――を利用した金融資本との結合があった。ウィーンという地で一見互いに異なる主張をした二人の人物の主張は、その一世紀後に互いにクロスしたのである。

規制を嫌い、自由主義的世界観を主張したシュンペータと、恐慌後に社会主義を予想したであろうヒルファーディングが現在に蘇れば、今日の経済実態を前に何を語るのであろうか。金融が国家を支配したと解釈すれば、国家独占金融資本主義の民営化という物言いも可能であろう。今後、金融と国家をめぐる動き、とりわけ、金融市場の規制をめぐる動きが重要な問題となる。果たして、それがどのようなかたちで進行するのか。

輝ける二一世紀の予想とは裏腹に、米国のベア・スターンズは行き詰まり、リーマン・ブラザーズは破綻した。「大きすぎて潰されなかった」シティグループやゴールドマン・サックスなどに代表される金融資本主義の危機は、改めてわたしたちに社会のもつパラドックス――逆説――を突き付けてきている。

市場原理主義への全面的な信頼、というよりも信仰は、規制なき資本主義と小さな政府を内実としたが、結果として、金融危機の度に繰り返されてきた公的資金の投入による財政赤字の拡大と、国債発行を余儀なくされる大きな政府を成立させてきている。ＦＲＢによって気前よく巨大金融機関に提供された流動性――救済資金――が、もし過剰流動性へと転換することがあれば、まちがいなくインフレを引き起こすことになる。大きな政府と一定程度の規制は、最終的に市場原理と、いまよりは小さな政府を生みだしていた。これはあまりにも皮肉すぎるパラドックスではないか。

中国の四書の一つである『中庸』は、物事の本質、とりわけ、人生における対処はすべて極端に偏ることなく中庸の道が重要であると指摘する。きわめて平凡な考えかもしれないが、わたしたちの社会に蓄積されてきた歴史的な知恵でもある。大きな政府でも小さな政府でもなく、あるいは、市場原理への全面的な委任でもなく、全面的な国家関与でもなく、あくまでも市場原理を中心とした、政府の中庸的な関与が、わたしたちがいま必要とする資本主義観である。

中国古来の知恵を持ち出すまでもなく、こうした考えは、一九二九年の大恐慌――金融恐慌――から立ち直った米国型の金融資本主義を支えた社会的価値観とも密接な関わりをもっている。この意味では、人間の行動とそれが創り上げてきた社会構造の解明がこれからの経済学——より正確には経済社会学——の大きな課題となっているのではあるまいか。

リーマン・ブラザーズの破綻が世界経済に及ぼした影響の大きさはいまさら強調するまでもない。そして、寡頭化した投資銀行の取引高は巨額であり、リーマン・ブラザーズの比ではないゆえに、公的あるいは准公的資金が投ぜられた。もし破綻していればその損失総額は多くの個別国——むろん、米国も含め——のGDPをはるかに越え、一九二九年の世界大恐慌以上の恐慌となったであろう。だが、救済されたことでさまざまな問題が封じ込められ先送りされ、わたしたちはいまも恐慌型経済の中にいる。

わたしたちの金融資本主義経済は成熟するためのルールを必要としている。それは決して「ルールなき」経済ではない。ルールなき金融資本主義は、わたしたちがいままで経験したことのないグローバルな規模で恐慌型経済を引き寄せる可能性を高めている。このことこそがかつての国家独占資本主義論などからわたしたちが継承し、検証すべき遺産ではないだろうか。

終　章　恐慌型経済の時代へ

恐慌型経済をめぐって

第一章で取り上げた大内たちの国家独占資本主義論は、恐慌とは資本主義に内在した現象であり、それを避けることで成立する国家独占資本主義は、やがて起こり得る恐慌の規模をさらに大きなものとすることを示唆していた。恐慌を引き起こす原因である過剰資本の処理については、国家自身が苦しむため、実際には困難であると主張された。

米国の経済学者クルーグマンは、米国金融経済の盛衰のあとに、わたしたちの経済は大恐慌以来の「恐慌型経済」に入っていると、警鐘を鳴らした。この指摘はいまから一世紀半も前のマルクスの警鐘を思い出させる。マルクスは『資本論』――第三部第五篇「利子付資本」――で、実際の貨幣を超える信用こそが資本主義を発展させたことを認めつつも、恐慌は「信用恐慌」と「貨幣恐慌」としてのみ現われ、手形など、要するに金融取引が社会的な必要額を超えて膨張することが、恐慌の「基礎」にあることを論じている。(*) クルーグマンの指摘はマルクスのこの指摘を現在に蘇らせる。たしかに、実物経済をはるかに超えた金融経済は、わたしたちが「恐慌型経済」に生きていることを意識させる。

＊マルクスの時代にむろん、コマーシャル・ペーパーやデリバティブなどのさまざまな信用を利用した金融商品はなかったが、マルクスが例示する「手形」をそのような現在の金融商品に置き換えることはできよう。マルクスはいう。「信用が突然停止されて現金支払いしか通用しなくなれば、一見して明らかに、一つの恐慌が、支払手段への殺到が、現れざるをえない。それゆえ、一見、全恐慌がただ信用恐慌や貨幣恐慌としてのみ現われる。そして実際また、手形の貨幣転化の可能性だけが問題になる。しかし、これらの手形の多くは現実の売買を代表し、そしてこの売買の、社会的必要をはるかに超えた拡張が、結局は全恐慌の基礎をなすのである。しかしまたそれとともに、これらの手形の膨大な量が、いまや明るみに出て破裂する単なる思惑取引を表示する。」カール・マルクス（向坂逸郎訳）『資本論』第三巻第二部、一九六七年、岩波書店。

すでに何度も論じたことだが、一九八〇年以降、米国経済は金融経済への傾倒を強め、実物経済の規模をはるかに超えた。金融経済は、グローバル化という資本の自由化を求め、ルールなき取引をサイバー空間まで押し広げたものの、あまりにも巨大化した信用創造の自重に耐えかねるように、金融市場が破綻した。国家は、巨額の資金を投入して、巨大化し寡頭化した金融機関を救済せざるを得なかった。

それまでの産業資本を中心とする実物経済の規模と比較して、金融資本の力があまりにも巨大化し、その支配の範囲は株式市場のみならず、原油などの資源市場、さらにはサイバー金融市場を含め、とてつもなく大きなものになった(＊)。金融経済の実物経済との規模の差は圧倒的であり、そうした金融経済を支える金融システムの崩壊は、わたしたちがいままで経験したことのないもので、その範囲と深刻度は計り知れない。

＊米国経済においても、巨大投資ファンドなどの登場によって、トップ企業の株主構成は大きく変化し、機関投資家の株式資本率の上昇が一九八〇年代以降大きくなってきている。米国大企業のより短期の利益と株主配当重視という金融資本化の動きは一層強くなっている。資本主義はあらゆるものの市場化を図ってきたが、金融資本主義は企業そのものを「証券化」するようなかたちで市場化させた。投資ファンドなど機関投資家は公開買付けなどによって取得企業の上場を一端廃止させ、経営者を入れ替え、リストラを進め、短期利益を挙げさせ、まるでオークションにかけるようにして売却して大

きな利益を得るようになった。

一九二九年の大恐慌以降、わたしたちは恐慌型経済とは比較的無縁で生活してきたものの、いまではいつ起きるかもわからない地震のような恐慌型経済のなかで生きている。リーマン・ショックをめぐって米国の政策関係者などが取り交わした会話は、一九二九年の大恐慌をさらに上回る巨大恐慌の到来を予想し、国家救済を必要とするものであった。しかし、多くの問題は先送りにされたままである。独占禁止法などの新たな適用など、今後のあるべき政策については、すでに述べたのでここでは繰り返さない。資本主義のあり方とそれに関わるルールを改めて再考する必要がある。

ところでケインズは、一九三三年に米国の『イェール・レビュー』誌に、自由貿易の擁護などを論じた一四頁ほどの「国家的自給自足」というエッセイを寄稿している。このなかで、ケインズは自らの資本主義観をつぎのように開陳している。

「国際的であるが、退廃的で個人主義的（individualistic）すぎる資本主義は、それは今回の戦争（第一次世界大戦――引用者注）の後にわたしたちにとって理解できるようになったのだが、成功したとはいえない。そうした資本主義は知的でもなく、美しくもなく、また、公正でもなければ、高潔でもない。それは本物（goods）でもない。要するに、わたしたちはそうした資本主義を好んではおらず、つまらない制度として軽蔑するようになってきている。しかしながら、それに代えてどのような制度を働かせればよいのか。わたしたちはまったくのところ困惑するばかりなのだ。」

これは英国首相を務めたウィンストン・チャーチル（一八七四～一九六五）が、第二次世界大戦後に議会の下院で論じ、その後、数多く引用されるようになった民主主義についての演説にも共通する。

「いままでも、多くの政治体制（many forms of government）が試みられてきたし、またこれからも過失と苦痛にみちたこの世界で試みられることだろう。だれも民主主義がすべてにわたり完璧であるとみせかけることなどできない。実際、民主政は最悪の政治形態であると言われてきた。ただ、それはいままでに試されてきた民主政以外を除けば、である。」

両者に共通するのは、英国人の現実感あるユーモアであろう。

市場経済メカニズムは、たしかにすぐれたシステムである。それはときとして税金の無駄遣いを引き寄せ、政治的利害を取り込む官僚主義を排除し、価格というシグナルによってさまざまな経済主体間の自律的調整をもたらす。ただし、それは、企業、家計、個人などの間に情報の対称性が完全に、あるいは相当な程度において確保されてはじめて作動するシステムでもある。現実の経済では、とりわけ、金融経済においては、生産者や消費者、企業の関係者、銀行と債務者などの間に必要な情報へのアクセスが平等に保証されていない。

リーマン・ショック以降、日本も含めて世界各国で、デリバティブ商品などの複雑な金融商品のもつリスクを購入者に伝えるルールづくりが始まっている。だが、果たしてそのようなことが可能であるのか。いまもむかしも、情報の非対称性を象徴するインサイダー取引は後を絶たない。一九二九年以前もその後も、信用恐慌が資本主義経済に繰り返し現れてきた遠因の一つは、市場経済における情報の非対称性である。

大恐慌の影響に世界が苦しむ中で、ケインズはその代替的制度について困惑するばかりの資本主義経済の今後について、自由貿易を基調とする制度が必要であると説いた。大恐慌は多くの人たちにとって、遠い記憶となった。だが、その凄まじさは相当なものであった。天井知らずのバブルが急転直下の展開となったのである。

なぜ、天井知らずの好況を謳歌した米国経済が、恐慌型経済の姿を示したのか。多くの解釈があるものの、実物経済と金融経済のアンバランスがその根底にあった、と少なくともわたしは考えている。一九二九年一〇月二一日のいわゆるブラック・マンデーは、鉄鋼株を中心にダウ・ジョーンズ工業指数を大幅に下落させ、多くの投資家をパニックにさせた。翌年に株価が持ち直すことで、楽観的な見方を生み出したものの、結局のところ、その後も株式市場の長期低迷をもたらすことになる。

問題は、金融システムの破綻にあった。ブラック・マンデーの翌年には多くの銀行——合併などが画策されたが——が行き詰まった。一九三一年になっても、銀行倒産は収まらず、翌年には銀行が一時閉鎖されたものの、結局のところ、二〇〇〇行あまりの銀行倒産を防ぐことにはならなかった。

金融システムの破綻に起因するこうした恐慌型の資本主義経済を、制度としてみれば、その成熟化の条件とは一体何であるのだろうか。それは一国の政治体制を越える、国際協力を前提とする新たな考え方を必要としていることは間違いない。

すでに紹介したオリバー・ストーン監督の『ウォール街』の続編で、ウォール街のやり手投資家ゴードン・ゲッコーが、自らの体験を語る場面がある。ゲッコーは「問題は投機なのだ」と述べる。それは自らの行いを棚に上げた発言で、観る者にジョージ・ソロスの言動などを思い起こさせる。

だが、わたしたちの経済の歴史は、振り返るとバブル経済の歴史であり、投資の規模をはるかに上回る人々の投機熱がバブルを起こしてきた。問題は、投資と投機の規模の差がわたしたちの歴史においてかってないほどまで拡大してきたことなのである。サイバー化した空間で取引され、巨額の損失を被った人たちがいる一方で、このゼロサム・ゲームでとてつもない資金を蓄積した人たち——個人、ファンド、機関投資家なども含め――もおり、その巨額化した資金はつぎなる投機対象を求めている。

そうした巨額の資金は甕に入れられて地中に死蔵されているわけではなく、一部は銀行預金や証券、一部は貴金属や資源、または株式というかたちへと転化され、やがて土地価格、株式価格、資源価格の上昇などに応じて一挙に流動化し投機資金として登場するのを待ち望んでいる。そうした巨額の投機資金が市場価格を支配する時代となった。

だが、「投機」そのものを禁止することは、現実的で実効可能な政策ではないだろう。レバレッジ規制と同様に、投機と投資との関係がある一定の範囲を超えた場合、金融システムそのもの、さらには実物経済に壊滅的な影響を与える。多くの貿易取引や農産物売買に関わるいわゆるヘッジ取引においては、為替変動や気候変動によるリスクがある。しかし、そうしたヘッジ取引に参加する投機家がいなければ、実物経済の拡大もありえない。より現実的な課題はそのレベル設定なのである。

ヘッジ取引は、為替や農産物のような先物取引、所定期間内にさまざまな金融資産を特定価格で売買する権利を有するオプション取引、あるいは為替リスクに関連して直物取引と先物取引を同時に行うスワップ、さらに現在では短期金利と長期固定金利との交換――金利スワップ――、異なる通貨間の債務交換――通貨スワップ――、企業の自社債券の債務不履行の際のリスクヘッジであるクレジット・デフォルト・スワップまで、広範囲に広がった。

しかも、かつての為替スワップのような「標準」ものだけではなく、テイラーメイドのようなスワップ取引金融商品が店頭市場で売買されるようにもなってきた。市場の全体規模はきちんと統計的に把握されているとは言い難い。国債決済銀行などの数字では、それはすでに六〇〇兆ドル――仮に一ドル＝一〇〇円で換数すると、「京」円単位になる——を越えたともいわれる。こうした巨額化、投機化したヘッジ取引市場の最後のリスク保証としては、暗黙裏に国家があったことはいうまでもない。必然、そうしたリスク感覚がモラルハザードを生み、そうしたモラルハザードがヘッジ取引を拡大させたともいえよう。

オリバー・ストーン監督の描く、ウォール街の風雲児であったゲッコーは「問題は投機だ」と叫んだあとにさらに追加すべきことがあったのではないか。「ルールなき投機こそがさらなる問題を生むのだ。そして、わたしたちはいま投機のルールを必要としている。なぜなら、そのつぎにくるのはいままで経験したことのないような悲惨な恐慌という大混乱だから」と。

いま、わたしたちはそうした経済状況に直面した政治と経済との緊張関係の中にいる。二〇世紀初頭までの経済学を意味した政治経済学という言葉が消え去って久しいが、再度、わたしたちは、わたしたちにとってあるべき経済の姿について情熱を持って語り、それを実現する政治経済学の時代にいる。

貨幣論の政治経済学へ

金融経済の肥大化は、貨幣とはそもそも何であるのかという根本的な問いを浮上させる。従来の古典派経済学以来、貨幣は、経済を活発化させるための交換手段としての中立性が前提となっていたといってよい。それは、財やサービスを生み出す実物経済において、概して物価水準に影響を及ぼす程度であった。

だが、ケインズ経済学はそのような単純な貨幣論に疑問を呈し、実際の経済においては、貨幣は「流動性」をもつゆえに、企業の生産水準や雇用規模にも密接な関係を有することが論じられてきた。貨幣が実物経済の附属物で中立的なものではなく、それ自身の働きと影響力を保持する「貨幣経済」——monetary economy

──の世界を形成することが認識されるようになった。

貨幣は実物資産と大きく異なり、あらゆる商品──商品、土地などの実物資産のほか、あらゆる債券──との高い交換性をもつ意味と範囲において、きわめて流動性が高い。そうした流動性をもつ貨幣は、経済活動などにおける不確実性への対処手段となりうる。したがって、企業や家計は購入後の交換価値において不安がある商品の購入より、貨幣を手元に置いて流動性を確保しようとする。ケインズの利子論などはこうした貨幣の性格の上に構築され、流動性選好もこの文脈で説明された。

金利は貨幣のそうした流動性に関連して形成され、人びとが手持ちの貨幣を手放すために必要な利子率の水準に決定される。人びとは貨幣をタンス貯金しておくよりも、それを手放し銀行などを通じて貸し付けることによって金利が生じることを望む。だが、不確実性の高い経済においては、企業は設備投資などを積極的に行うことを差し控えることによって、資金を貨幣のかたちで保持しようとするし、家計もまた消費を差し控え手元に保持する。不確実性の高い経済は、人びとにそのような実物投資を回避させる行動を生み出すのである。

貨幣は、成長の確実性が明らかと思えるときには経済をさらに活性化させる手段となるが、不確実性が強くなると実物投資を中心とする経済活動を押し下げる手段となる二面性をもった存在である。しかし、流動性という面からすれば、貨幣に次いで流動性の高い債券の流通の場である証券市場が発達することによって、貨幣は株式──社債も含め──や債券へと容易に転化されるようになった。そして、本来、企業の実物投資を促すために発達してきた株式市場などが巨大化することによって、株式の流動性を高め、やがて投機の場になっていく。

投機は、その対象が株式であれ、債券であれ、資源であれ、市場が整備され、売買に関わる流動性が確保されるにしたがって、実物経済に関わる規模を超えて大きくなる。投機と投資の巨大なギャップが、信用という枠をはるかに超えているがゆえに、一たび弾けると、あらためて貨幣の流動性という本来の姿が現れることになる。マルクスが恐慌とは信用恐慌であり、貨幣恐慌であると指摘した所以である。

恐慌型経済は、金融経済の突出した一九八〇年代以降のわたしたちの経済の姿であり、貨幣とは本来何であるのかという貨幣論の政治経済学を必要としているのである。

最後に、経済学説史という視点から金融経済と国家独占資本論などを振り返ってみる。古典派経済学とその後の新古典派経済学、ケインズなどに代表された経済学とその後のミルトン・フリードマン等に代表された経済学、ヴェブレンやカール・ポランニーたちに代表される経済社会学や社会経済学の理論が形成されてきた。これらの諸理論は現実の経済を眼前にして系統発生的かつ循環的に表れてきた。だが、これら諸理論の一つの解釈だけでわたしたちの経済体制をより成熟したものにするのは困難である。

市場経済体制、あるいは政府の関与を認める——といっても、その関与の度合いによって北欧型や日本型もあるが——管理された市場経済体制についても、そこに市場原理の全面的有効性——とりわけ、長期的視点の下で——を求める考えもあれば、市場関係者間の情報の非対称性ゆえに、制度あるいはルールを前提として市場経済の有効性が保証されるとする見方もある。経済学者の間宮洋介は『市場社会の思想史——『自由』をどう解釈するか——』でケインズ以来の市場と自由をめぐる経済学者の考え方についてつぎのように指摘する。

「市場経済の理論に反旗を翻したのはいうまでもなくケインズである。この点に関してヴェブレンもケインズと似通った見解をもっていた。彼らは自由放任の枠のなかで批判したのではなく、貨幣経済を背景に置いて批判したのである。自由放任の経済は経済の金融化を促し、それが産業としての経済を不安定化させ、弱体化させる、と彼らはみていた。経済のこうした傾向に対して、ヴェブレンは産業活動の中心的な担い手である技術者たちのソヴィエトを夢想し、一方ケインズは、市場経済を補完する形で政府が積極的な財政・金融政策を探り、それによって景気を安定化させることを説いたのである。」

いうまでもなく、積極的な財政・金融政策が無制限に拡大しうるはずはなく、国家の規律ある財政運営と市場経済体制のバランスが必要である。それが現実に容易ではなかったことは、ヴェブレンたちも示唆したように、人びとの惰性的な思考や習慣という「制度」が、それまでと異なる経済環境の下で容易に転換しえないことを示唆している。

たとえ、ケインズたちが「貨幣論」を展開した当時と貨幣の本質が変わらないとしても、わたしたちは、たった一秒の間に貨幣がさまざまな通貨のかたちをとりながら容易に世界一周の旅を終えるような時代に生きている。それはまた、実物経済と金融経済の間が広がり過ぎたという市場の大きさだけではなく、金融経済の展開スピードがとてつもなく拡大した時代でもある。

しかし、肥大化した金融経済は、熱せられ上空へと飛び上がった熱気球のように、永遠にその熱源を発生・維持させることなど出来ない。やがて、それは地上――実物経済の世界――へと下降せざるをえず、その下降スピードが重力――実際の資金循環――から自由でないかぎり、速ければ激突を余儀なくされる。わたしたちは貨幣論の新たな政治経済学を必要としているのである。

あとがき

編集者と前著『巨大組織の寿命――ローマ帝国の衰亡から学ぶ――』と『タワーの時代――大阪神戸地域経済史――』の校正の相談をしているときに、現在の資本主義、米国経済、欧州経済、中国経済、そしてとくに日本経済が一体どこへ向かおうとしているのかが話題になった。

そこでは、わたしの世代なら慣れ親しんだ「国家独占資本主義」という視点がどこかに忘れられた感があるが、わたしたちの経済社会の現在を切り裂き、その本質を探り出すのには、この忘れられた概念が重要ではないのかということになった。

わたし自身を振り返って、経営学部という場で同僚たちと議論をする内容のほとんどは、良い意味でも悪い意味でも、企業や経営者のあり方など超ミクロ経済の領域の検討に収斂していることが多い。企業を取り巻く経営環境である経済、社会、政治、そして世界のあり方にまでは目が行き届かなくなる。だが、米国を中心とする金融資本主義の暴走ぶりが、わたしを経済学とマクロ経済に引きもどしてくれた。

現在の「思想的制空権」である米国型金融・自由経済主義を主張してきた経済学者や政策関係者たちは、リーマン・ショック――英国の日本学者リチャード・ドーアの表現を借りれば、「金融メルトダウン」――以降もルールなき市場主義という宗教の「自動制御神話」を信じているのであろうか。

ドーアの「メルトダウン」という物言いは、二〇一一年三月一一日の福島第一原子力発電所の事故を思い起こさせる。

原子炉のメルトダウンでは、冷却水が循環されず増え続け、その処理にタンクを増設することで対応しているが、やがて個々のタンクも満杯になり、さらなる大きな処理タンクを必要としていく。増え続ける汚染水問題には頭を抱えざるをえない。それはまるで現在の赤字財政という冷却水と巨額化している国債残高という処理タンクを象徴的に示している。重要なのは、メルトダウンした原子炉そのものの根本的処理であることは自明であろう。

同様に、米国経済における金融システムのメルトダウンは、国家資金という冷却水で一旦対応できても、汚染された冷却水は処理されずタンク――国債残額――で貯蔵されるだけである。巨額化した国債残高はやがて償還――処理――されなければならない。ドーアのいうように、それはまさにつぎなるメルトダウンを予測させるのである。これは本書の冒頭で引用したポール・クルーグマンの「恐慌型経済」の到来という物言いでもある。

いまは思想的制空権――原発安全神話のような市場万能主義――から忘れ去れたような感のある国家独占資本主義論を論じることによって、経済社会そのものの構造を、わたし自身もどこかで探りたいという欲求がずっとあった。このような思いと視点から、冒頭のような刺激をうけて、日本経済の現状と将来を国家独占資本主義という視点と観点から眺望してみようと、本書を書き始めた。

まずは、国家独占資本主義が盛んに論じられた一九七〇年代から、淡々と経済的事実を書き連ねることからはじめてみた。気がつけば、米国経済の分析にかなりの紙幅を割いてしまった。その中心は米国のニクソン政権以降の大統領の経済政策と米国経済との関係についてであった。

それは、換言すれば、資本の運動性の強さが政治＝政策をねじ伏せるような歴史であった。あまりにもひ弱な世界がそこにあったようにわたしには思われるのである。中小企業政策など経済政策の分析を生業としてきたわたしには、とりわけ、そのように感じられてしまう。

そうしたことに、いま、あとがきを書きながらようやく気づいた。それは、いくつかの概念を手探りの道具として漠然としたことを多少なりとも分析し、その考察結果を文字に落とす執筆作業がもつ効用の一端である。

さらによく考えると、ここ数十年来の日本経済についてみれば、わたしたちの社会は米国経済の影響を受け、その影を踏むように、その優れた点を探り日本なりに模倣したものの、時に日本が本来持つ美点を歪め、当初の予想とは全く異なる姿にしてしまった。それは日本のみならず、欧州各国やアジア各国についても指摘しうる。その背景にあるのは、米国資本主義の資本のもつ運動性＝グローバルな動きである。そうした動きに各国の資本主義は作用と反作用を互いに及ぼしつつ、現在に及んでいる。

米国の歴史家ハワード・ジンは、旧ソ連が崩壊し、資本主義と自由市場の「勝利」が「地球的」に盛んにもてはやされた時期に、一九世紀に生きたカール・マルクスが、当時住んでいたロンドンのソーホー――いまではおしゃれな街となった――ではなく、ニューヨークのソーホーに「幽霊」として現れた場面を設定した脚本「ソーホーのマルクス」（邦訳は『ソーホーのマルクス――マルクスの現代アメリカ批評――』）で、「マルクス主義者」ではないマルクスに、現代の資本主義をつぎのように語らせている。

「告白しよう。私は資本主義の巧妙な生存能力を考慮にいれていなかった。病める体制を生き延びさせるための妙薬があるとは想像もしていなかった。産業を維持していくための戦争、惨めさを忘れさせるための愛国主義に熱狂させる戦争。大衆にイエスを再来することを約束する宗教的熱情［首を振る］、わたしはイエスを知っている。彼は復活しない……。

私は一八四八年に資本主義は死滅しつつあると考えていたが、それは間違いだった。私の時間測定はちょっと外れていた。たぶん二〇〇年ぐらい。［笑う］だが変革はやってくるだろう。現在のすべての体制は変革するだろう。民衆は愚かではない。（中略）

資本主義は歴史上非常にすぐれた驚嘆すべき技術と科学の軌跡をもたらした。だが資本主義は自らの死を準備しつつある。利潤へのあくなき欲望――もっと、もっと、もっと！――という欲望が混乱を生み出す。それは一切のことがら――芸術や文学や音楽や美そのものさえも――売買される商品に変えてしまう。人間も商品に変えられるんだ。工場労働者だけではなく、医者、科学者、法律家、詩人など――すべての人々が生存のために自己を売らざるをえなくなる。……

資本主義は世界市場を必要とするものだからだ。資本主義は「自由貿易！」と叫ぶ。なぜなら、より多くの利潤を得るために――もっと、もっと！――地球のどこへでも自由に進出する必要があるからだ。だが、そうすることを通じて資本主義は、本来は意図していなくとも、世界文化というものを創造してしまう。人々は以前の歴史では考えられなかったほど簡単に国策を超えてしまう。思想も国境を超える。このことから必然的に新しいものが生まれることになる。（中略）

君たちは、私が帰還してきて、君たちを挑発したことに腹を立てたかな？　こう思ってくれ。これは復活だ。キリストは復活できなかった。だからこそマルクスが帰還してここにやって来たのだと……」（竹内真澄訳）

ジンがニューヨークのソーホーに時間を超えて迷い込んだマルクスの幽霊に語らせたように、資本は容易に国境を超える自由な取引を必要とし、あらゆるものを商品化し費消する。だが、それが潰えたときに何が待っているのか。この意味では、米国経済や日本経済だけではなく、アジア経済、とりわけ中国やインド、さらには米国資本主義の近くにあるブラジルなどラテン諸国経済についても分析対象とする必要性は十二分に認識している。だが、いずれの課題もわたしの能力をはるかに超える。ここでは、そうした経済の分析が今後一層重要性を増すことだけの指摘にとどめたい。

本書の序論で述べたことだが、ルドルフ・ヒルファーディングは、二〇世紀に入ってからの資本主義を診断し、それを「金融資本」と名付け、その動態的運動の行く末——行き詰まり——を論じた。そのおよそ一世紀後に、世界のあらゆる場で金融危機が生じている。金融資本が国家の絶対なる信用を必要とせずにはもはや自立しえなくなった現状がある。経済学者であり医者であったヒルファーディングであれば、その新たな病巣を「国家独占資本主義」と名づけ、その種の本を著わしたに相違ない。

ところで、デンマーク生まれで、北欧諸国を中心に現代福祉国家のあるべき再編成を考え続けてきた社会学者ゴスタ・エスピン・アンデルセンは『ポスト工業経済の社会的基礎』（邦訳では『市場・福祉国家・家族の政治学』の副題がついている）で、社会科学のあり方をつぎのように論じている。

「社会科学の根本問題は、平等と社会階級、利害対立と合意形成、ヒエラルキーと民主主義、アノミーと社会統合といった問題に関係している。マクロ社会学的な大問題の一つは、社会が収斂しているのか拡散しているのかということである。われわれの偉大な先人たちの多くは収斂論の側に立っていた。……（そして）世界の他の国々に、世界が結局どこに向っているのかを示すのは、アメリカだったのである。」（渡辺雅男・渡辺景子訳）

アンデルセンのこの指摘のように、日本社会のみならず多くの世界の人たちはポスト工業経済のあり方を意識的あるいは無意識的に米国社会の行方に求めていたのではないだろうか。もし、ポスト工業経済が、一九八〇年代から始まり今世紀になって一層加速化した「金融経済」——金融独占資本主義——の姿であったとすれば、わたしたちの社会は決して収斂していないことになるのではないだろうか。

この意味では、「平等と社会階級、利害対立と合意形成、ヒエラルキーと民主主義、アノミーと社会統合」はいまもそのままわたしたちの課題でありつづけているのである。

また、アンデルセンが強調してやまない「現代という時代のパラドックス」を解くことが必要となっている。すなわち、福祉国家の維持のためには成長と完全雇用が必要であるにもかかわらず、雇用がますます不安定化し成長が難しい、福祉国家による社会的保護への需要が高まる事態にどう対応すべきか。

本書はリーマン・ショック後からすこしずつ書き始め、二年ほど前に一旦脱稿したが、しばらく「寝かせて」おいた。その後、世界経済の動きに注視しながら一年ほど前に気を取り直して、終章等を追加した。

あとがきを書いているときに、日本でもフランスの経済学者トマ・ピケティ（一九七一〜）の『二一世紀の資本論』（二〇一三年発行）が話題になり、ピケティの名前が日本の経済雑誌にも登場するようになった。米国のクルーグマンあたりが書評で取り上げたことで、ブームとなったようだ。

フランス語がすでに錆びているわたしは、今年出版された英語翻訳版（アーサー・ゴールドハマー訳）を取り寄せて読んでみた(*)。ピケティの問題意識は富の偏在がなぜ起こり、それが現在、なぜ拡大しつつあるのかという点にある。ピケティは富の偏在を資本の運動法則から歴史的にとらえようとする。

＊Thomas Piketty, *Capital in the twenty-first century* (translated by Arthur Goldhammer), The Belnap Press of Harvard University Press, 2014. 構成は序論、第一部「所得と資本」―第一章「所得と産出額」、第二章「成長―幻想と現実―」、第二部「資本／所得比の動き」―第三章「資本の変質」、第四章「旧欧州から新世界へ」、第五章「長期の資本／所得比」、第六章「二一世紀の資本・労働の分配率」、第三部「不平等の構造」―第七章「不平等と集中」、第八章「二つの世界」、第九章「労働所得の不平等」、第一〇章「資本所有の不平等」、第一一章「長期での収入と相続」、第一二章「二一世紀の富のグローバルな偏在」、第四部「二一世紀の資本規制」―第一三章「二一世紀の社会状況」、第一四章「累進所得税の再検討」、第一五章「資本へのグローバル課税」、第一六章「公的債務問題」、終章。

同書が米国においてベストセラーになったとすれば、明らかに欧州と米国との間に知のギャップがある。フランスなど欧州諸国ではピケティの視点や結論は妥当なものとしてとらえられたにちがいない。日本語への翻訳は年末に発行されると聞く。日本では同書がどのように受け入れられるのだろうか。わたしの世代にとって、ピケティの「資本論」は「すっと」とは言わないまでも、「さっと」と読める。それはマルクスなどの著作に若いころから接してきたためであろう。日本の若い世代は同書をどのように理解するのだろうか。日本の若い読者にとって、ピケティの「資本論」が新鮮であるとすれば、日本においても知の世代的断絶があるにちがいない。

ピケティは資本蓄積と経済発展との不均衡を問題視し、より均衡のとれた経済発展のために所得の再配分政策――累進税制――と同時に、資本（資産）への課税を提案する。ほかには、各国間経済が連動（グローバル化）する現状の下では、政策実施における各国間の協力・協調が不可欠とする。本書でわたしもまたこうした点を指摘した。

ピケッティは同書の序論で「カール・マルクスが一九世紀に確信していたように、民間の資本蓄積の動きが不可避的に富の偏在をもたらすのだろうか」と自問し、サイモン・クズネッツ（一九〇一～八五）のように米国経済の一時期——短期間——を分析するのではなく世界経済の動向を超長期にわたって検討している。そして、彼は浩瀚な同書の結論を序論で先取りし、二点ほどに要約している。

一点は、富の偏在是正が純粋に経済の作用によるのではなく、きわめて政治的にもたらされてきたこと。一九八〇年代以降の不平等の拡大は、課税制度と金融面における政策変化によってもたらされたこと。もう一点は、富の配分という動きは歴史的にみて交互に収斂と発散を繰り返してきたこと。したがって、富の偏在という不平等は自動的には解消されない。また、超長期にみて、労働分配率が上昇してきた証拠はないこと。さらに、ピケティは人口動態にも着目し、人口増加率の低下と富の相続による今後の不平等の一層の拡大傾向を予想する。

日本でも各論としては、所得格差や資産格差の分析を通じて、富の偏在が進行してきたことが分析されてきた。だが、ピケティは『二一世紀の資本論』でこうした富の格差＝不平等と少数者への富の集中傾向を長期間にわたり、主要先進国の歴史的データから分析し、二一世紀の資本主義を展望しようとした。ピケティは市場原理に不平等是正の作用はないとし、わたしたちの社会意識と政治の働き——とりわけ、税制度——を重要視する。

ピケティは経済成長率と所得格差や資産格差との関係を分析し、経済成長率の低位の時代には、所得上昇は少なく、その間に資産格差による不平等が拡大するとしている。また、貯蓄と経済成長率との関係にもふれている。ピケティは、豊かな国ほど多額の公的債務をもつという逆説が、二一世紀の資本主義にどのような影響を与えるかについても、取り上げている。彼はインフレーションで公的債務を減価させるか、政府資産をすべて民間に売り払うか、ある程度の資産課税を行うか、または政府が歳出を切り詰めるかを検討している。ピケティ自身は資産課税の強化が好ましいと考えているようだが、この可能性については明快な展望を示していない。

ピケティは米国での学者修業時代を振り返って、若くして博士論文を終えて、ボストン近郊の大学に職を得て、アメリカン・ドリームなるもの——だから、移民を引きつける——を経験したものの、自分自身が世界経済については何も知らないことに気付いたという。社会や政治に無関心で数学的処理だけに熱心な米国流の経済学に飽き足らなくなり、フランスに戻って「資本」——非人的資本の総額——を中心に世界経済の歴史分析へと向かうことになったと回顧している。

ピケティのこうした『二一世紀の資本論』は、ウォール街の関係者の関心を呼んだという。彼らはこの「資本論」をどのような思いと展望のなかで理解しているのか。あるいは、理解しようとしているのか。わたしたちはこの本のもつ作用と反作用にこそ興味を持ち続けるべきである。

なお、本書で示した「恐慌型経済」——ピケティ自身はリーマン・ショックに随所でふれているものの、このような物言いはしていないが——の下での成熟条件のいくつかは、ピケティが提唱する現在の資本主義下での富偏在の是正条件に合致している。各国の政策担当者に、ピケティの処方箋にそって、協力してタックス・ヘイブン問題や資産課税などの政策に取り組む意欲と強い意志が果たしてあるのだろうか。

わたし自身は本書を書き終えてから気づいたことがある。まことに呑気なはなしではあるが、最初は日本経済の今後の方向性を明らかにすることを自分なりに模索していたが、気がつけば本書のかなりの部分が米国経済の分析に費やしてしまった。何事も最後までやり終えれば、結果として不十分であっても分かることも多いのである。
本書は中京大学の経営学研究双書の一冊として発行される。発行にあたっては、中京大学の関係者にご支援をいただいた。また、発行までの細々とした編集作業で信山社の渡辺左近氏にお世話になった。お礼を申し上げる。

二〇一四年八月

寺岡　寛

参考文献

【あ行】

秋田茂『イギリス帝国とアジア国際秩序―ヘゲモニー国家から帝国的な構造的権力へ―』名古屋大学出版会、二〇〇三年

秋元英一『世界大恐慌―一九二九年に何がおこったか―』講談社、二〇〇九年

安宅川佳之『長期波動からみた世界経済史―ゴンドラチェフ波動と経済システム―』ミネルヴァ書房、二〇〇五年

天児慧・浅野亮編『中国・台湾』ミネルヴァ書房、二〇〇八年

天達泰章『日本財政が破綻するとき―国際金融市場とソブリンリスク―』日本経済新聞社、二〇一三年

アルベール、ミシェル（小池はるひ訳・久水宏之監訳）『資本主義対資本主義』（新装版）竹内書店、二〇一一年

アンデルセン、ゴスタ・エスピン（渡辺雅男・渡辺景子訳）『ポスト工業経済の社会的基礎―市場・福祉国家・家族の政治経済学―』桜井書店、二〇〇〇年

池上惇『国家独占資本主義論』有斐閣、一九六五年

石崎昭彦『アメリカ金融資本の成立』東京大学出版会、一九六二年

石崎昭彦・佐々木隆雄・鈴木直次・春田素夫『現代のアメリカ経済』東洋経済出版社、一九八三年

同『国家独占資本主義論争』青木書店、一九七七年

磯谷玲『八〇年代アメリカの金融改革』日本経済評論社、一九九七年

井田啓二『国際管理の経済学』新評論、一九七三年

一ノ瀬秀文『国家独占資本主義研究』新日本出版社、一九七二年

イートウェル、ジョン・テイラー、ランス（岩本武和・伊豆久訳）『金融グローバル化の危機―国際金融規制の経済学―』岩波書店、二〇〇一年
岩井克人『二十一世紀の資本主義論』筑摩書房、二〇〇〇年
岩本沙弓『新・マネー敗戦―ドル暴落後の日本―』文藝春秋、二〇一〇年
宇野弘蔵『経済学方法論』東京大学出版会、一九六二年
同『経済原論』岩波書店、一九六四年
同『恐慌論』岩波書店、二〇一〇年
ウルフ、アラン（杉本正哉訳）『現代アメリカ政治の軌跡―袋小路に入った超大国―』日本経済新聞社、一九八二年
エルウッド、ウェイン（渡辺雅男・姉歯暁訳）『グロバリゼーションとはなにか』こぶし書房、二〇〇三年
大内力『国家独占資本主義』東京大学出版会、一九七〇年
緒方四十郎『円と日銀―セントラル・バンカーの回想―』中央公論社、一九九六年
翁邦雄『ポスト・マネタリズムの金融政策』日本経済新聞社、二〇一一年
尾上一雄『アメリカ政治経済年代史―他の主要国との比較を加えて―』杉山書店、一九八四年

【か行】

勝又壽良『戦後日本五〇年の日本経済―金融・財政・産業・独禁政策と財界・官僚の功罪―』東洋経済新報社、一九九五年
兼村栄作『日本、国家財政破綻の現実―国債は元々、返済不能の仕組みだった!?』文芸社、二〇一一年
神谷秀樹『強欲資本主義・ウォール街の自爆』文藝春秋、二〇〇八年
同『ゴールドマン・サックス研究』文藝春秋、二〇一〇年
柄谷行人『世界共和国へ―資本＝ネーション＝国家を超えて―』岩波書店、二〇〇六年

参考文献

河野康子『戦後と高度成長の終焉』講談社、二〇一〇年
菊本義治他『グローバル化経済の構図と矛盾』桜井書店、二〇一一年
北原勇・鶴田満彦・本間要一郎編『現代資本主義』（『資本論体系』第一〇巻）有斐閣、二〇〇一年
キーファーヴァー、エステス（小原敬士訳）『独占との闘い－少数者の手に－』竹内書店、一九七二年
衣川恵『日本のバブル』日本経済評論社、二〇〇二年
金東椿（水野邦彦訳）『近代のかげ－現代韓国社会論－』青木書店、二〇〇五年
キンドルバーガー、チャールズ（中島健二訳）『経済大国興亡史－一五〇〇－一九九〇－』岩波書店、二〇〇二年
同（吉野俊彦・八木甫訳）『熱狂、恐慌、崩壊－金融恐慌の歴史－』日本経済新聞社、二〇〇四年
クライン、ナオミ（幾島幸子・村上由見子訳）『ショック・ドクトリン－惨事便乗型資本主義の正体を暴く－』（上・下）岩波書店、二〇一一年
クランプ、ジョン（渡辺雅男・洪哉信訳）『日経連－こうひとつの戦後史－』桜井書店、二〇〇六年
グリーンスパン、アラン（山岡洋一・高遠裕子訳）『波乱の時代－世界と経済のゆくえ－』（上・下）日本経済出版社、二〇〇七年
クルーグマン、ポール（三上義一訳）『格差はつくられた－保守派がアメリカを支配し続けるための呆れた戦略－』早川書房、二〇〇八年
同『世界大不況からの脱出－なぜ恐慌型経済は広がったのか－』早川書房、二〇〇九年
経済企画庁調査局監訳『一九八一年アメリカ経済白書－一九八一年アメリカ大統領経済諮問委員会年次報告－』大蔵省印刷局、一九八一年
同『一九八四年アメリカ経済白書－一九八四年アメリカ大統領経済諮問委員会年次報告－』大蔵省印刷局、一九八四年

五井平和財団編『これから資本主義はどう変わるか―一七人の賢人が語る新たな文明のビジョン―』英治出版、二〇一〇年
幸徳秋水『帝国主義』岩波書店、一九五二年
コーエン、タイラー（池村千秋訳）『大停滞』NTT出版、二〇一一年
コッツ、デビッド（西山忠範訳）『巨大組織と銀行支配―現代アメリカ大企業の支配構造―』文眞堂、一九八二年
小林慶一郎・加藤創太『日本経済の罠―なぜ日本は長期低迷を抜け出せないのか―』日本経済新聞社、二〇〇一年
菰淵正亮『戦後アメリカ景気循環史研究』法政大学出版局、一九六九年
コレムベ、カーター・ホーランド、デビッド（馬淵紀壽訳）『変革期のアメリカ金融制度―自由化への道―』金融財政事情研究会、一九八四年
近藤建彦『プラザ合意の研究』東洋経済新報社、一九九九年

【さ行】

斉藤眞『アメリカ現代史』山川出版、一九七六年
佐伯尚美・柴垣和夫編『日本経済研究入門』東京大学出版会、一九七二年
佐久間潮・打込茂子『アメリカの金融市場―システム、マーケット、ポリシー―』東洋経済新報社、一九八二年
佐々木毅『現代アメリカの保守主義』岩波書店、一九八四年
佐々木融『弱い日本の強い円』日本経済新聞社、二〇一一年
ジェイムズ、ハロルド（小林章夫訳）『アメリカ〈帝国〉の苦境―国際秩序のルールをどう創るのか―』人文書院、二〇〇九年
柴垣和夫『マルクス＝宇野経済学とともに』日本経済評論社、二〇一一年
島田裕己『金融恐慌とユダヤ・キリスト教』文藝春秋、二〇〇九年

ジュリアン、クロード（天野恒雄訳）『崩れゆく民主国家』サイマル出版会、一九七二年
ジョージ、スーザン（杉村昌昭訳）『WTO徹底批判』作品社、二〇〇二年
同（杉村昌昭・真田満訳）『オルター・グローバリゼーション―もうひとつの世界は可能だ！もし……』作品社、二〇〇四年
同（森田成也・大屋定晴・中村好孝訳）『アメリカは、キリスト教原理主義・新保守主義に、いかに乗っ取られるのか？』作品社、二〇〇八年
同（荒井雅子訳）『これは誰の危機か、未来は誰のものか―なぜ一％にも満たない富裕層が世界を支配するのか―』岩波書店、二〇一一年
ジョンソン、サイモン・クワック、ジェームズ（村井章子訳・倉都康行解説）『国家対巨大銀行―金融の肥大化による新たな危機―』ダイヤモンド社、二〇一一年
ジン、ハワード（岩淵達治監修・竹内真澄訳）『ソーホーのマルクス―マルクスの現代アメリカ批評―』こぶし書房、二〇〇二年
新川健三郎編『大恐慌とニューディール』平凡社、一九七三年
新川敏光・大西裕編『韓国・台湾』ミネルヴァ書房、二〇〇八年
盛山和夫『経済成長は不可能なのか―少子化と財政難を克服する条件―』中央公論新社、二〇一一年
スタイン、ハーバート（土志田征一訳）『大統領の経済学―ルーズベルトからレーガンまで―』日本経済新聞社、一九八五年
ストレリュ、リオネル（益戸欽也・小池一雄訳）『富める国の貧困』サイマル出版会、一九七四年
ストレンジ、スーザン（西川潤・佐藤元彦訳）『国際政治経済学入門―国家と市場―』東洋経済新報社、一九九四年
同（櫻井公人訳）『国家の退場―グローバル経済の新しい主役たち―』岩波書店、二〇一一年

炭本昌哉『デフレ・自由化時代―市場メカニズムの展開と限界―』日本経済評論社、一九九七年
ソーキン、アンドリュー、ロス（加賀山卓朗訳）『リーマンショックコンフィデンシャル―倒れゆくウォール側の巨人―』（上・下）早川書房、二〇一〇年
ゾンバルト、ヴェルナー（金森誠也訳）『戦争と資本主義』講談社、二〇一〇年

【た行】

高尾義一『平成金融不況―国際経済危機の中間報告―』中央公論社、一九九四年
同・鹿島平和研究所『日米通貨交渉―二〇年目の真実―』日本経済新聞社、二〇〇六年
高田保馬（解説・盛山和夫）『勢力論』ミネルヴァ書房、二〇〇三年
滝田洋一『日本経済　不作為の罪』日本経済新聞社、二〇〇二年
竹内常善編『中国工業化と日本の社会的対応』ナカニシヤ出版、二〇一一年
田坂広志『目に見えない資本主義―貨幣を超えた新たな経済の誕生―』東洋経済新報社、二〇〇九年
田中祐二・小池洋一編『地域経済はよびがえるか―ラテン・アメリカの産業クラスターに学ぶ―』新評論、二〇一〇年
チョムスキー、ノーム（角田史幸・田中人訳）『新世代は一線を画す―コソボ・東チィモール・西欧的スタンダード―』こぶし書房、二〇〇三年
デュメニル、ジェラール・レヴィ、ドミニック（竹永進訳）『マルクス経済学と現代資本主義』こぶし書房、二〇〇六年
ドーア、リチャード『金融が乗っ取る世界経済―二一世紀の憂鬱―』中央公論新社、二〇一一年
トッド、エマニュエル（平野泰朗訳）『経済幻想』藤原書店、一九九九年
トッド、エマニュエル他『「帝国以後」と日本の選択』藤原書店、二〇〇六年

トリスター、ジョセフ（中川治子訳）『ポール・ボルカー』日本経済新聞社、二〇〇五年

【な行】

西部忠『資本主義はどこへ向かうのか―内部化する市場と自由投資主義―』NHK出版、二〇一一年
西森マリー『レッド・ステイツの真実―アメリカの知られざる実像に迫る―』研究社、二〇一一年
根井雅弘『市場主義のたそがれ―新自由主義の光と影―』中央公論新社、二〇〇九年

【は行】

ハーヴェイ、デヴィッド（森田成也・大屋定晴・中村好孝・新井田智幸訳）『資本の〈謎〉―世界金融恐慌と二一世紀資本主義―』作品社、二〇一二年
畠山圭一・加藤普章編『アメリカ・カナダ』ミネルヴァ書房、二〇〇八年
服部茂幸『貨幣と銀行―貨幣理論の再検討―』日本経済評論社、二〇〇七年
同『金融政策との誤産―日本の経験とサブプライム問題―』NTT出版、二〇〇八年
ハッペ、ヤコブ・溝端佐登史（溝端佐登史・小西豊・横川和穂訳）『ロシアのビッグビジネス』文理閣、二〇〇三年
羽場久美子・溝端佐登史編『ロシア・拡大EU』ミネルヴァ書房、二〇一一年
パーロー、ヴィクター（島弘他訳）『不安定な経済』ミネルヴァ書房、一九七四年
平田潤『長期不況はなぜくり返すのか』東洋経済新報社、二〇〇四年
ヒルファーディング、ルドルフ（林要訳）『金融資本論』大月書店、一九九五年
ファーガソン、ニーアル（仙名紀訳）『マネーの進化史』二〇〇九年
福島清彦『ヨーロッパ型資本主義―アメリカ市場原理主義との決別―』講談社、二〇〇二年
藤井彰夫『G二〇　先進国・新興国のパワーゲーム』日本経済新聞社、二〇一一年
フリードマン、ミルトン（西山千明訳）『選択の自由―自立社会への挑戦―』日本経済新聞社、一九八〇年

同『資本主義と自由』日経BP社、二〇〇八年
ブレナー、ロバート（石倉雅男・渡辺雅男訳）『ブームとバブル―世界経済のなかのアメリカ―』こぶし書房、二〇〇五年
古野高根『二〇世紀末バブルはなぜ起こったか―日本経済の教訓―』桜井書店、二〇〇八年
堀内一史『アメリカと宗教―保守化と政治化のゆくえ―』中央公論新社、二〇一〇年
ボワイエ、ロベール『金融資本主義の崩壊―市場絶対主義を超えて―』藤原書店、二〇一一年

【ま行】

マコーミック、トマス（松田武・高橋章・杉田米行訳）『パクス・アメリカーナの五十年―世界システムの中の現代アメリカ外交―』東京創元社、一九九二年
正木九司『株式会社支配論の展開（アメリカ編）』文眞堂、一九七三年
益田安良『グローバルマネー―だれがどう制御するのか―』日本評論社、二〇〇〇年
松田武編『現代アメリカの外交―歴史的展開と地域との諸関係―』ミネルヴァ書房、二〇〇二年
松田武・秋田茂編『ヘゲモニー国家と世界システム―二〇世紀をふりかえって―』山川出版社、二〇〇二年
間宮陽介『市場社会の思想史―「自由」をどう解釈するか―』中央公論新社、一九九九年
三浦俊章『ブッシュのアメリカ』岩波書店、二〇〇三年
三國陽夫『円の決算』講談社、一九九三年
水野和夫『終わりなき危機　君はグロバリゼーションの真実を見たか』日本経済新聞社、二〇一一年
宮崎義一『複合不況―ポスト・バブルの処方箋を求めて―』中央公論新社、一九九二年
三和良一『日本占領の経済政策史的研究』日本経済評論社、二〇〇二年
村上政博『独占禁止法―公正な競争のためのルール―』岩波書店、二〇〇五年

村上泰亮『新中間大衆の時代―戦後日本の解剖学―』中央公論社、一九八六年
村田晃嗣『レーガン―いかにして「アメリカの偶像」となったか―』中央公論新社、二〇一一年
メーサロッシュ、イシュトヴァン（的場昭弘監訳、志村建・福田光弘・鈴木正彦訳）『社会主義か野蛮か―アメリカの世紀から岐路へ―』こぶし書房、二〇〇四年
メンシコフ（太田譲訳）『アメリカ金融寡頭制の構造』ミネルヴァ書房、一九七四年
森岡孝二『格差社会の構造―グローバル資本主義の断層―』桜井書店、二〇〇七年
同『強欲資本主義の時代とその終焉』桜井書店、二〇一〇年
森信茂樹『日本の税制―何が問題か―』岩波書店、二〇一〇年

【や行】

八代尚宏『新自由主義の復権―日本経済はなぜ停滞しているのか―』中央公論新社、二〇一一年
安井明彦『アメリカ　選択肢なき選択』日本経済新聞社、二〇一一年
山口栄二『現代韓国の変化と展望』論創社、二〇〇八年
山口光秀・島田晴雄編『アメリカ財政と世界経済―赤字構造の分析―』東洋経済新報社、一九九四年

【ら行】

ライシュ、ロバート（雨宮寛・今井章子訳）『暴走する資本主義』東洋経済新報社、二〇〇八年
ラインハート、カーメン・ロゴフ、ケネス（村井章子訳）『国家は破綻する―金融危機の八〇〇年―』日経ＢＰ社、二〇一一年
ラジャン、ラグラム（伏見威蕃・月見李歌子訳）『フォールト・ラインズ―「大断層」が金融危機を再び招く―』新潮社、二〇一一年
リースマン、デビッド（加藤秀俊訳）『何のための豊かさ』みすず書房、一九六八年

リッパー、ケネス『ウォール街』文芸春秋、一九八八年
リップセット、シーモア（上坂昇・金重紘訳）『アメリカ例外論―日欧とも異質な超大国の論理とは―』明石書店、一九九九年
ルービニ、ヌルエル・ミーム、スティーブン（山岡洋一・北川知子訳）『大いなる不安定』ダイヤモンド社、二〇一〇年
ルービン、ロバート・ワイスバーグ、ジェイコブ（古賀林幸・鈴木淑美訳）『ルービン回顧録』日本経済新聞社、二〇〇五年
レーニン（角田安正訳）『帝国主義論』光文社、二〇〇六年

【わ行】

和田明子『ニュージーランドの市民と政治』明石書店、二〇〇〇年
同『ニュージーランドの公的部門改革―New Public Management の検証―』第一法規、二〇〇七年

事項索引

［さ行］

人名索引

人名索引

【著者紹介】

寺　岡　　寛（てらおか・ひろし）

1951年神戸市生まれ
中京大学経営学部教授，経済学博士

〈主著〉

『アメリカの中小企業政策』（信山社，1990年），『アメリカ中小企業論』（信山社，1994年，増補版，1997年），『中小企業論』（共著）（八千代出版，1996年），『日本の中小企業政策』（有斐閣，1997年），『日本型中小企業』（信山社，1998年），『日本経済の歩みとかたち』（信山社，1999年），『中小企業政策の日本的構図』（有斐閣，2000年），『中小企業と政策構想』（信山社，2001年），『日本の政策構想』（信山社，2002年），『中小企業の社会学』（信山社，2002年），『スモールビジネスの経営学』（信山社，2003年），『中小企業政策論』（信山社，2003年），『企業と政策』（共著）（ミネルヴァ書房，2003年），『アメリカ経済論』（共著）（ミネルヴァ書房，2004年），『通史・日本経済学』（信山社，2004年），『中小企業の政策学』（信山社，2005年），『比較経済社会学』（信山社，2006年），『スモールビジネスの技術学』（信山社，2007年），『起業教育論』（信山社，2007年），『逆説の経営学』（税務経理協会，2007年），『資本と時間』（信山社，2007年），『経営学の逆説』（税務経理協会，2008年），『近代日本の自画像』（信山社，2009年）『学歴の経済社会学』（信山社，2009年），『指導者論』（税務経理協会，2010年），『アジアと日本』（信山社，2010年），『アレンタウン物語』（税務経理協会，2010年），『市場経済の多様化と経営学』（共著）（ミネルヴァ書房，2010年），『イノベーションの経済社会学』（税務経理協会，2011年），『巨大組織の寿命』（信山社，2011年），『タワーの時代』『信山社，2011年），『経営学講義』（税務経理協会，2012年），『瀬戸内造船業の攻防史』（信山社，2012年），『田中角栄の政策思想』（信山社，2014年），『地域文化経済論』（同文館，2014年）

Economic Development and Innovation, JICA, 1998

Small and Medium-sized Enterprise Policy in Japan, JICA, 2004

恐慌型経済の時代―成熟経済体制への条件―

2014年（平成26年）8月30日　第1版第1刷発行

著　者　寺　岡　　寛
　　　　今　井　　貴
発行者　渡　辺　左　近
発行所　信山社出版株式会社

〒113-0033　東京都文京区本郷6-2-9-102
電　話　03（3818）1019
ＦＡＸ　03（3818）0344

Printed in Japan

印刷・製本／亜細亜印刷・日進堂

ISBN978-4-7972-2722-2　C3333

● 寺岡　寛　主要著作 ●

『アメリカの中小企業政策』信山社，1990年
『アメリカ中小企業論』信山社，1994年，増補版，1997年
『中小企業論』（共著）八千代出版，1996年
『日本の中小企業政策』有斐閣，1997年
『日本型中小企業―試練と再定義の時代―』信山社，1998年
『日本経済の歩みとかたち―成熟と変革への構図―』信山社，1999年
『中小企業政策の日本的構図―日本の戦前・戦中・戦後―』有斐閣，2000年
『中小企業と政策構想―日本の政策論理をめぐって―』信山社，2001年
『日本の政策構想―制度選択の政治経済論―』信山社，2002年
『中小企業の社会学―もうひとつの日本社会論―』信山社，2002年
『スモールビジネスの経営学―もうひとつのマネジメント論―』信山社，2003年
『中小企業政策論―政策・対象・制度―』信山社，2003年
『企業と政策―理論と実践のパラダイム転換―』（共著）ミネルヴァ書房，2003年
『アメリカ経済論』（共著）ミネルヴァ書房，2004年
『通史・日本経済学―経済民俗学の試み―』信山社，2004年
『中小企業の政策学―豊かな中小企業像を求めて―』信山社，2005年
『比較経済社会学―フィンランドモデルと日本モデル―』信山社，2006年
『起業教育論―起業教育プログラムの実践―』信山社，2007年
『スモールビジネスの技術学―Engineering & Economics―』信山社，2007年
『逆説の経営学―成功・失敗・革新―』税務経理協会，2007年
『資本と時間―資本論を読みなおす―』信山社，2007年
『経営学の逆説―経営論とイデオロギー―』税務経理協会，2008年
『学歴の経済社会学―それでも，若者は出世をめざすべきか―』信山社，2009年
『近代日本の自画像―作家たちの社会認識―』信山社，2010年
『指導者論―リーダーの条件―』税務経理協会，2010年
『市場経済の多様化と経営学』（共著）ミネルヴァ書房，2010年
『アジアと日本―検証・近代化の分岐点―』信山社，2010年
『アレンタウン物語―地域と産業の興亡史―』税務経理協会，2010年
『イノベーションの経済社会学―ソーシャル・イノベーション論―』税務経理協会，2011年
Economic Development and Innovation: An Introduction to the History of Small and Medium-sized Enterprises and Public Policy for SME Development in Japan, JICA, 1998
Small and Medium-sized Enterprise Policy in Japan: Vision and Strategy for the Development of SMEs, JICA, 2004